资本的眼睛

吴卫军－著

中信出版集团 | 北京

图书在版编目（CIP）数据

资本的眼睛 / 吴卫军著. -- 北京 : 中信出版社,
2019.12（2023.7重印）
ISBN 978-7-5217-1081-6

Ⅰ. ①资… Ⅱ. ①吴… Ⅲ. ①注册会计师—审计—中
国 Ⅳ. ①F239.22

中国版本图书馆CIP数据核字(2019)第209954号

资本的眼睛

著　　者：吴卫军
出版发行：中信出版集团股份有限公司
（北京市朝阳区东三环北路27号嘉铭中心　邮编　100020）
承 印 者：北京诚信伟业印刷有限公司

开　　本：787mm×1092mm　1/16　　印　　张：22　　字　　数：282千字
版　　次：2019年12月第1版　　印　　次：2023年 7月第5次印刷
书　　号：ISBN 978-7-5217-1081-6
定　　价：99.00元

专家推荐

吴卫军先生是较早从事注册会计师职业，并将此作为毕生事业的资深注册会计师，是中国本土成长起来的第一代“国际四大”中国合伙人，对执业会计师的酸甜苦辣有深切的感受，对“国际四大”在中国本土化的过程更是亲历其境。吴卫军先生的倾心之作《资本的眼睛》既介绍了将近 300 年前注册会计师的起源，又描述了中国注册会计师的现状，从大处着眼、细微处落笔，深入浅出，生动活泼，是希望深入了解这个行业的人不应错过的专著。

汪建熙

中国证监会前首席会计师（1992.12 ～ 1996.10）

吴卫军先生的这本书，首先可成为想进入注册会计师行业，或已在这一行业，甚至正在领导一个事务所者的重要工作指南；其次，本书可成为企业（尤其是上市公司）的管理层、股东（包括代表国家持有大型国有企业股份的政府机关和其他机构）选择会计师事务所的重要依据；再次，本书也可成为注册会计师行业团体和相关政府监管机构根据注册会计师及其事务所自身发展的规律，确定行业发展和监管政策、法规并实施监管的重要参考；最后，本书可成为从事注册会计师及其事务所相关问题研究者的重要基础文献。

张为国

中国证监会前首席会计师（1997.1 ～ 2007.5）

卫军创作的这本书，内容丰富，视角独到。书中分析的实践问题及提出的解决方案对注册会计师行业的发展有启迪意义和借鉴作用，也为会计师事务所的发展和优化树立了标杆。我很赞赏卫军对专业的执着，对行业的关注和深爱。希望他的不懈努力会得到同行的认可和尊重，也期待这本书可以成为行业经典。

周忠惠

中国证监会前首席会计师（2007.5 ~ 2011.4）

会计信息是资本定价的基石。吴卫军先生的专著《资本的眼睛》是一部值得认真静读思考的用心用力之作，其以 30 年独立审计的丰厚实践积累，用清晰明白的专业语言生动地讲述了独立审计的价值与挑战，从学术理论与商业实践结合的角度提出了规范会计行为、降低系统风险的核心命题，并且以独特的国际化视野重申了独立审计专业主义精神的恒久生命力。这是中国改革开放之后第一代本土合伙人对注册会计师行业的非常可贵的真知灼见，显示了其独具的深度和洞察力。

吕明方

方源资本（亚洲）有限公司董事总经理

上海医药集团原董事长

卫军在《资本的眼睛》一书中融会贯通了他在国际会计师事务所的经验，理性地梳理了会计师的工作职责与工作方式，从历史的演进层层递进，以真实的市场案例深入浅出地进行剖析。不只是注册会计师，每一位从事财务工作的人都能从这本书中获取对于审计乃至会计工作方式和价值的深入审视。

罗硕瀚

腾讯集团首席财务官

吴卫军先生作为一位资深的审计行业专家，将其30年的执业感悟和行业经验，以平实而极具亲和力的文字传达给读者。在这本书中，有对审计本质的阐述、对执业红线的告诫、对如何提高审计质量的探讨和对会计师事务所发展的建议。他为我们呈现了一幅注册会计师行业生态图，蔚为大观。

聂磊

中信产业基金首席财务官、董事总经理

这是一部专业人士以专业眼光审视专业问题、揭示专业价值创造过程的有分量的著作。专业人士读来觉得亲切，启迪思考；非专业人士读来也会觉得饶有趣味，受益匪浅。可谓30年的经验总结，半辈子的人生感悟。

陆正飞

中国银行股份有限公司前董事、审计委员会主席（2013.7~2019.8）

北京大学光华管理学院教授

这本书是一把开启外界理解注册会计师行业的钥匙，也是一盏引导准备进入这个行业的年轻人实现自身价值的明灯。

陈信元

上海财经大学副校长

中国企业在经历了野蛮生长阶段之后，面临的最大挑战就是如何通过信誉的培养，实现长青的基业。加强内部治理固然重要，但企业也需要一位谅友、直友和博闻多识之友，来提供外部的监督，这就是独立审计能够为企业提供的最好服务。吴卫军先生是“国际四大”在中国培养的第一代本土合伙人。这本书结合了吴先生的亲身经历，讲述了他对注册会计师行业的深刻思考。中国注册会计师行业的发展道阻且长，阅读这本书能够帮助你溯游从之，而且不会迷失方向。

何帆

北大汇丰商学院经济学教授

吴卫军用《资本的眼睛》一书，写他的见闻、经历、感受、观点，既是一种现身说法，又是一种具有较高研究价值的“样本体验”。尤其难得的是，这双眼睛透视了注册会计师行业的本分、挑战、红线、激励、合伙人、组织运行、“走出去”等发展规律，发掘了注册会计师行业背后的故事，点亮了独立审计之于经济社会发展的价值之灯！可以说，这是目前我读过的唯一一本研究注册会计师行业发展历程和走向的好书，深刻而有趣，深入浅出。如果你是业内人士、准业内人士，或者打算从事这一行业的有为青年，无论如何，不该绕过这本书。

张连起

全国政协委员

中国与全球化智库（CCG）特邀高级研究员

这本书是中国注册会计师行业资深人士基于数十年的国内、国际市场从业经验和缜密思考，以开阔的视野、独特的角度对行业发展提出的真知灼见，堪称具有浓厚专业主义情怀的经典原创。它的出版是行业的一大幸事，值得广大专业人士和各资本市场参与方的关注。

卓继民

财经专业人士、《跨洋大鏖战》作者

会计是一门商业语言，用来表述企业的经营行为；审计则是用谨慎的目光去检视这些语言，去伪存真，兴利除弊。在读到吴卫军先生的大作——《资本的眼睛》之前，我对会计师事务所的工作认识可能仅限于此，并没有意识到其背后严谨苛刻的专业精神、一丝不苟的工作态度，也难以体会到看似枯燥的工作中所隐含的责任、信念，更无从察觉与数字打交道的匠心与艺术。感谢这本书引我深入注册会计师的内心，也让我借用“资本的眼睛”看到坚持用诚信的阳光照亮市场的价值与意义。

戴硕

中国银行业杂志社主编

推荐序一

吴卫军先生所著的《资本的眼睛》即将出版，我有幸先睹为快，产生了很多共鸣。

注册会计师独立审计是市场监督体系重要的制度安排，承担着鉴证会计信息质量的重大责任，关乎市场配置资源的效率和经济发展质量。注册会计师用财务数据说话，通过这些数据揭示经济活动背后的本质，包括投资的风险和报酬，让投资者用上放心的财务报表。所以，说注册会计师是“资本的眼睛”是非常贴切的。注册会计师行业关乎公众利益这一功能定位，使其成为很少几个有资格准入的职业之一。党中央和国务院高度肯定注册会计师行业在国家建设中的作用，中央领导同志明确要求注册会计师行业紧紧围绕服务国家建设这个主题和诚信建设这条主线推进行业建设，国务院专门发文全面指导推进注册会计师行业发展。

打铁还须自身硬。注册会计师行业要担负起维护公众利益的神圣使命，回应好公众的托付和信任，就要深化对注册会计师职业价值的认识，全面提升注册会计师队伍对职业精神的认同，树立正确的职业价值观，不断提高职业技能，使遵守职业道德成为自觉行动，忠实地实践职业承诺，把公众利益而不是商业利益放在第一位。同时，还要把注册会计师职业价值和职业内涵、注册会计师的职业承诺和实践努力广泛传播出去，使公众对注册会计师职业有更多的认知。

吴卫军先生是资深注册会计师，对注册会计师职业有深刻的理解和感悟。他本着强烈的职业责任感和社会责任心，基于多年的执业实践和深入观察，抱着精益求精的专业精神，数易其稿，终成《资本的眼睛》一书。书中紧紧抓住注册会计师行业的特点，生动地解读了行业的职业规律和核心价值，对如何传承行业的职业价值观、实现其核心价值，进行了深入讨论。

在书中，他对为什么需要注册会计师、注册会计师审计的本质是什么、注册会计师行业的价值是什么、怎样选聘会计师事务所、如何激励审计师提高审计质量、怎样管理会计师事务所、怎样培养注册会计师和合伙人、会计师事务所国际网络是怎样形成的等话题做了生动阐述，以内部人士的视角回答了注册会计师行业的基本问题，有理念、有故事、有感情，娓娓道来，深入浅出。对于注册会计师同行进一步认识自己职业的核心价值和职业责任，对于企业家和投资家更多地理解注册会计师的工作、更好地寻求注册会计师的专业帮助，对于公众明了注册会计师们怎样维护着他们的利益，对于年轻一代注册会计师坚定未来的职业方向，有重要的现实意义和学术价值。

是为序，借以表达对作者不遗余力地阐释注册会计师职业价值、弘扬注册会计师职业精神创造性付出的热情支持。欢迎更多的注册会计师投入到这一紧要而有意义的工作中来。

陈毓圭

中国注册会计师协会前副会长兼秘书长（2010.11~2019.3）

推荐序二

（一）

喜欢数学的毕达哥拉斯认为，万物皆数，他认为数学可以解释他所面对的一切。

一直浸淫在注册会计师行业的吴卫军先生，似乎也慢慢表现出一个明显的偏好，在他的各种著作中，他似乎觉得一切经济活动都会反映在会计的数据变化中，颇有点“万物皆会计”的意味。他认为，企业的金融叫财务，社会的财务叫金融。他也认为，经济运行的蛛丝马迹都可以在会计报表中找到线索，微信支付可能会减少信用卡公司应收账款项目的规模；实时生产及交付系统（just in time，简称 JIT）的广泛运用将很可能导致未来存货项目余额的降低；而租赁业的发展则会进一步缩减企业资产负债表上固定资产项目的余额。

《资本的眼睛》体现了他在这种长期积累下形成的专业偏好，比较系统地总结了他本人作为“四大”会计师事务所在中国培养的第一代本土合伙人对注册会计师行业的感悟与体会。当然，这是会计行业另外一个层面的故事：审计及经得起审计。

以我自己的观察，金融市场的专业人士在进入自己职业生涯的盛年，常常有“好为人师”的热情，这一方面是因为长期在一线，积累了丰富的经验与体会，将这些独特的经验与年轻人分享，无疑有助于年轻人的成长；另一方面是因为通过这种分享中的总结与提炼，也可对自己的经验形成一种升华。

“却顾所来径，苍苍横翠微。”当自己已经攀登到一个不低的高度时，在路边，选择视野不错的地方，回头想想自己一步步如何从山脚下爬上来，回味其间的酸甜苦辣，自是别有一番感悟。而如果这个时候恰好有几个同道的年轻人愿意听听这种感悟，那就真算是相得益彰了。我想，读这本书，也就相当于正好在他指点江山时路过，正好有机缘听到他的一番体会。

我认识吴卫军先生的时候，他从事注册会计师这个行业并不长。当时，吴卫军带领的团队正在为中银香港的重组上市提供专业服务。从中国金融改革的历史看，中银香港的重组上市可以说是中国大规模的银行改革的试水。吴卫军先生在随后中国的国有银行改革进程中发挥了积极的作用，我想与他在中银香港重组上市中积累的经验不无关系。

现在，我看到他花越来越多的时间总结自己的专业经验，使得不少年轻人受益。我曾经推荐他到高校讲座，听众反响十分热烈，因为他把一门通常看起来枯燥和古板的“手艺”（他在书中称注册会计师是手艺人，我们姑且也就把会计视为一门手艺吧）讲得活灵活现。他也花时间写了不少的长长短短的文章，文笔也越来越生动，我经常开玩笑说他是会计师中文笔最好的几位之一。

与吴卫军先生多数文章轻灵睿智的风格不同，这本书写得更为中规中矩一些，因此，我建议读者可以把这本书与他的一些随笔以及其他的著作结合起来看。例如，读完这本书之后，再看看他在北大汇丰金融前沿讲堂上关于会计的讲座，就更能领会到其中的妙处。

（二）

1987 年美国注册会计师协会百岁华诞时，美国前总统里根在他的贺信中写道："独立审计为企业和政府的会计报表提供可信度。没有这种可信度，债权人和投资者就难以做出为我们的经济带来稳定和活力的决策。没有注册会计师，我们的资本市场将土崩瓦解。"注册会计师为资本市场提供会计报表增信服务，这是经济社会为追求更加高效的市场交易发展产生的专家职业，也就是吴卫军先生所自称的"手艺人"。《资本的眼睛》可以说是这位手艺人在近30年时间里对注册会计师行业做出深刻思考和浅白解释的结晶。

随着金融行业的不断发展，企业使用外部资金的渠道越来越多。通过借贷融资、股权融资，企业可以扩大生产线获得规模化效应，提高利润率；或收购竞争对手及上下游企业，取得更大的供应链协同效应。使用外部资金可以帮助企业家实现梦想，为企业的价值增值带来乘数效应。

但使用外部资金是要付出一些"成本"的，这在经济学上用"资金成本"来定义。每家企业都希望可以用较低的成本募集资金，但谁会提供这些资金呢?

作者在书中写道："现代财务理论最重要的一个进步是发现了资本的价格和风险之间的关系。资本是有价格的，资本价格的高低是由投资项目的风险因素决定的。"这一结论刻画了资金成本与风险因素的内在关系，而认识风险需要分析财务信息。

书中举的一个例子，我们在聚会讨论时也听他说起过多次，可见确实是他自己切身的体会。他说，1996年，中国政府在美国发行美元国债的利率要比美国政府同等条件下高出3.03个百分点。这部分利率价差是市场预期投资中国政府的风险高于投资美国政府所产生的风险溢价。如果发行1亿美元国债，在借款期限内，每年中国政府要比美国多支出约300万美元的利息作为对投资者的风险补偿。这是多么高的资金成本，反映出来的是投资者对中国政府的风险所承担的价格。现在，这种风险溢价已经大大降低了，它反映了中国经济的进步。

发展经济要降低资金的成本，一条重要的途径就是把投资的风险故事讲清楚。

审计师的工作降低了投资者对于未来风险的猜疑，增加了投资者信心，最终的作用是降低资金成本。书中写道："注册会计师针对企业经营的总体风险和财务报表的专项风险，对财务信息进行审计，对风险信息进行分析评估，促进财务报表的编制者讲述一个真实的故事。注册会计师检查会计报表，是要保障会计报表的数据和编制过程是真实的，并按照规定的会计准则呈报，为资本市场提供风险定价的真实信息。"有效的审计工作为融资者节省下资金成本，这正是市场效率不断提升、资本得到有效配置的具体体现。

（三）

学过会计的人都知道"资产 = 负债 + 权益"是会计的恒等式。但这个恒等式只反映了会计的技术面，随着科技进步和人工智能的发展，基础的记账、算账和编制报表工作在未来很可能被计算机替代，这意味着注册会计师仅仅掌握传统的会计恒等式的技术内容是不够的。

为此，吴卫军先生介绍了哈佛大学教授艾迪 • 瑞德尔从社会学及信息呈报复杂性角度提出的会计第二恒等式："会计 = 经济真相 + 计量差错 + 偏见"。他认为，会计的目的是反映经济真相，但它又不可避免地被"计量差错"和信息提供者的"偏见"所影响。因此，会计和经济真相之间的差距是一种客观存在。

会计信息质量对于资本市场的健康、稳定是极端重要的。作者勉励会计和审计从业者肩负起还原经济真相、减少计量差错、消除影响会计报表的偏见的职业责任，把好经济信息的质量关。

作为金融业人士，我深刻体会到维护会计信息质量、提高审计质量不是注册会计师单方面的责任，还需要企业、监管机构和其他利益相关方共同担当。

资本市场应将使用高质量审计服务作为衡量资本市场发展质量的一个先行指标。不仅企业应当自觉选择高质量的审计服务，对股东负责，而且监管机构和其他资本市场中介也应鼓励企业使用高质量的审计服务。唯有如此，资本市场的健康、稳定才能有落脚点，资本才能得到有效配置。

这本书的书名寄托了吴卫军先生对注册会计师行业的理解："资本的眼睛"强调了资本市场对于独立审计核心价值的需求。市场投资者要从众多公司中找到优秀的投资标的，需要注册会计师充当他们的眼睛，辨别市场里的"金子"和"石头"。

《资本的眼睛》将学理、行业观察以及作者的实践经验结合起来，弥补了注册会计师行业少有此类著述的缺憾，把审计对资本市场的积极作用说清楚、讲明白。那些经典的道理，被吴卫军先生用比较新颖的角度和简单的语言呈现出来，给人以新的启迪。相信这本书能够有助于读者把握这个行业的基本情况，了解注册会计师的价值及重要性，并为中国审计市场、资本市场的监管完善提供有益的借鉴。

是为序。

巴曙松
香港交易所董事总经理
首席中国经济学家

推荐序三

《资本的眼睛》是吴卫军先生关于注册会计师行业 30 多年来改革与发展的最新力作。该书见解独到、内容深刻、文笔流畅生动，具有开创性、启迪性和可读性。

在我看来，这部著作并非专门的基础理论，也非专门的实务操作指南，而是介于其间，从一个独特的视野和角度观察、思考和解读注册会计师行业。通览全书，作者对行业“解决重要问题、建设社会诚信”的专业定位，对审计增信的独到见解，对人才流失的理性认识，对执业红线的警醒劝诫，对审计“工匠精神”的尊重与自尊，对“为彼此负责，为彼此承担”的合伙文化的深刻诠释，对“首席合伙人最重要的品质是无私”的评述与呼吁，以及认为注册会计师行业是“纪律部队”的鲜活观点，还有用案例形式对安达信起伏存亡、汇丰银行选聘审计师、会计师事务所人才培养与合伙人分配机制的生动精彩的剖析，都折射出他对行业思考的高度、深度和广度。我相信，这部著作对于政府监管者、实务工作者、科研教学人员和愿意走进这个行业的大学生将是十分有益的，对于国有企业、金融机构、上市公司、非营利组织的治理层和管理层，以及广大社会公众进一步深化对独立审计的认识和理解也是十分有益的。

溯史追源

《资本的眼睛》对审计师职业产生的历史做了梳理。作者十分谨慎，从 18 世纪处理“南海公司案”中英国政府正式任命了审计师来确认审计职业的起源，这是有史实支持的，体现了作者作为注册会计师的严谨风格。“18 世纪的英国是近现代审计职业的发祥地。审计师的社会地位最早并不令人羡慕……随着经济发展，审计师的职业才变得越来越重要，他们的工作从破产清算、检查错弊，发展到增加信用保证，演变成为一个受人尊敬的行业。”作者对审计师起源的其他史料也做了介绍，概述了审计师的发展脉络，向读者呈现了注册会计师行业的初期发展状态。回顾历史，我们清醒地看到，市场经济的形成和发展是一个长期的历史过程，其间有无数的自我纠错和不断完善，审计师伴随商业技术的发展和市场的需要而产生，并成为市场经济体制中不可或缺的组成要素。这种论述角度使我们加深了对这个行业角色定位和职能作用的认识。

中国注册会计师行业是一个年轻的行业，自 20 世纪 80 年代恢复重建以来的发展历史只有短短 30 多年，“国际四大”进入中国投资和培育发展国际网络成员所也只有 20 年，但这个行业取得的成绩却是举世瞩目的——颁布了《注册会计师法》和一系列规章制度，走在了专业人员立法的前列，促进了行业发展的法治化、制度化和规范化。财政部领导中国会计审计准则实现了国际趋同，构建了和国际规则无缝对接的通用商业语言。全国会计师事务所从官办的事业单位“脱钩改制”为有限责任公司，告别了“红顶中介”历史，成为真正独立的市场主体。全国 40 家证券资格会计师事务所率先完成特殊普通合伙转制，引领合伙制度和合伙文化加速助推中国现代审计市场体系的建立。创立北京、上海、厦门 3 所国家会计学院，培育全国会计领军人才，为注册会计师行业的发展做好人才储备。建立政府购买注册会计师专业服务制度和公共部门注册会计师审计制度，注册会计师服务经济社会发展的领域和范围、广度和深度空前拓展。研究建立境外机构发行人民币债券审计制度和跨境审计监管合作机制，为中外多双边自贸区建设和资本市场开放合作奠定了坚实的技术基础。这一系列重大的历史性变迁，让中国注册会计师行业只用 30 多年就走过了西方发达国家上百年的道路，这为包括作者在内的中国注册会计师提供了成长发展的大好机遇和广阔空间。

作者的职业生涯，贯穿了当代注册会计师行业在中国发展、变革的全部历程。他的所见、所闻、所感基于特殊时代的背景而产生，是宝贵的行业资料，必将为后来者把握历史、审视当下、谋划未来提供有益的参考。我认为，卫军先生这一代中国合伙人的成长经历，恰是注册会计师行业在中国崛起的缩影。

国际视野

吴卫军先生是中国内地第一个考取国际会计师证书 ACCA（特许公认会计师公会）的注册会计师。他曾在中国香港、纽约、悉尼和伦敦多地工作，同时拥有中国内地、中国香港、英国和美国的执业注册会计师资格，曾担任多家全球性客户的签字注册会计师。2008 —2009 年全球金融危机后，吴卫军先生还曾赴英国金融监管局工作。因此，他的国际经验十分丰富，善于以国际视野来观察和思考问题。

会计师事务所国际网络在中国有一个长期存在的"不解之问"——你们是哪个国家的事务所？这是事务所在与客户沟通或与政府官员打交道时常常被问到的问题。在事务所内部，一些年轻的工作人员也常常产生困惑，说不清楚这个问题。作者在"会计师事务所的国际网络是如何形成的"一章中对这个问题做了详细阐述。他用一家"四大"会计师事务所在英国起源、19 世纪末 20 世纪初向美国发展的案例，以及四大国际会计师事务所在 20 世纪 90 年代进入中国发展的历史进程，描述了会计师事务所的国际化发展路径，说明会计师事务所国际网络是多个国家本土合伙人组成的成员所的集合体。其股东在退休时会放弃股东资格，不像工商企业，有几个明确的投资人，股权可以传代。其全球主席是全球合伙人选举产生的，主席在哪里，总部就在哪里。作者尤其指出："随着中国经济的发展，中国的业务地位在'四大'国际会计师事务所国际网络中越来越重要，它已经是'四大'国际会计师事务所国际网络中一个非常重要的集结点。'四大'国际会计师事务所的中国合伙人通过不断学习和磨炼，正在迅速成长。终有一天，他们会担任'四大'国际会计师事务所国际网络的主席……到那个时候，人们或许会以为在全球运行的'四大'国际会计师事务所是一家中国公司。"这一推论符合合伙人企业存续的特征。

具有国际眼光对会计师事务所的发展是十分重要的，这是因为在全球化的环境中，任何一个地区出现的问题都有可能已经在其他地区发生,而任何一个地区的解决方案都有可能为其他地区解决困惑提供思路。这是拥有国际网络的会计师事务所的相对优势。而在会计师事务所，对客户的信息是有严格的保密要求的，对各国（地区）政府的监管要求是必须尊重、不可逾越的，这是会计师事务所的生命线，理解这一点十分重要。作者通过对国际网络和中国业务团队成长的分析，为我们展开了如何看待会计师事务所在中国发展的问题，使我们理解了中国业务团队自身是一个独立的利益相关体，它并不是全球网络的子公司。无论在法律上还是在本质上，国际"四大"会计师事务所在中国的成员所都是一家中国公司，它在品牌、规则、合伙人要求、服务标准方面需要与全球网络保持一致，但在遵守监管政策，维护客户利益、合伙人及员工权益等方面与中国其他事务所是完全一致的。当然，必须指出，"借船出海"的"国际四大"网络布局模式和以我为主、自主发展的会计师事务所的国际化之路，都是值得探索鼓励、值得深入研究的。多元化和多样性的选择，对发展和完善市场经济体制利大于弊。

价值认知

审计师本身是一个悠久的职业，在市场经济产生的早期阶段便已萌生，随着市场经济的发展、社会分工的深入，逐渐发展成注册会计师行业，成为现代经济社会中不可或缺的专业领域。毋庸置疑，审计师职业以及现在的注册会计师行业是市场经济催生的社会分工中不可或缺的一环，是市场经济改革发展的内生成分。理解这一发展脉络是极其重要的。

邓小平说："为什么一谈市场就说是资本主义，只有计划才是社会主义呢？计划和市场都是方法嘛。只要对发展生产力有好处，就可以利用。它为社会主义服务，就是社会主义的；为资本主义服务，就是资本主义的。"[①]会计师事务所国际网络就是在邓小平南方谈话后不久开始参与中国市场化改革的。短短几十年，中国市场经济取得了巨大的进步，但与西方数百年的发展相比，在企业制度建设上还有一定差距，还需要长期的制度文明建设。

注册会计师行业在发达市场经济中是一个充分竞争的行业，这个行业的价值在长期的竞争中已经为市场所接受。但在中国市场，会计师事务所的收费和服务之间还未能形成良性的平衡，聘用会计师事务所的企业在选择服务时，往往会把收费高低看作优先选项。作者以汇丰银行选聘外部审计师的案例探讨了这个问题。汇丰银行在选聘会计师事务所时，优先考虑的是事务所带来的价值，对于费用，汇丰银行"认为支付审计服务费不是一项简单的费用支出，而是对汇丰银行公司治理建设的投资"。这就涉及市场经济的土壤环境。我国的注册会计师制度是外部引进的，它在中国社会主义市场经济制度中成长，同时也促进中国社会主义市场经济制度不断完善。作者用了整整一个部分探讨独立审计的价值（见《资本的眼睛》第二部分），从事务所的角度和企业客户的角度分别分析审计师存在的意义，这对于企业选择会计师事务所、判断审计师的价值是有参考意义的。

---

① 引自"邓小平同几位中央负责人的谈话"，1987 年 2 月 6 日，《邓小平文选》。

审计师的职能最初是由股东选出其代表担任的，即股东代表执行审计师的工作。这样看来，选择高质量的审计师最符合股东的利益。在支付审计费上，作者认为要尊重工匠精神，支付像纪律部队一般的审计师以合理费用，这将有利于社会经济制度的建设。作者在书中借某企业审计委员会主席之口追问："在物色和选拔公司总裁或财务总监时，公司会不会倾向于挑选薪酬要求最低的那位人选？"这个问题，值得我们深思。中国人历来笃信"一分价钱，一分货"，低价恶性竞争能赢得高质量的审计服务吗？自欺欺人的糊弄式审计最终损害的是市场经济秩序和社会公众利益。

内部治理

《资本的眼睛》的另一个重要贡献是作者把会计师事务所内部治理的一些"秘密"和疑问讲清楚了，这包括：合伙人是如何培养的，为什么一定要走完所规定的职业培训台阶才能提拔为合伙人；合伙人尽管是股东，但合伙人的股东角色是临时的，即合伙人是"走班"的股东，合伙人退休后就不能担任会计师事务所的股东了；合伙人的薪酬制度，什么叫"以绩效为基础的薪酬分配制度"，什么叫"级级锁定"，怎么看待"隔代公平"，以及合伙企业的权力结构是什么样的。相信这些话题不仅为会计师事务所外部的人所关心，即使是事务所内部的人也会饶有兴趣地跟随作者的分析来对比自己的体验。

我理解，作者剖析事务所的权力架构和分配制度，真正的用意是希望读者从中了解事务所的运营状态，回答为什么要鼓励会计师事务所建立特殊普通合伙企业的治理机制、为什么要积极投资和培养下一代合伙人的疑问。比如，会计师事务所合伙制存续的逻辑是——"没有人真正拥有一家事务所，合伙人只不过是在为下一代'照看'这家事务所而已。"作者把这个"秘密"分享给读者是希望吸引最优秀的年轻人加入这个行业。从长远来看，合伙人是一个值得为之奋斗的职位。作者的分析对于所有在中国改革开放后成长起来的会计师事务所在经营管理上具有启迪作用，对于中国会计师事务所走出去、加入或者自创国际会计网络也是很有借鉴意义的。

《资本的眼睛》问世之际，卫军先生嘱我作序。我在行业是后学晚辈，才疏学浅，深感惶恐。但通读全书，钦佩之情油然而生。作为执业注册会计师、四大国际会计师事务所的合伙人，卫军先生在繁忙的工作之余挤出时间进行经验总结和理论研究，绝不仅仅是勤奋可以解释的。我以为，它表明作者对中国注册会计师行业的真挚热爱、对专业精神在中国发展的执着追求、对中国市场经济规范繁荣发展的热切期盼，也沁透出作者对国家经济发展和制度建设的一颗赤子之心、一片赤诚之情。

当前，中国注册会计师行业正走在既充满希望，又充满挑战和艰辛的大道上。经济转型时期的几乎所有矛盾和困难，都在注册会计师行业中得以淋漓体现。怨天尤人、消极颓废没有出路。只有每一位注册会计师坚守诚信品格和专业精神，才能彰显价值、筑牢信任、赢得尊重、提升地位。我诚挚建议所有关心中国注册会计师行业的人士都读读《资本的眼睛》，这是一双深邃而饱含深情的眼睛，更是一颗朴实而坦荡炽烈的良心！

王宏博士

前言

创作《资本的眼睛》的初衷，是希望总结我 30 年来在注册会计师行业的学习和实践经验，将自己的所见、所闻、所学、所想传承下去，为中国注册会计师行业的发展做点贡献。我于 1989 年在 ACCA 的安排下开始加入注册会计师行业做“学徒”，历经 30 年从业生涯，在注册会计师行业中砥砺前行。一路坚持到现在，我是极幸运的少数人之一。如果不把我的一些见闻、感受、经历、看法写出来，将对不起我所拥有而大多数同代人却无法拥有的宝贵机会。

注册会计师行业在我国的发展走了一条与众不同的路径，这条路径是凭着创新精神勇敢地走出来的。通过引进“四大”会计师事务所，注册会计师行业引入了国际化标准和执业要求，同时推动了中国会计准则与国际趋同、接轨，帮助中国审计市场的建设快速达到一个新高度。市场上有不少研究中国注册会计师行业发展历程的书籍，但站在一名审计实务工作者的角度来创作的专业书籍几乎没有，我算是首次尝试。希望我的写作能反映出来自实务前沿的专业工作者的真实看法和思想感情，记录我国注册会计师行业发展进程的真实片段。也希望这本书的文风能反映出自己从事注册会计师行业这几十年来一以贯之的一种追求——说真话、说白话，用简单的话把复杂的事情说清楚，力求让行内人读了不觉得浅，让行外人读了不觉得深。

卢卡·帕乔利（Luca Pacioli）在其 1494 年出版的《簿记论》中说：“商人要具有 100 只眼睛。”我将书名定为“资本的眼睛”，是因为注册会计师以专业精神为资本市场的会计、财务管理和公司治理信息的质量及真实性把关，帮助市场参与者用专业眼光看管好资本，做出正确的投资决策。作为“资本的眼睛”，注册会计师必须始终保持客观、公正，能够看透数字背后的事实，推动被审计企业按照会计准则呈报会计报表，通过发现风险、解释风险，帮助投资者规避风险，从而降低资金成本，让资本看见中国经济发展和投资的机会。

在这本书的写作过程中，我常常问自己：我的研究有没有遗漏影响注册会计师行业发展的哪一个维度？读者也同样可能这样质问我。我们生活在一个高速变化的时代，科技进步日新月异。会计工作对于信息科技的依赖超越了以往任何一个时期，而审计也必须运用信息科技手段，但关于科技发展这一重大趋势及其对审计的影响，我写得很少。在这本书中，我试图寻找注册会计师行业的永恒价值、独立审计的永恒价值。注册会计师不论处在哪一种时代背景、承担什么工作职责、使用何种技术工具，他们的工作目的都是一以贯之、恒定不变的，那就是促进“建立社会诚信”。这个工作目的，像一个“锚点”，定住了独立审计对于经济社会发展的永恒价值。

“经济越发展，会计越重要。”注册会计师是支撑现代经济社会健康运作的一个重要职业。注册会计师只有坚持专业主义，才能担负起社会赋予的重任。专业主义也称职业主义。罗斯科·庞德（Roscoe Pound）指出：专业主义的实质是“一个探索和掌握了某种学术性技艺的群体，必须本着服务公众的精神而共同执业，共同承担一个职业的使命”。国务院前总理朱镕基2001年为中国注册会计师行业的题词“诚信为本、操守为重、坚持准则、不做假账”，是对注册会计师专业主义的最好诠释。如果这本书能为中国注册会计师专业主义精神的普及和宣传尽一份绵薄之力，为改善注册会计师的执业环境、做好营造社会诚信的专业服务工作起到垫脚石的作用，也就不枉我的用心了。

我们国家已经发展成为全球第二大经济体，每一个国家经济战略的实施，都为中国注册会计师行业发展提供了广阔的空间，都需要更多的年轻人加入中国注册会计师队伍中。衷心欢迎更多的年轻人加入注册会计师行列，致力于通过专业服务为经济发展保驾护航；并勇于作资本的眼睛，用青春和汗水捍卫我们中国注册会计师行业的专业与诚信。

吴卫军

目录

第二部分　实现独立审计的价值

引言　“上帝”是客户

大家都知道客户是注册会计师的“上帝”，但如今，“上帝”也真的成为注册会计师的客户了。

2015 年年底，梵蒂冈教廷宣布聘请一家会计师事务所对教廷资产进行专项审计。让注册会计师来给教廷查账，摸清“上帝”的家底，帮助“上帝”在财务管理上做到对内心中有数、对外公开透明，这对于“上帝”来说是史无前例的。“上帝”是想通过注册会计师的眼睛来看看梵蒂冈教廷的财务运作。

梵蒂冈的教皇说：“如果我们连看得见的钱财都管不好，又怎么能照看好信众们看不见的灵魂呢？”

第一部分

理解注册会计师行业

第一章　审计师的职责

“注册会计师”、“会计师事务所”和“审计师”（有时也称“独立审计师”或“外部审计师”）是三位一体的，即三个概念和名称是互通互用的，均指在社会经济活动中通过提供鉴证服务维护投资者合法权益和社会公众利益的专业会计师。

我国《注册会计师法》对注册会计师和会计师事务所及其执业做出了明确的定义和要求。注册会计师是指依法取得注册会计师证书并接受委托从事审计和会计咨询、会计服务业务的执业人员。注册会计师执业应该加入会计师事务所。会计师事务所是指依法设立并承办注册会计师业务的机构。所以，执行审计业务的注册会计师和会计师事务所是一个整体，共同承担审计执业的法律责任。

会计师事务所出具审计报告有两种签字格式：第一种签字格式是以中国为代表的，注册会计师签署审计报告必须由“会计师事务所+经办注册会计师”两者叠加双签。一家会计师事务所对客户的会计报表出具审计报告，审计报告的签署落款为“××× 会计师事务所（特殊普通合伙）”——加盖事务所公章，并由执行审计业务的两位中国注册会计师签名且盖上私人名章，以彰显会计师事务所及注册会计师承担的责任和审计报告的法律效力。

第二种格式是以美国为代表的，注册会计师以统一的公司（通常为有限责任合伙企业）名称签发审计报告，如“××× LLP, Certified Public Accountants”，即签署“×××会计师事务所（有限责任合伙）”，并声明自己是注册会计师。所有合伙人均用他们选定的一个名字。可以说，在美国的合伙人为了他们所服务的注册会计师事业“改名换姓”了，他们以自己公司的创始人的名义执业。在落款处，加上“注册会计师”这个称谓，向审计报告的阅读人申明签字人是以注册会计师的身份签发报告的，以证明签署这份审计报告的注册会计师的执业能力和这份报告的法律效力。

生于破产清算

18 世纪的英国是近现代审计职业的发祥地。审计师的社会地位最早并不令人羡慕。在当时的英国，人们最向往的职业是医生、律师和牧师，从事这 3 项职业的人能获得丰厚的薪水以及较高的社会声誉。随着经济发展，审计师的职业才变得越来越重要，他们的工作从破产清算、检查错弊，发展到增加信用保证，演变成为一个受人尊敬的行业。

18 世纪初，英格兰和苏格兰合并为联合王国，诞生了世界近代史上最有活力的自由贸易市场，社会经济得以快速发展。不过，当时市场投机成风，没有外部监督机制。

1710 年，南海公司在英国伦敦的针线街成立。它的创始人叫罗伯特·哈里（Robert Harley），公司主要依靠政府授予的经营特权获利。

1711 年，为了获取政府授予的经营特权，南海公司吸收了一批在政府内任职的官员担任公司董事，并借此向政府官员行贿。当时，英国政府正陷入“西班牙王位继承战争”，通过发行国债维持高昂的战争开支。为解决英国政府的筹资问题，南海公司认购了总价约 1 000

万英镑的国债，这在一定程度上纾解了英国政府捉襟见肘的财政困境。作为回报，英国政府对南海公司经营的酒、醋、缫丝、烟草等商品实行永久退税的优惠政策，同时授予其在中南美洲，特别是墨西哥和秘鲁贩卖黑奴及在周边海域捕猎鲸鱼的垄断经营权。

由于西班牙长年强势盘踞中南美洲，来自英国的南海公司无法同西班牙的公司抗衡，所以其海外经营特权成了一纸空文，未能给南海公司带来真金白银的实惠。1713年，英、西两国签订了《乌得勒支和约》（Treaty of Utrecht），该和约规定：英国在未来30年内，每年只允许运送4 800名黑人到中南美洲，并且每条船只所赚取利润的28.75%归西班牙所有。这直接限制了南海公司在中南美洲的贸易权利。1718年，英国和西班牙关系破裂，南海公司在中南美洲的贸易被迫中断。

在海外贸易碰壁后，罗伯特·哈里于1719年提出将南海公司的主要业务转为经营英国国债，声称要为政府缓解偿债压力。当时，英国国债的流动性很差，有些国债甚至不能及时兑付，市场价值远低于票面价值。因此，南海公司采取了“以股换债”的方法，首先通过成为国债管理人接管国债，帮助英国政府将债务剥离并转移到南海公司，然后以略高于当时市场价值的转换价格吸引市场上的国债持有人将所持有的国债兑换为南海公司的股票，并定期向股民派发红利。

英国政府同意了南海公司的提议，但规定国债管理人必须通过竞标产生。1720年，英格兰银行和南海公司参与了这项竞标。南海公司通过向国会的主要议员及皇室支付巨额贿款，获得了当时英国全部国债的经营特权。

南海公司随后向议会提交了一份新股发行计划：南海公司将通过向公众发行新股的方式，使公众所持有的全部国债都转换为该公司的股票。很快，政府批准了这项“债转股”计划。这实质上向市场传递了英国政府支持南海公司的积极信号。此时的南海公司，在某种程度上已经变成了英国政府的融资平台。

当南海公司取得发股权后，其股票价格很快便从每股 130 英镑上涨到了 300 英镑。1720 年 4 月 12 日，南海公司宣布以每股 300 英镑的价格溢价发行面值 100 英镑的新股 100 万股。之后，罗伯特·哈里开始利用媒体鼓吹并炒作其海外经营特权的美好前景。当时，南海公司向媒体释放的各种利好消息包括：公司在墨西哥和秘鲁发现了金银矿藏；西班牙势力即将撤出中南美洲的多个港口，公司未来将独享中南美洲的大部分市场；墨西哥已经同意用全部金矿来交换英国的羊毛和棉花；公司将在圣诞节期间向股东派发高额股利；等等。这一系列利好消息使得南海公司股票受到公众追捧，股价迅速攀升至每股 900 英镑，接着又涨到 1 050 英镑。

美国经济学家约翰·K. 加尔布雷思（John K. Galbraith）将当时社会追捧南海公司的盲目性描述为：

> 政治家忘记了政治，律师忘记了法庭，贸易商放弃了买卖，医生丢弃了病人，店主关闭了铺子，教父离开了圣坛，甚至连高贵的夫人也忘了高傲和虚荣。

1720 年 6 月，了解南海公司真相并握有股份的官员和内部人士开始抛售股票套现。这些行为很快引发了投资公众的恐慌，人们开始纷纷跟随抛售股票。南海公司会计造假和过分夸大经营前景及财务业绩的丑相被揭露，其股价一落千丈。到 1720 年 12 月，南海公司的股价跌至每股 124 英镑，濒临破产。该事件不仅给数以万计的投资者带来了损失，更让英国政府名誉扫地。社会公众要求政府下台，并对南海公司实施破产清算。

1720 年 12 月 8 日，为挽回政府公信力，英王乔治一世颁布诏令，要求议会“以最快的速度和最有效的措施恢复政府信誉”。为此，议会组建了一个由 13 人组成的特别调查委员会对南海公司进行彻查。

此时，一位名叫查尔斯·斯内尔（Charles Snell）的会计师出现在公众视线里。他是在伦敦从事会计教育和实务工作的知名会计师，其职责是对南海公司的会计账目进行查核。

斯内尔在查账后发现，南海公司存在严重的财务欺诈：其向市场承诺的商贸项目几为虚构，且会计记录存在明显的篡改和造假，公司实际价值与畸高的股价完全背离。斯内尔基于查账的结果编制了一份查账报告并提交了议会，他在报告中指出了南海公司的会计舞弊及造假事项。查尔斯·斯内尔因此成为世界上第一位被权威机构接受的民间审计师。

从这时候开始，一个对破产企业进行查核或取证的审计师职业逐渐成长起来，并与传统记账、算账的会计师表现出明显不同的职业特征，他们的工作成果被普遍运用于司法，成为法庭审判和量刑的依据。

长于对管理层查错防弊

“南海公司事件”发生后，英国政府曾一度禁止设立股份公司，即未经议会或国王授权，不允许新设股份可转让的股份公司。这种做法在短期内遏制了经营投机的市场取向，但从长远看，它阻碍了英国社会资本的流动及资本使用效率的提升。

18世纪60年代，工业革命在英国兴起。经过半个多世纪的发展，英国的社会生产力得到了极大释放，财富创造加快了社会的建设与经济的发展。在这一背景下，最适合资本筹集和管理的股份公司组织形式再一次回到人们的视线中，因为股份公司为资本与劳动力集中提供了便利，是生产规模得以扩大的组织基础。1825年，英国政府解除了对设立股份公司的限制。

股份公司区别于其他商业组织形式的最大特征是，所有权与管理权分离，投资者和公司管理者行为由“委托—代理”的契约关系来约束。

因为这层关系，投资者需要引入外部监督机制，确保管理层履约和投资者的利益不受侵害。

1844 年，为了巩固英国资本市场的既有秩序，保护股东利益，英国议会颁布了历史上首部公司法——《股份公司法》（Joint Stock Companies Act 1844）。这部法律不仅首次确立了审计在公司治理中的重要地位，还对审计职责做了法律界定：

> 公司董事有登记账簿的义务，该账簿须经董事以外的第三者审查。股东大会有权推选一名或若干名股东代表作为公司的审计师，对公司日常的会计账簿和年度会计报表进行审核。

可以看到，审计师的工作最早是由股东代表负责履行的，因为在当时的英国社会还没有职业化的外部审计师。很多承担审计职责的股东代表都是由大股东委派，负责向股东大会报送查账结果。他们掌握的会计和审计知识有限，又缺乏独立性，因此不能很好地履行审计的外部监督职能。

1855 年，英国议会对公司法进行了修订，修订后的公司法规定，公司可以付费聘请外部具有记账技能和经验的会计师协助股东代表完成审计工作。这是公司的审计责任向外部职业审计师转移的起点。

1856 年，出于公司自治的自由市场主义和减少审计费用开支的考虑，英国议会决定在法律上取消强制审计的要求。当年，议会修订了《股份公司法》。该公司法修订案规定："股份公司可以自行决定是否审计，但当公司一定比例的股东（股东人数以及所拥有的股票价值达到 1/5 以上）提出审计要求时，政府有权委托有关部门对公司的财务状况进行审查。"

自 1856 年开始，英国的股份公司进入了长达 22 年的自愿审计期。很多公司在其章程中规定不聘请审计师审计，并大胆地向投资者报送未经审计，但经粉饰且不真实的会计报表。

1878 年，格拉斯哥城市银行的舞弊丑闻爆发。格拉斯哥城市银行是苏格兰最大的股份制银行，在市场上享有很高的声誉。但格拉斯哥城市银行以人为高估资产价值、压低负债的方式，粉饰会计报表，试图掩盖其虚弱的偿债能力，并为了维持其所谓的“声誉”，在无利可分的情况下依然宣告发放股息。这样做的后果很快显现出来：银行面临严重的支付困难。针对格拉斯哥城市银行破产的调查发现，对格拉斯哥城市银行的会计账簿没有独立的审计监督，管理层可以肆意操纵会计报表和账簿记录。

1879 年，英国议会再次对《股份公司法》进行修订，针对涉及公众利益的银行，修订案明确规定：“所有注册的有限公司制银行必须接受年度审计。”1900 年，公司法更趋严格，将接受强制审计的公司范围从所有股份制银行扩展到所有股份制公司。自此，强制审计制度在英国（当时全球最先进的经济体）被正式确立，自愿审计时代就此落幕。审计费用变成了一种合规成本和保护投资者利益的投资而被社会接受。

值得强调的是，当时审计师查账的主要目的是防止和发现公司管理层欺诈，市场投资者最关心的仍是公司管理层是否诚实。审计师的主要工作职责是审查管理层编制的股份公司的会计报表和账簿是否真实和准确，查核公司管理者是否有舞弊和欺诈行为。“会计账目是否真实和准确”是该时期审计师报告的基本意见表述。

成于增加信用保证

19 世纪末叶，第二次工业革命在美国展开，大批的英国商人来到美国投资。当时，英国资本家大量收购了美国境内的酿酒、畜牧、制铁等企业。这批英国商人在前期派遣了英国的会计师到美国实地开展财务尽职调查，收购完成后又聘请他们担任其在美国公司的审计师，防范管理层账目造假。

从 20 世纪开始，世界经济中心逐渐在美国形成。与英国企业普遍以股票融资不同，美国的证券市场发展尚不成熟，当时的美国企业大多从银行获取贷款作为企业发展的资金。银行在放贷前，希望能掌握贷款公司的财务状况，据此评价其偿债能力，以对是否向其放贷做出决策。银行不仅要求贷款公司的会计账目真实、准确，还要求其资产负债表能够及时、客观和公允地反映企业资产和负债的流动性。

1909 年，美国银行业协会做出的一项重要决议直接推动了美国审计市场的发展。这项决议要求：

> 对于贷款企业，如果其能向银行提交经审计师审计的资产负债表，它们将享有优先放贷的便利。

这项决议释放出一个明确的信号：美国全国范围内的银行金融机构，希望从贷款企业获得经审计师审计的资产负债表。这对审计师的工作提出了更高的要求，扩展了审计师的工作职责。审计师的工作职责从简单的查错防弊转向证实资产负债表项目余额是否真实、完整且准确；从单纯的服务股东，扩展成为既服务股东又为企业增加自身信用保证的第三方专业中介，经审计的会计报表帮助企业取信于债权人并进入资金市场。

1929 —1933 年的大危机对于现代公司审计制度的建立来说是一个里程碑。1933 年出台的《联邦证券法案》（Securities Act of 1933），以及 1934 年出台的《联邦证券交易法案》（Securities Exchange Act of 1934），将审计师的职责从“资产负债表审计”进一步定义为“财务报表审计”。该两项法案要求所有拟上市及上市公司必须向美国证交会提交经独立审计师审计的完整财务报表，独立审计师的审计报告成为进入资本市场的通行证。上市公司强制性信息披露的制度安排逐步形成。

自此，审计师承担的职责比过去仅对资产和负债做审计更进了一步：审计师需要审查上市公司管理层是否按照统一的公认会计准则编制财务报表，并对财务报表的真实性、完整性、准确性以及公允公正做出保证。至此，一个以为资金市场和资本市场增加信用保证为主要目的的现代审计制度基本形成。

ooo0ooo ①

西方审计师职责的发展与变迁，给中国注册会计师行业衡量其发展成果提供了时间的标尺。西方国家花了 200 多年的时间，使审计师的职责从破产清算扩展到为企业财务报表的真实性提供保障，为投融资活动提供信用保证，审计师的工作成为现代经济社会体系中不可或缺的专业中介力量。现代中国只用了不到 30 年就完成了审计市场的建设，对于中国的注册会计师行业来说，这是值得骄傲的成就。

但我们也要看到，今天中国的审计市场发展水平仍整体落后于发达经济体，市场对审计师价值的认识程度不深，对审计师职业的尊重不够，审计师的工作成果与市场对企业价值的认同的关联性不强。

从根本上讲，审计师以帮助投资双方建立信任关系为目的。以诚信为基础的资本和金融市场孕育了注册会计师这个行业，是推动该行业发展的真正动力。西方注册会计师行业的发展伴随着企业欺诈舞弊、破产违规等负面事件的出现，这既是行业发展时间的轨迹，也是规避和控制行业风险的轨迹。从资本市场的角度来看，注册会计师行业的发展是与资本市场发展相辅相成的，既不可脱离市场而冒进，也不可止步不前。随着经济的进一步发展，市场对于审计师职责的理解将会更加深刻。

---

① 关于符号“ooo0ooo”的来历，请见“后记”。

第二章　审计师对客户公司的“信义”义务

理解公司“官员”的定义

20世纪初，美国著名经济学家、哥伦比亚大学校长巴特勒（Nicholas Murray Butler）是这样总结“公司”制度的意义的，他说：“股份有限责任公司是近代人类历史中一项最重要的发明；如果没有它，连蒸汽机、电力技术发明的重要性也得大打折扣。”

既然股份有限公司的力量这么大，那么它力量的源泉在何处？陈志武教授说：“现代公司可以理解为，不同的利益主体依照契约关系，根据经济利益最大化的目标所自愿组成的金融共同体，或说是众多契约关系的集合体，是基于非人格化法律的人造组织体。现代公司最为重要的特征在于其显性契约关系，以及由此衍生出来的法人治理结构。公司法人从自然人的属性中独立出来，形成了与自然人平等的独立人格，独立人格又呼唤出有限责任，其能力和生命力可以远超任何自然人。”

公司作为独立的法人在其运作的过程中有几个重要的管理角色需要理解，包括发起人与股东、董事、公司秘书以及审计师。其中，董事、高级管理层、公司秘书属于由公司章程授权的对股东和公司负责的公司“官员”（在英文中称为“officers of the company”）。

一般情况下，公司发起人同时也是公司股东。但发起人与股东事实上是两个互相关联但又有所区别的概念。英国《股份公司法》将公司的发起人定义为发起设立公司的人。发起人对公司的注册与设立做了许多基础工作，并较其他股东对于公司经营的范围和设立的目的更加了解。发起人会谨慎地为公司选择和确定名称、制定公司章程、为设立公司筹集必要的资金等。发起人在公司设立后缴纳股本金，就成为一名普通的股东。

股东是公司的出资人和所有者，享有公司收益的分配权。公司最重要的权力机构是股东大会。股东大会至少每年召开一次，称为股东周年大会。股东们在会上讨论和处理公司治理的大事，比如决定企业战略发展目标和重大投资、任命董事、审阅公司管理层提交的年度财务报告、任命外部审计师等。

对“董事”这一概念做出明确定义是一件很难的事。各个国家的法律通常利用叙述的方式来说明这一特定职能人员所应发挥的功能和作用，以及需要承担和履行的责任与义务。

一般来说，董事是接受公司股东委托来从事公司经营管理事务的特定人士。董事的权力来源于股东任命，公司章程虽然保障了董事代表股东经营治理公司的权力，但各国公司法还是会以各种法律形式强化股东在公司中的所有者地位，凸显公司股东与董事之间的委托与受托的权力安排。具体表现在一些涉及公司重大事项的决策上，比如章程修改、公司类型变更（如从私人企业变更为公众公司）、股权购买安排、审计师聘任等，董事会的决议必须经过股东大会审议及表决同意才能生效。

董事会类似于公司的议事机构，对公司的战略方向、经营管理、重大交易决策等事务发挥着指导和决策作用，这个时候的董事相当于议事机构中的“议员”。董事会及其董事是公司治理的核心。

按权责性质划分，董事可以分为两类：一类是执行董事，另一类是非执行董事。执行董事是被公司股东雇用、需要承担管理职责的董事，他们与公司签订了服务合同，承诺将管理公司作为自己的工作；非执行董事则不需要承担管理公司的工作，但他们负有为执行董事提供支持并监督执行董事及管理层履职的责任。

公司秘书是与公司这个法人相关的一位重要官员。公司秘书可以是专业人员（即没有管理职位），也可以成为高级管理层的一员，他们的主要职责是保障董事会的议事程序合规合法以及所做出的决议得到遵守与执行，他们有权向董事提出建议并对董事会负责。中国的《公司法》则将这个职务更加直接地命名为董事会秘书。

公司秘书要负责支持和协助董事，以确保其在履职过程中以公司利益为重，并且要在董事进行决策的过程中提示其关注与利益相关者的关系，履行对公司股东的信义义务。当董事会最终做出经营决策，公司秘书有责任就董事会决议向管理层进行详细的说明与传达，以确保决议被落实。

英国《股份公司法》要求所有上市公司都必须配备公司秘书，并对任职要求设定了较高的门槛。在英国《股份公司法》的影响下，中国香港要求上市公司必须配备公司秘书。公司秘书可以由董事会秘书兼任，并需持有“特许公司秘书”的资格。如果没有合适的具备特许公司秘书资格的人士，公司也可以聘用具备律师或注册会计师资格的专业人士担任公司秘书，理解和满足公司基本合规功能的要求。

公司股东委托董事会聘请审计师为公司会计报表出具审计报告，审计师对股东负责。从公司治理角度来看，审计师是股东的代表，代表股东审计董事和管理层编制的财务报表，在公司治理的安排中具有重要地位。

审计师必须在任职期间对公司年度财务报表进行审计并出具审计报告，之后提交给股东大会。审计师享有参加股东大会的权利，听取股东讨论和批准财务报告的意见。当公司股东或者董事召开会议时，股东或者董事可以邀请审计师参会并在会上发表意见，但审计师不能参与企业管理和决策。

审计师向股东提交审计报告展现了其在公司治理中扮演的角色和发挥影响力的实质。因此，董事、公司秘书和管理层必须尊重股东聘请的审计师。

董事的“信义”义务

基于现代公司所有权与管理权分离的安排，董事与股东之间存在一种脱胎于信托关系的信义关系，股东信任董事并将企业托付给董事，董事对股东负有信义义务（fiduciary duty），包括谨慎尽职义务（duty of care）和对公司的忠诚义务（duty of loyalty）。董事应当谨慎履职并保持对全体股东的忠诚，以公司利益为重，即忠于公司，不与公司发生任何形式的利益冲突。

信义义务存在的前提条件是存在信义关系，这种关系是从传统的涉及委托人、受信人和受益人三方的信托关系中衍生而来的。所以，在此有必要解释什么是信托。

信托实际上是一类金融交易，委托方将自己特定的财产交予受托人管理，受托人为委托人及委托人指定的受益人的最大利益和最终利益服务。在交易设计中，信托关系涉及财产使用权的实际转移。信义关系套用的概念是将信托关系中委托人和受益人对受托人诚信与谨慎履职的“信任”关系提取出来，在公司治理安排中，用它表述股东对于董事的“信任”关系要求，虽然不涉及股东财产所有权向董事的实际转移，但这也是一种实实在在的托付。

在信义关系中，股东既是“委托人”，又是“受益人”，董事是股东的“受信人”。信义关系并不必然要求财产的实际转移，其定义涵盖的范围比信托关系更为广泛。在中文翻译中，信义关系用“受信人”的表述替代“受托人”（trustee），也显得更加准确。

信托关系通常由信托合同来约束，但信义义务更多的是表现在专业道德层面的要求。它无法像甲方 / 乙方那样划分明晰的界限，需要依靠董事的专业判断。“谨慎尽职义务”（即《中华人民共和国侵权责任法》里的注意义务）要求每一名董事诚实且勤勉地履行职责。在管理公司事务时，董事应当展现出一个普通谨慎的社会人在身处与董事职务相类似的地位或环境时所应具备的行为标准。董事应当对不利于公司发展或有损于公司价值创造的状况保持敏感并及时应对。董事还应当向公司股东做好涉及重大交易的信息披露与解释工作。值得强调的是，“谨慎尽职义务”不是董事主观上保持职业谨慎和风险敏感就能做到的，它背后暗含了对董事才智的要求，董事必须掌握与其职务相匹配的知识、能力与经验，并在服务公司的过程中运用好这些知识、能力与经验。

“对公司的忠诚义务”要求每一名董事都心怀善意地行使职权，以公司利益为重，绝不能利用职务便利牟取私利。当董事自身利益与公司利益发生冲突时，董事必须以公司利益为重。董事必须了解，他们做出的每一项交易决策，股东都假定其出于善意且符合公司利益，而且股东和他们任命的审计师对于这笔交易的具体信息享有充分知晓的权利。如果公司股东对董事的某笔交易产生质疑，董事就必须提供与这笔交易相关的证据，以证明这项交易在程序上的公正性和在价格上的公允性。公司发生的任何涉及董事利益的交易如被界定为关联交易，就必须披露。

审计师的地位

审计师与董事工作的最终结果都是要保护企业的资产，帮助企业增加价值，这是审计师、董事与股东利益一致性的具体体现。尽管审计师是股东大会为公司外聘的专业人士，不是公司的“官员”，但他们也必须像公司的董事一样履行“谨慎尽职”和“对公司忠诚”的信义义务。

审计师应当运用专业知识和审慎判断对股东履行“谨慎尽职义务”。公司的董事接受股东委托，与管理层一起对公司内部控制的建设与维护负责，对公司会计报表的准确性、合规性和及时性负责。审计师接受股东委托对董事开展的这些工作进行核查。审计师的“谨慎尽职义务”体现在能够及时发现管理层失职或会计报表错报，并谨慎、客观和坦诚地告知股东公司所面临的风险，帮助企业纠正偏离资产保护和价值增长目标的行为。

审计师对股东负责，履行对公司的“忠诚义务”，这要求审计师坚持独立性，保持与董事、管理层的距离，做好对董事和管理层的独立审计工作，并与股东或其代表人保持密切沟通。审计师对管理层的监督价值源于其独立与公正的立场。审计师在执行审计工作的过程中，不可避免地要受到管理层的影响。在这种情况下，审计师越坚持独立性原则，就越能抵御管理层影响，实现对股东价值的保护。审计师应当与董事会（股东在公司的代表人）积极沟通，忠诚于公司的整体利益。另外，审计师会经常接触公司的内部商业机密，因此，除了要对公司信息做好保密工作外，他们绝对不能利用内幕消息进行任何形式的牟利活动。

审计师和董事接受股东委托，得到股东的信任，均属于信义关系中的受信人。审计师的工作界于股东和董事会之间，所以，审计师在公司治理中的地位是：审计师是公司治理的践行者。不同于律师，审计师参与公司治理，是公司治理的组成部分，而律师只是公司的顾问或董事会的顾问或股东的顾问，他们在公司治理架构中没有自己独立的地位。当有客户对审计师态度不友好时，我们要问：你也是这样对待公司的股东和董事吗？尊重审计师、支持审计师的工作，是现代商业社会诚信文化建设的一部分，也是企业公司治理文化的重要部分。

图 2.1 提供了一个简单的公司治理架构图解。在本书中，有关公司治理层和管理层的主要概念包括：股东大会、外部审计师和董事会组成公司治理层，执行董事、董事会秘书和高级管理层构成公司管理层。

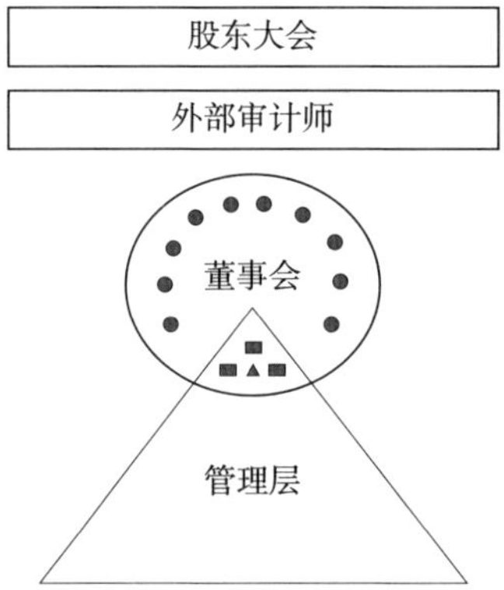

● 非执行董事，包括独立非执行董事和非独立非执行董事。
■ 执行董事，领导管理层，代表管理层，也是管理层的组成部分。管理层除了执行董事外，其组成成员是董事会或董事长聘任的对公司整体策略和运行负责的公司“官员”。
▲ 董事会秘书，负责董事会运作，并督促管理层落实董事会提出的经营议案。

图 2.1　公司治理架构图解

审计师的权利和义务

1844 年英国颁布了《股份公司法》，创立了股份公司这一新的法人组织形式。1900 年和 1907 年，英国议会对《股份公司法》进行了两次重大修订，这两次修订对审计师的职责和法律地位的定义与理解产生了重大影响。当时的英国会计师专业团体专门聘请了资深律师团针对《股份公司法》中有关影响审计师职责的条款进行解读，出具律师团法律意见书，帮助他们正确理解审计师的法律地位、权利和义务。这两次《股份公司法》修订以及律师团的法律意见书，为全世界的注册会计师的职责界定奠定了基础，为注册会计师行业的发展提供了法律基础。

英国 1900 年修订的《股份公司法》规定：审计师在任何时间都有权接触和获取公司的账本、账目、会计凭证，有权要求公司的董事、管理层提供审计师认为其行使审计职责所必需的信息和解释说明。公司账本不仅包括会计账本，还包括公司的所有记录，如各种会议纪要、信函往来记录等。

律师团认为，公司董事如果在对审计师提供材料上有所保留，或拒绝提供审计师执行审计工作需要的解释，那这样的董事是不称职的。

上面这段论述看上去偏袒审计师，但是在执行审计工作中，要么由公司董事和管理层，要么由审计师来决定审计需要的材料。“如果由被审计对象来决定什么是可以让审计师看的材料，什么是不可以让审计师看的材料，这不是天大的荒唐吗？”这是 100 多年前律师团质询的原话。

在没有审计准则和会计准则的年代，审计师的责任主要在于他拿到了他需要的审计证据，他表述的审计意见是，会计报表根据审计师得到的信息和解释及公司的账目记录，真实反映了公司的情况。这一意见侧重的是审计师看到了要看的东西，而且依据他看到的材料，得出了他的专业判断。

这是 100 多年前的审计意见书的工作依据，也是今天审计报告的根本。

当然要强调的是，尽管审计师有权获得全部的公司账目、凭证，但审计师不需要全部对其执行审计程序。通常，审计师有权利，或者说审 以确定，则审计师不能受任何人（特别是被审计人士）的干扰和影响。例如，被审计人士不得做出有关审计报告中将包含（或者不得包含）什么样的内容或这些内容应如何列报的指示。审计师在执行审计工作和出具审计报告时，必须保持和维护完全独立的专业态度。

1900 年修订的《股份公司法》还要求，按照该公司法注册的公司必须在一年一度的股东大会上，呈报由两名董事签署的资产负债表（注意：当时还没有对公司设定呈报利润表的要求），并向公司注册处报送经审计的资产负债表。这很清楚地表明，董事要对企业的会计报表负责，董事会是保障会计信息真实的首要防线。同时，该公司法要求公司在股东大会上提供与该资产负债表相应的审计报告；如果公司提供没有经过审计的资产负债表，则会被处以罚款。

1900 年修订的《股份公司法》要求审计师对在股东大会上呈报的每一份资产负债表向股东出具审计报告，且该报告应说明审计师是否获得了他要求公司提供的所有信息和解释说明，以及资产负债表是否妥善编制并真实准确地呈现了公司业务的状况。

律师团对 1900 年修订的《股份公司法》中有关审计师出具审计报告这一要求的执行提出了下列解释：

（1）继 1900 年英国议会对《股份公司法》完成修订后，1907 年，英国议会再次对《股份公司法》进行修订。1907 年的修订对审计师的职责和法律地位的影响，主要体现在审计报告上。审计师没有责任采取措施以确保其意见为股东所知晓，但《股份公司法》要求在股东大会上呈报的资产负债表必须附上审计报告或者添加附注对审计报告进行说明。审计师是公司“官员”，而不是股东的个人代理。审计师以公司整体利益为重，不对单个股东负责。所以，审计师没有责任向全体股东分发审计报告，这一责任由公司及公司秘书承担。

（2）审计报告必须明确标示其审计工作所针对的是哪一张资产负债表，杜绝任何争议。审计师没有责任确保资产负债表附上审计报告或者在附注中对审计工作进行说明，但是审计师应采取有效措施以防止资产负债表被无意或恶意调换。审计师不负责向股东个人提供资产负债表、审计报告或相关信息，但是审计师有权在开始审计前，与公司管理层明确其要审计的资产负债表与将呈报给股东大会的资产负债表是同一报表。

（3）《股份公司法》要求在更换审计师时必须提前并在合理的时间内发出通知，公司不能随意更换审计师。这一规定对审计师的任期进行了初步规范，以保障审计师在执行审计任务时具有独立发表专业意见的安全感。

（4）审计师的职责不仅限于对比报表和账簿的数字。如果审计师没有执行必要的查证程序，没有做出努力以确保公司的账簿记录真实地反映公司的财务状况，则审计师未能履行其职责。审计师必须履行合理的尽职义务（reasonable care），以确保公司的资产负债表能够呈现公司的真实财务状况。这是《股份公司法》第一次对审计师要承担合理的尽职义务进行规范。

审计报告最初是直接写在资产负债表上的一句话，即“这张报表已经我审计”，然后，由注册会计师签字。针对1907年的《股份公司法》修订案，律师团提出了注册会计师应该出具三段式的审计报告的建议：

一、我们审计了所附 ×× 年 ×× 月 ×× 日的资产负债表。

二、我们获得了完成审计工作所需要的全部信息和解释。

三、我们的审计意见是，这张资产负债表真实且准确地反映了公司的财务状况。

这种三段式的审计报告格式一直延续到今天。由于注册会计师无法全面定义“真实”“准确”（true and correct）在会计和法律责任上的概念，因此今天的审计报告改为“公允”地反映了公司的财务状况。

第三章　审计的本质

审计是为幕布后面的人服务的

在专业服务中，注册会计师审计的合约安排非常特殊。普通的专业服务一般遵循“委托—代理”的双边契约关系，而注册会计师审计则是以独立第三方的身份介入另一“委托—代理”关系，帮助委托方对代理方的工作成果做出鉴证和评价。这倒也不奇怪，但特殊的是委托人让第一代理人来代表委托人处理与第二代理人的业务关系。

图 3.1 展示了现代公司治理中外部审计的“三方合约”性质，它同时还揭示了一些特殊的信息，即股东并不直接参与注册会计师的聘请及费用谈判的过程，他们将这一具体事务的权力下放给了管理层。股东成了“幕布后面的人”，而管理层则以“购买者”的身份走到台前，代表股东与注册会计师签订合约，是显明的买卖双方。

审计作为来自外部的监督力量，可以减少代理方（管理层）的机会主义行为，缩小委托方与代理方之间的利益差距，降低代理成本。所以，注册会计师审计是市场对降低契约机会主义成本需求做出的反应。这也是审计服务的价值所在。因此，注册会计师审计对于股东和管理层而言，其实质是在“三方合约”的框架下通过对管理层呈报的

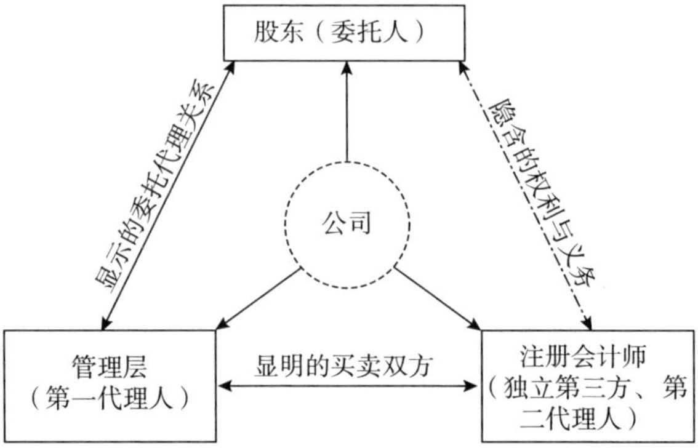

图 3.1　股东、管理层及注册会计师的三方合约关系

财务报表进行审计，向委托人（股东）提供增信服务。

在一般的双边契约关系中，“卖家”应该尽可能地满足“买家”的需求，为其提供最好的服务。然而，在外部审计的“三方合约”里，注册会计师审计是对反映“买家”（管理层）经营业绩的会计报表进行审计，管理层是聘请一个外部团队来找自己的“麻烦”。为了始终保持客观、独立的立场和专业标准，审计师不但不能迎合管理层的需求，还要有意识地主动抵御管理层施加的各种影响，让工作结果尽可能公允且值得股东信赖。虽然和管理层“过不去”可能会让审计师失去自己的工作，但这正是他们的专业责任，社会也要求他们这样，而且他们越能坚持，服务就越有价值。

美国审计学家罗伯特·K. 莫茨（Robert K. Mautz）和侯赛因·A. 夏拉夫（Hussein A. Sharaf）在他们合著的著作《审计理论结构》中引述：“审计有着独立的近乎司法的功能。”这表明，审计在股东和管理层之间起着利益平衡与行动制约的作用。但实际上，这使注册会计师处于一种两难境地。一方面，审计服务的实际消费者是股东。虽然双方并没有直接签订合约，但事实上的合约关系是存在的，注册会计师对于股东的责任与义务通过法律、公司章程等被加以明确。在这种合约关系中，注册会计师负有公正、客观地对财务报表发表意见和维护股东利益的责任。另一方面，由于与注册会计师直接缔结合约的是企业管理层，因而他们成为实质上的审计服务“购买者”。这也就形成了管理层付费聘请注册会计师审计自己的特殊现象。虽然从长远来看，注册会计师行业的发展，归根结底还是取决于它能在多大程度上满足股东的需求，但“消费者”与“购买者”的不一致，以及激烈的同业市场竞争，使得注册会计师在许多时候不得不在维护投资者利益和屈从于管理层压力之间做出艰难权衡。

注册会计师应对管理层保持超然独立的视角，对投资者负责，做好审计监督工作，从而降低投资者与管理层之间的“代理成本”。但现实中，注册会计师迫于被“炒鱿鱼”的压力而与管理层“穿一条裤子”的现象并不鲜见。要解决这一问题，就必须厘清注册会计师到底应该代表谁的利益。管理层必须认识到管理层和审计师是平等的，都是服务于股东的代理人。因为审计师是第二代理人，所以在第一代理人面前，审计师可能是弱势方，股东应该通过制度化的保障使他们能够独立、公正地完成审计工作。

审计费不是管理费用

认识审计的本质必须要谈谈审计费的性质。《中国注册会计师职业道德守则》指出：

> 在确定收费时，会计师事务所应当考虑以下因素，以客观反映为客户提供专业服务的价值：（一）专业服务所需的知识和技能；（二）所需专业人员的水平和经验；（三）每一专业人员提供服务所需的时间；（四）提供专业服务所需承担的责任。在专业服务得到良好的计划、监督及管理的前提下，收费通常以每一

专业人员适当的小时费用率或日费用率为基础计算。

注册会计师的收费基础是小时费用率和提供专业服务所需的时间，而不是专业服务带来的价值分成。注册会计师的收费基础反映了注册会计师是“手艺人”的定位，它仅仅反映专业服务所需的知识和技能及所需专业人员的水平和经验的价值，但不能参与专业服务带来的价值提升的分成。对于这一点，可以拿会计师事务所和咨询公司的服务报价来做一个比较。

全球三大咨询公司，即麦肯锡（McKinsey）、波士顿咨询（Boston Consulting）以及贝恩咨询（Bain & Company Group），统称 MBB，在咨询项目上是“四大”会计师事务所的强劲竞争对手。在参与我国一家企业的海外分支机构的战略咨询招标过程中，我曾观察到一家 MBB 公司的报价是会计师事务所平均报价的 5 倍以上，关于其报价基础是这样表述的：“我们的服务将为企业带来 ×% 的年利润增长率，未来 3 年，企业的利润增长将超过 × 亿港币。所以，我们的报价是 × 千万港币。”在招标陈述过程中，这家咨询公司的合伙人自信地说：“如果企业没有信心执行我们的咨询建议，实现 × 亿港币的利润增长目标，那么敬请企业不要聘用我们。”

作为会计师事务所，我们与客户保持着长期的合作关系，在面对这一咨询项目时，虽然我们相信能给客户带来同样巨大的利润，但我们还是以审计师的计费方式报价，即“我们的收费是按照完成这个项目需投入的专业时间和我们商定的专业人员的每日收费额确定的，我们的报价是 × 万港币”。

或许未来在咨询项目上，会计师事务所应该改进按照价值分成的基础向客户收取费用的方式，但在审计业务上，由于要保持客观、独立，注册会计师必须坚持“手艺人”的收费方式，即做了多少工就收多少钱，不参与企业经济利益的分成。中国注册会计师协会在 2002 年《中国注册会计师职业道德规范指导意见》中规定，“会计师事务所的收费与否或多少不得以鉴证工作结果或实现特定目的为条件”，明确禁止了注册会计师按特定目标收取审计费的做法。这是注册会计师审计收费与其他专业服务机构收费在计价基础上的根本不同。

咨询公司努力协助企业达成目标并以此要求客户支付咨询服务费，与客户分享成功的果实。猎头公司可以按应聘者第一年现金年薪的 30% 收取成功推荐人才的佣金。但审计师不能这样做。审计师按特定目标取酬会伤害审计师的独立性，从而影响独立审计价值的根本立足点。

审计师服务的对象是公司的股东，虽然他们需要管理层的配合来完成审计工作，但却是与管理层相对立的一个角色。对于一些大型企业集团的审计项目，为了完成审计工作，保证服务的质量，会计师事务所会向这些客户企业派驻一支数十人甚至上百人的工作团队，他们在客户企业现场工作，类似企业引入外部智力，用一支不在编制内的队伍为企业贡献自己的专业才干，转移专业知识。但审计师必须明白他们是股东聘请来监督管理层的。

在现行的会计核算制度安排下，支付给注册会计师的审计费计入管理费用，被当作企业经营的一项成本。这并不能反映注册会计师审计服务的核心内涵及价值。注册会计师审计并不是企业内部的成本要素，而是一项由股东聘请、对企业经营成果进行验证的专业服务。实际上，这是一项为投资者降低代理成本、保障股东价值的监督活动。因此，从性质上来讲，审计费不应作为企业的成本费用被列入管理费用科目之中，而是应体现在利润分配中，作为可供分配利润的扣减项。这样做有利于明确审计师与股东之间的利益关联，即明确“审计师是为投资者服务的”这一根本合约定律。

可供分配利润是企业当期税后净利润在计提法定和任意盈余公积后，再加上以前年度未分配利润得出的企业盈余。这是向股东分配股利的物质基础。审计费用作为可供分配利润的扣减项，可作为一个子项反映在董事会拟定的利润分配预案中，然后提请股东大会表决。这一点与聘请审计师由股东表决的安排是一致的。

另一个需要关注的问题是，如果审计费用从可供分配的利润中列支，那么当企业遭遇亏损、可供分配利润为负数时，审计费用又应该从哪里出呢？这显然是一个微观的会计问题，但仍值得我们思考。审计师是股东聘用的服务公司的专业人员，而且审计师的工作是由法律规定的，所以审计师费用的支付享有优先权。虽然可供分配的利润为负数，股东不能分红，但审计费如同企业破产时董事薪酬和清盘官的费用一样，不仅要从股东的剩余权益中扣减，而且应被安排优先支付。

审计报告不是担保合约

在审计过程中，我发现，一些股东（投资者）对审计工作的认识有误区，主要表现在以下两个方面：一是他们认为审计师有责任发现企业所有的舞弊和错报；二是他们认为审计师应对企业未来的财务生存能力做出担保。但在现实中，管理层舞弊时有发生，且审计师可能无法发现。另外，企业的经营管理具有不确定性，审计师的工作职责也并非消除这种不确定性，他们能做到的只是尽可能地将企业的财务状况和涉及的潜在风险向投资者交代清楚。一些股东所认为的审计师应起到的作用与审计师实际上能做到的工作之间存在差距。在注册会计师看来，会计的专业能力似乎被过分夸大了。有些股东认为，注册会计师的工作应当完美无缺，但事实上，他们的工作是有局限性的。这就是“期望差距”。

审计的功能是提高企业会计信息的可信度，其之所以能做到这点，是因为审计师坚持原则、尽职尽力地发现企业不真实、不准确和不完整的信息，并最终将其纠正或呈报出来。但是，即使审计师保持了职业谨慎，遵守了执业准则，也未必就能将会计报表中的错报全部检查出来。会计报表使用者要认识到审计师的增信区间是有条件和有限度的，它不是对会计报表不存在任何错报做出担保，特别是当出现管理层造假的特殊情形时。

如果审计师遇到企业管理层蓄意舞弊，那么审计师被蒙骗的机会就比较大。由于审计证据主要基于管理层提供的资料，如果管理层串通舞弊，提供伪造的审计证据，那么将会大大削弱审计师的查弊能力，进而导致审计师可能无法发现管理层舞弊和欺诈的行为。

审计师采用的工作策略是以风险为导向执行审计程序，这包括一个重要前提，即会计报表错报的风险是实际存在的。审计工作的基本原理是抽样检查，股东和管理层也并不希望审计是 100% 的全面检查或交易重现，因为那样做的成本太高了。审计师不可能不计成本地对企业的每一项经济行为都做逐一核查。审计师为了追求成本效益，必须容忍一部分风险。以风险为导向的审计方法要求审计师对企业的固有风险、控制风险以及自身的检查风险，保有一定水平的承受能力，只要审计师遵循审计准则并将风险降到可接受的水平，那么就可以说审计师已经履行了职责。

审计师的报告有一项隐含的背书，即同意管理层或已经和管理层达成共识：企业能够在会计报表结账日之后的 12 个月内持续经营。假设没有管理层舞弊存在，注册会计师就有专业责任和专业能力来判断企业的持续经营能力及产生现金流的业务基础，包括获得财务支持的能力等，以支持其专业判断，否则，审计师就要向会计报表的阅读者提示这种风险。这一点是审计师的责任，也是审计师专业工作的价值。但企业的经营失败有时在所难免，而且这种失败是商业后果，并不一定就和审计师的失职关联。说到底，审计师的责任并不是对企业的持续经营能力做出判断，而是评估财务报表中对与持续经营能力相关的不确定因素和其相关会计假设的描述及依赖是否充分且公允。由于一些投资者缺乏对审计风险的了解，他们会习惯性地认为企业如若经营失败，审计师难辞其咎。如果要审计师对被审计单位的持续经营能力，包括偿债能力等，做出全面担保，就等同于让审计师承担被审计单位的商业风险。这不是审计被赋予的目的，因为担保是一种金融合约，而审计师不是这种金融合约的对手方。

审计师的职责和工作范围是有界域的，审计的对象是被审计单位个体，这在审计委托书中已有约定。因此，审计师不可能穷尽与企业交易的所有各方及相关交易证据。另外，审计师会发生审计失误，但要区分是故意还是无意疏忽。企业是一个有商业生命的个体，审计师的作用只是诊断，而不是治疗。审计师对保证企业整体生命在审计报告有效期后的延续没有责任。

与审计相关的持续恒定的因素

审计报告不是担保合约，审计费用不是管理费用，审计是在为幕布后面的人服务，这些都是不容易理解的概念。审计师需要确保公开的财务信息的真实性、完整性和可靠性，这是资本社会赖以存续的一个基础。

审计的实务操作程序和特定目标可能会不断变化，但是关于审计，一定有某些最低限度的持续恒定的因素使审计可以被称为“审计”。那么，与审计相关的持续恒定的因素是什么？审计本身固有的、决定其性质和发展的根本属性，即审计的本质是什么？

在科技日新月异的时代，每个行业都会面临颠覆者的出现。为了在新的时代生存下去，注册会计师要问自己：会计师事务所和注册会计师行业存在的真正意义是什么？在互联网高度发展的时代，会计师事务所的竞争对手是谁？

针对“竞争对手是谁”这个问题，我在普华永道工作期间，曾和来自全球各地的合伙人组成的专家研究小组一起探索。经过几十个日日夜夜的内部诊断和分析会议，我们最后得出的答案是：我们不知道我们的竞争对手是谁。许多朋友会说竞争对手是其他会计师事务所，也有人会说是 MBB，但这并不是正确答案。我们的问题是，注册会计师行业共同的竞争对手究竟是谁呢？谁会颠覆注册会计师行业？

会计师事务所能够在“数字化”时代依靠对财务信息的审计服务生存下来吗？在讨论这个问题的时候，我们再三强调的一个词是“诚信”（trust）。无论社会如何变化，诚信是商业社会运作的基石，没有诚信，就没有资本的流动；没有诚信，就没有经济社会发展的支撑点。诚信是商业社会架构赖以运行的支柱。我们最终确定“构建社会诚信，解决重要问题”（build trust in society and solve important problems）应当成为注册会计师行业发展的支撑点。这是社会对会计师事务所提供专业服务的期望，同样也是会计师事务所为社会创造的价值所在。

有了这个目标，在会计师事务所工作的所有员工才能凝聚成一个提供专业服务的大家庭。不论你隶属于哪个分支机构、来自哪个业务条线、服务于哪个领域、承担的工作职责是什么，大家的工作任务的目的都是一致的，即“构建社会诚信，解决重要问题”。可以肯定地说，这就是与审计相关的基本恒定因素，注册会计师和会计师事务所的工作必然与建设社会诚信相关，与帮助客户解决重要问题相关。通过“构建社会诚信”和“解决重要问题”，注册会计师为社会带来正能量（making an impact that matters），这是注册会计师行业存在的意义。

既然审计是在商业交易发展中产生的，而商业交易又必须基于诚信展开，那么只要追求利益的商业交易继续存在，作为提供诚信鉴证服务的审计师就一定会存在，而无关乎交易介质、形式、时速、交易量发生多大变化。

注册会计师的理想和信念的源泉是“诚信”，这是注册会计师事业的根本。注册会计师只有坚持走正道，为股东和投资者获得的会计信息质量提供信心保障，才能维护金融环境的安全。这是注册会计师高于一切的准则，是注册会计师安身立命的商业逻辑起点，也是注册会计师的社会责任。

国务院前总理朱镕基对注册会计师提出“诚信为本，操守为重”的期望是对注册会计师服务客户、创造价值的初心和本源的最好描述。过去 30 年，注册会计师在中国乘改革之势而来，其发展让人自豪。认清审计的本质，其目的是让注册会计师清楚地看到：最大的敌人是我们自己，最大的竞争对手是我们所处的时代。

◎ 案例：信用评级报告和审计报告的区别

信用评级公司和会计师事务所都是资本市场的重要中介机构，它们提供的报告为投资者所信赖。信用评级公司的知识技能，特别是对财务数据的分析能力，和会计师事务所有许多重叠之处。信用评级公司需要会计师事务所的审计报告支持其做出信用评级结果，而审计报告本身也是对被审计单位财务状况的一种信任背书，并假设被审计单位会持续经营下去，即被审计单位在审计报告出具后的 12 个月内至少还得起债。那么，信用评级报告和审计报告的区别具体体现在哪些方面呢？

第一，信用评级报告提供“向前看”的风险信息。信用评级的目的是帮助投资者判断投资某一债券在未来发生损失的相对可能性。预测风险是评级公司的价值所在，它们要对被评级单位将来依据借款合约的规定、履行偿债义务的能力和意愿做出评价。因此，信用评级报告可以被看作是一份“向前看”的风险管理报告。

世界著名的 3 家评级公司——穆迪（Moody’s）、标普（Standard Poor’s）和惠誉（Fitch）的评级报告，将信用风险细分成 21 个等级，呈报被评单位的债务违约率，信用等级排序越靠后，代表企业的偿债风险越高。

以标普的统计数据为例，如果投资者持有一只评级为“AAA”级的长期债券，那么在第5年时，该只债券的累计平均违约率为0.24%。这表示，在标普公司评级的1 000家单位中，5年内会有2 ~ 3家企业还不起债。

“BBB”级是债券评级的一道分水岭。评级为“BBB”级的债券，第5年的累计平均违约率为1.78%；但如果下降到“BB”级，则其累计平均违约率就会陡增至10.97%。由此可以看到，“BBB”级和“BB”级之间，债券违约率的差距是巨大的，足以引起投资者关注。评级公司将“BB”级和以下的债券归类为投机性债券，它们具有很高的信用风险，是人们口中常说的“垃圾债”。

当然，信用评级的结果只反映被评级单位偿还债务的意愿和能力，而不是被评级单位的股东价值或经营业绩。后者是审计报告覆盖的范围。审计报告是对被审计单位财务报表编制的合规性、历史财务信息的真实和准确性做出保证，是一种对过往事实的确认，其结论是相对确定的。

第二，信用评级报告不需要承担法律责任。从监管的角度看，2000年之前，美国的评级公司几乎游走于联邦法律的监管之外。在这一阶段，美国对于评级公司的监管是以发放资格牌照的方式进行的，执行的是一种准入监管制度。

2001年之后，由于美国资本市场发生了“安然事件”，因而人们注意到评级公司作为对金融市场有着重要影响的专业机构，也应受到全面的监管。2002年，美国国会要求美国证交会就评级机构在债券市场中的角色和作用进行研究，逐步构建信用评级机构的监管法律框架。2006年9月，美国国会通过了《信用评级机构改革法案》（Credit Rating Agency Reform Act），确立了证交会作为信用评级机构的监管单位的地位。

美国对信用评级机构强化法律监管的另一次重大突破是，2010 年 7 月美国国会针对 1934 年《证券交易法案》（The Securities Exchange Act）进行了修改。新修订的《证券交易法案》是评级监管中最重要的文件，从注册申请工作、信息披露、利益冲突防范、内部管理制度、非公开信息使用、禁止有损市场公平秩序、证交会对评级机构的检查制度 7 个方面构建了对评级机构的监管框架。至此，信用评级被完全纳入联邦法律的监管体系之内。

评级机构的监管体系虽然在美国建立起来，但评级公司却从来没有因其出具的报告而受到法律惩处。美国曾经发生过多起评级公司收取报酬却未能准确评估信用风险而造成投资者损失的事件，并且投资者也对评级公司提起过诉讼，但都被美国司法当局驳回。比如，美国加州著名的橘县（Orange County）曾经在 1996 年向标普公司提起过索赔 20 亿美元的诉讼，但因为得不到法庭支持以和解告终，和解金额也是象征性的，仅为 14 万美元，还不够支付橘县所花的律师费。

反观注册会计师签署的审计报告，1933 年，美国国会在《证券法案》（The Securities Act）第 24 条中规定：如果注册会计师出具了不实的审计报告，并且这种行为是故意的，那么注册会计师将要承担刑事责任。法庭可以判处当事注册会计师 1 万美元以下的罚金或者 5 年以下的监禁。显然，1933 年开始的这项刑罚措施对注册会计师是十分严厉的。

为什么评级公司不需要对其出具的评级报告承担法律责任呢？原因可能出乎大多数读者的意料。

在信用评级起源地的美国，评级公司出具的评级报告被看成是发表了一种“观点”，它们如同报纸发表的社论一样，受到美国《宪法第一修正案》（The First Amendment）对新闻言论自由的保护。1791 年，美国国会通过的《宪法第一修正案》只有 3 句话，其原话是这样说的：

美国国会不得制定关于下列事项的法律：确立国教或禁止宗教活动自由；限制言论自由或出版自由；剥夺公民和平集会和向政府请愿申冤的权利。

所以，任何人都不能限制评级公司发表自己的观点，因为发表评级报告是评级公司言论自由的权利。惠誉公司还曾非常幽默地解释道：“我们用字母表示的评级，是世界上最短的‘社评’。”

因此，评级公司出具评级报告的结果即使有失偏颇，并且投资者可能受到误导，但评级公司也无须为此承担法律责任。评级报告只是针对信用风险的一种“看法”，而不是一份投资建议。这样看起来，信用评级行业可以被划归为“新闻出版行业”。

从工作流程的角度观察，审计工作是由股东委托注册会计师对管理层提供的财务报表进行验证，发挥着一种监督功能，有一层法律约束关系。但许多评级公司的工作开展是自主的，比如主权评级就是由评级公司自行开展的，事先不会与被评国家的政府当局进行沟通。其他类型的信用评级，包括企业、债券和项目的评级，也可以先由评级公司向被评单位发出通知作为开展工作的起点。也就是说，评级公司可以不请自来。

因此，评级报告不像注册会计师审计报告那样需要承担与其相关的专业工作的法律责任。

第四章　注册会计师行业的基本功能

对会计道德进行监督

注册会计师行业的基本功能的落脚点是审计。什么是审计？关于审计的定义多种多样，很学术、很抽象，其中最具概括性的一个版本是：

> 审计是一个系统的过程，它通过客观地获取并评价与经济行为和事项的认定有关的证据，以确定这些认定与既定标准之间的一致程度，并将结果传达给利益相关者。[①]

这个定义也不可避免地使用了学术化的语言，很抽象。例如，有关“会计认定”（accounting assertion）这个概念，许多专业人员即使升任经理多年，对它也可能只是一知半解。

执业会计师专业团体对审计的表述相对更具体一些，此处摘录几个会计师专业团体对审计的目的的论述，以帮助读者更好地认识审计

① 见美国会计学会（American Accounting Association，简称 AAA）成立的审计基本概念委员会（Committee on Basic Auditing Concepts）于 1971 年完成并于 1972 年对外发布的《审计基本概念委员会报告》（Report of the Committee on Basic Auditing Concepts）。

的目的，认识注册会计师行业的基本功能。

> 审计是指受聘审计师根据业务约定和按照相关法定责任对一个企业的财务报表进行独立检查和发表意见。①
>
> 独立审计师对财务报表进行常规检查的目的是按照公认会计准则对财务报表呈报财务状况、经营成果和财务状况变动的公允性发表意见。②
>
> 对在一套公认会计政策的框架体系下编制的财务报表进行审计的目的是使审计师对该等财务报表发表意见。审计师的意见有助于确立财务报表的可信度。③

上述执业会计师专业团体对审计的定义是认识审计的社会功能的起点。借用著名会计学家罗伯特·K. 莫茨的话："审计在一个先进经济社会中的角色一直可以用非常简单的一句话来概括——增加财务报表的可信度。"

但是，将审计师的职能表述为对财务报表或财务信息发表意见或确立其可信度，并不能明确审计师的全部社会职责或其基本意义。审计师对财务报表的可信度的关注，以及各业内机构关于审计的定义强

---

① 见英格兰和威尔士特许会计师公会（Institute of Chartered Accountants in England and Wales，简称 ICAEW）、苏格兰特许会计师公会（Institute of Chartered Accountants in Scotland，简称 ICAS）、爱尔兰特许会计师公会（Institute of Chartered Accountants in Ireland，简称 ICAI）和特许注册会计师公会（Association of Chartered Certified Accountants，简称 ACCA）于 1980 年联合发布的《执业审计准则和指引》（Auditing Standards and Guidelines）。

② 见美国注册会计师协会（American Institute of Certified Public Accountants，简称 AICPA）下设的审计准则委员会（Auditing Standards Board，简称 ASB）于 1977 年 1 月发布的第 16 号审计准则声明书（SAS No. 16）《独立审计师检查错误或违规行为的责任》（The Independent Auditor's Responsibility for the Detection of Errors and Irregularities）。

③ 见国际会计师联合会（International Federation of Accountants，简称 IFAC）下属的国际审计实务委员会（International Auditing Practices Committee，简称 IAPC）于 1980 年发布的《国际审计准则》（International Auditing Guidelines）。

调对财务报表的可信度的重视，并不是审计范畴的决定性的证据。审计师如果想有效地理解社会对审计师的期望，则应该认识到审计作为社会职能的概念属性，不应该简单地将审计范畴限定为财务报表审计。这或许是审计师和审计服务使用者之间存在“期望差距”的根本原因。

当然，“增加财务报表的可信度”体现了审计最基本的社会职能。没有这个起点，审计的发展也就无从谈起。但是，审计工作的开展对象以及专业意见所针对的对象，究其本质是个体行为和机构行为在某种社会规范中的表现。由于审计涉及行为准则，所以审计的基本问题实质上是被审计单位的道德问题，其社会性和影响不可小觑。

审计师从事的是一个谨慎的“手艺人”提供专业服务的行业，因为他们用“无限责任”担保其对审计工作尽心尽力的承诺，他们对风险表现出了绝对的厌恶。他们在主动承担新的责任方面所表现出的谨慎态度是可以理解的，因为与注册会计师执业相关的新的责任的界定并不完善。在注册会计师个人经济赔偿责任方面的相应惩罚是严厉的、既定的，因为审计师以“无限责任”为其发表审计意见的基础而开始执业。因此，有必要建立起一套体系，既能保证相关利益群体得到他们所需的信心保证和利益保护，同时又不会使审计师承担不合理的和无根据的风险。否则，审计的职能由审计师进行自我界定，它们会变得越来越狭窄。

如果审计师只把客户公司及其股东当作自己的“客户”，不考虑对监管机构、客户公司员工群体，以及包括投资者在内的社会公众的责任，那么他们就不懂得审计的社会职能。战略审计、营运审计、管理审计和价值审计的发展，清晰地表明了审计可能涵盖领域的广度。人们对审计的期望，从性质上来说已经从简单地针对会计报表的诚实性和规范性的检查，扩展成为一个针对经济、效率和绩效的复杂性大幅增加的调查程序。

可以说，审计的社会职能是运用大众一般难以具备的专业经验和技能，通过执行必要的程序，满足社会相关群体对企业和企业经营管理者的诚信、价值创造、经营管理效率，以及社会公认的会计道德标准和价值观的遵循情况的监督。这样说来，审计的使命在哲学层面上可以总结为：对企业及其经营管理者的会计道德进行监督。

另外，审计的职能和目的最终要通过责任认定来诠释，即当双方之间或者一方同多方之间存在尽职义务时，审计是确保责任认定和各方尽职的必要的方法。可以说，审计是监督职责履行或者确保责任认定和落实的一种控制机制。唐纳德·吉灵（Donald M. Gilling，1976）对此观点进行了阐述，他指出："审计师的职能还应体现在社会控制上。"

审计是对特定的可接受行为规范的遵循情况进行监督，因此很明显，审计具有文化、社会和政治的依存性。会计专家比尔·麦肯锡（Bill Mackenzie）也发表了同样的观点，他说："没有审计就没有问责；没有问责就没有控制；如果没有控制，那么权力何在？"

降低资金成本

现代财务理论最重要的一个进步是发现了资本价格和风险之间的关系。资本是有价格的，资本价格的高低是由投资项目的风险因素决定的，风险则由信息来解释。经审计的财务报表提供的会计信息是计量风险和衡量资本价格的基础，是为金融市场的定价服务的。

企业通过从银行贷款或者发行股票和债券，获得业务发展所需的资金。但使用别人的资金是有成本的。银行提供贷款会要求企业按照约定的利率支付利息，投资者对于股票的报酬率也有预期。借贷利率和股票投资报酬率的高低，反映了企业在资本市场上获取资金所需支付的价格。风险较高的企业，资金成本就高。

美国经济学家尤金·法玛（Eugene Fama）、皮特·汉森（Peter

Hansen）和罗伯特·J. 席勒（Robert J. Shiller）在研究资金成本时提出了一个观点："精明的投资者会利用市场中所有的信息（包括内部和外部）对企业进行定价。"通过收集和分析企业披露的信息，投资者会基于不同的风险水平，向企业索取有差别的资金使用的报酬。不仅企业要面对资金成本，国家举债也一样。

例如，1996 年 1 月，我国财政部发行了 1 亿美元的全球债券，期限是 100 年，发行利率为 9.13%。此债券是中国政府发行过的唯一一笔几乎是无期限的全球美元债券。

按照资本资产定价模型（Capital Asset Pricing Model，简称 CAPM）的理论，这笔债券的价格由无风险利率和与中国政府的偿付能力及意愿相关的信用风险利率决定。在评估一个借款人的信用时，人们通常要评估的是借款人的还款能力和意愿，有意愿没能力不行，有能力没意愿也不行。因为中国政府发行的是美元债券，所以无风险利率是同期美国国债利率，即美国政府借债要支付的利率。美国政府有权发行美元货币，所以，人们一般认为美国政府借美元，即发行美元债券，没有政府信用问题。美国政府借美元的资金价格，反映的是美元资金市场上资金持有者需要的资金回报，因为不涉及信用风险，因而它反映的是资金持有者需要的货币的时间价值。

中国政府发行美元债券的利率减去美国政府发行美元债券（同样长的期限）的利率，就是中国政府在美元资金市场上要支付的信用溢价，它反映了市场对中国政府的风险定价，即中国政府借美元债要比美国政府借同样期限的美元债多支付的资金成本。根据我的计算，在 1996 年 1 月，中国政府和美国政府发行的美元债券的信用风险差价是 3.03%。这是什么意思？就是说，中国政府借美元，在同等条件下，要比美国政府多向市场支付 3.03% 的利率。具体来说，上述发行 1 亿美元债券的借款，在借款期内，中国政府比美国政府每年要多支付 300 万美元的利息。请读者注意，这是每年要多支付的钱。

对于资金成本，读者一定要有清晰的认识。这种财务成本是经济体系中一项重要资源的重新分配。在有效的金融体系中，以注册会计师主要的服务对象企业来说，财务成本反映了企业的风险定价。企业主动披露风险，主动与投资者沟通，有基本的诚信，资金成本一般反映风险与报酬的正常市场定价水平。但如果得不到投资者的信任，这种风险与报酬的关系就会被修正，附加成本就是由不信任导致的额外风险溢价。为什么在资金比较充裕的市场环境中，中国企业的融资成本还是比较高呢？“不信任导致的额外的风险溢价”是一个重要因素。

大约在1997年10月，即在发行100年期美元债券的18个月后，中国政府又发行了一期30年的债券。由于香港顺利回归，时任国务院总理朱镕基领导的中国经济改革取得实质性的进展，这期债券相关的中国信用风险溢价迅速下降到1.194%。在做投资决策时，30年和100年的时间相关风险的不确定性相差不大。因此，1996年1月和1997年10月发行的这两期债券的风险溢价具有可比性。这种风险溢价的缩窄反映了国际投资者对中国政府取得的经济改革和制度建设成果的信任，为中国的经济发展节省了巨大的资金成本。

现在，中国政府发行长期美元债券与美国政府相比，风险溢价估计应该不超过1%。从3%下降到1%，代表了中国经济发展水平、总体实力与信用的提高。而一个国家的信用制度的建设与企业提供的会计信息的质量及可信度具有高度的关联性。

如何能够降低资本的价格，使中国经济持续发展呢？非常重要的一条途径就是要建设社会诚信，把在中国投资的风险故事讲清楚。诚信代表着公开、透明、公正、真实，这是审计要鉴证的目的。更进一步地说，就是注册会计师针对企业经营的总体风险和财务报表的专项风险，对财务信息进行审计，对风险信息进行分析评估，促进财务报表的编制者讲述一个真实的故事。注册会计师检查会计报表，是要保障会计报表的数据和编制过程是真实的，并按照规定的会计准则呈报，为资本市场提供风险定价的真实信息。换句话说，要提升中国企业的市场价值，就是要把风险的故事给投资者讲清楚，让投资者对企业有信心；通过披露风险信息和财务信息，减少市场对我国经济发展和企业治理不确定性的猜疑。

注册会计师以专业精神为资本市场的会计、财务管理和公司治理信息的质量及真实性把关，帮助市场参与者用专业的眼光管理好资本，做出正确的投资决策。作为资本的“眼睛”，注册会计师必须始终保持客观、公正，看透数字背后的事实，通过发现风险、解释风险，帮助投资者规避风险，从而降低资金成本。所以，无论在国际资本流动还是跨国经营管理或国内企业融资发展中，会计信息的真实性和审计质量是重中之重，这是审计工作起到的最重要的作用。

美国政府问责局（Government Accountability Office，简称 GAO）是美国国会的下属机构，负责调查、监督联邦政府的规划和支出，其前身是美国总审计局（General Accounting Office，本书沿用这一称谓），只对国会负责，以中立精神开展工作。美国总审计局这个名称虽然早已为公众所熟知，然而它并未真实和准确地反映出这一机构所扮演的角色。在成立初期，美国总审计局主要负责核查联邦政府的财务执行情况。后来，尽管该机构依然是联邦政府财务活动的主要审计机构，但财务审计只占其目前工作量的 15%。美国总审计局目前的大部分工作是对联邦政府进行业绩审核、项目评估、政策分析等。

2004 年 7 月，美国总审计局正式更名为“政府问责局”。这一改变不仅仅是名称的改变，它还表明了美国总审计局的发展方向，即强化政府责任，改进工作绩效。更名后的政府问责局更加明确地表明，其首要任务是提高联邦政府的工作绩效，保证联邦政府能够对国会和美国公众尽职尽责。美国绩效审计的发展走在世界各国的前列，这不仅体现在绩效审计占全部工作的比重，以及相关法律法规、准则制度的完善方面，更重要的是，美国总审计局通过自己的审计成果，促进政府机构以及其他公营企业绩效管理水平的提高，从而间接地创造了巨大的社会经济效益。在2004年更名之际，美国总审计局公布，通过其审计工作，美国在2003年为国会和政府带来了354亿美元的直接财政收入，相当于1美元的审计成本带来78美元的回报。不仅如此，美国总审计局的审计报告和审计建议还能够使政府的运作和服务的效率得以提高，其社会效益更是难以计量。

2016年9月2日，我国审计署发布了第一份《审计署绩效报告（2015年度）》，该报告指出：2015年，通过审计发现问题的整改，直接促进财政增收节支、挽回（避免）损失等可用货币计量的审计成果总计4 032亿元，包括促进增收节支2 885亿元、挽回（避免）损失167亿元、核减投资额6亿元、促进拨付资金到位447亿元、被审计单位缴纳其他资金357亿元、调账处理170亿元。审计署2015年度的财政拨款支出为16亿元。借用上述美国政府问责局所用的方法，比较“投入”和“产出”两方面的数字，投入产出比为1 ∶ 260，也就是每花1元财政资金在审计功能上，即可为国家带来增收节支等经济效益260元。从人均工作成果看，按审计署在职人员3 341人计算，人均实现审计成果1.2亿元。

相较于政府审计，独立外部审计师的价值是否也可以像美国总审计局或像我国审计署公布的工作成果那样来量化呢?

答案可能会让读者失望，独立外部审计师的主要工作是核查被审计单位的会计报表是否符合会计准则的要求，以及是否公允呈报会计信息。注册会计师的审计不是绩效审计，所以其工作重点不能以提高政府财政收入或改善企业经营业绩的具体金额来计算。当然，独立外部审计师的工作为社会经济和资本市场的有效运行提供了诚信基础，这种价值是无法量化计算的。

注册会计师在保障我国会计信息质量与资本市场稳定等方面做出了积极贡献。注册会计师审计是对财务报表的可信度提供保障，通过高质量的会计信息营造社会诚信，降低社会经济运行的资金成本，推动金融市场的稳健发展。

保障国家经济信息真实安全

会计信息是一个单位财务状况和经营成果的综合反映，是供投资者和债权人进行决策分析和投资评价的经济资料。信息是决策包括定价的依据，要使信息具有决策有用性，首先必须保证信息的真实性，企业会计信息失真、造假将破坏和摧毁社会诚信；同时，信息的真实性也是信息安全的前提。所以我要认真提出，保障国家经济信息真实安全是注册会计师的一项重要职责。

加强审计监督是提高会计信息真实性的重要手段。审计监督是注册会计师接受委托，以独立第三者的身份对反映委托单位经济活动的会计信息进行客观、公正、全面的评价，对公开披露的会计报告的真实性负鉴证责任。在保障国家经济信息安全方面，注册会计师的最大贡献是保障会计信息的真实性和可靠性。如果会计信息不真实、不可靠，那么国家经济信息安全就失去了基础。在社会经济发展中，提高会计信息质量和透明度，建设社会诚信，是保障国家经济信息安全的根本基础，是保障国家经济信息安全的第一道重要防线。

有人说会计是艺术，也有人说它是科学。科学和艺术有什么相同点？科学与艺术均以真实为始终，前者以真实为追求，后者则源于真实。所以科学和艺术的相同点是：真实是最美丽的。只要真实，粗糙一点儿也可以接受；如果造假，社会诚信失去了基石，再华丽的会计报表也只是骗人的谎言。我国现在的问题是要把真实的会计信息带到市场上，这是建设负责任的商业文化的基础。

针对会计信息披露的要求，企业不需要披露损害其核心竞争力的商业信息，这是资本市场接受的规则。但是，企业必须遵从会计准则的要求，高质量地向股东披露财务信息，对资本市场负责。以银行业为例，只有不隐藏不良资产的高质量的资产负债表才是一家银行经营的根本信心基础，也是国家金融体系安全运营的信心基础。只有公布符合会计准则、高标准和透明的会计报表的商业银行，才是强大的商业银行；如果中国的商业银行不能提供经严格审计的“铁打的”资产负债表，则中国的金融体系就不可能稳健运行，国家经济信息安全和国家金融安全就成为空谈。所以，国家面对的金融风险就是会计风险。

毫无疑问，为保障国家经济信息真实安全，注册会计师必须坚守为客户信息保密的职业道德。注册会计师在执行审计业务中涉及的国家机密信息首先是客户的信息，为客户信息保密是行业生存的前提，这种职业道德和行业生命线的约束是保障国家经济信息真实安全的第二道重要防线。

会计师事务所必须制定有关信息保密和隐私权的政策，并通过严格执行各项与保密相关的具体措施，包括常规培训、定期取得员工承担保密责任的确认函、发送宣传邮件以及设立举报信箱和热线等，以保证事务所每个员工知悉并遵守保密政策，确保会计师事务所能够严格地保护客户信息和遵守国家相关的法律法规。

在与客户签订业务约定书时，会计师事务所就要提醒客户，如果涉及国家秘密信息，客户要及时告知执行业务的注册会计师，以使审计团队能够按照有关法律法规的要求采取相应的保密措施。对于涉及国家机密信息的内容，注册会计师必须仅以纸质文档予以记录，并建立专门的程序进行存档和保存。另外，会计师事务所应当根据国家保密法规的要求，设置文档访问和提取的权限，以确保文档的保密性。比如，即使在同一家会计师事务所工作，非项目组成员只有在其获得项目组负责人或项目经理事先批准的前提下，方可访问与客户审计工作相关的电子或者纸质文档；除非业务合同另有规定，否则不可向执行业务的注册会计师之外的任何人员提供接触审计工作底稿的权限。

注册会计师审计的最终产品是对财务报表提供鉴证。财务报表在大多数经济体最终都是公开的信息，因此，对客户信息保密有时效性，即审计师绝对不能直接或间接利用接触客户信息的时间差牟取经济利益。注册会计师为了记录其专业工作，创建审计工作档案数据库，但这些存在档案数据库的资料仅仅为审计师发表审计意见收集证据而用，审计师不得在客户的审计证据数据库之外再另设数据库保留或转移这些信息。客户信息也涵盖广义的业务信息。由于审计师对客户的信义关系，审计师对其接触的客户信息除了有保密责任外，还有保护知识产权的责任，审计师不能把审计证据转为他用。如在没有得到客户的允许下，把客户的信息挪为他用，其性质等同于公司会计看到了公司的银行存款，而把公司的银行存款挪为己用。这有损注册会计师的专业主义精神，会切断行业的生命线。

在当今社会，利用计算机信息技术和信息文档的保密措施，确保客户信息的安全，已经成为必备手段。在审计过程中，审计师现在经常会和客户在线协作，比如，通过互联网交换与审计工作相关的文件。针对这一先进技术的应用，会计师事务所必须通过对其电子计算机系统和网络工具的管理及设计，针对每一个客户设立一个单独的工作网站等方法，实现信息安全和保密的目标。在电子信息保密方面，注册会计师经手的电子资料，必须存放于会计师事务所计算机部门专门管理的设备上（如公司服务器、加密的公司电脑、公司发放的加密 U 盘等）；处理审计业务，必须使用经授权的电子设备及邮箱账号，严格禁止用私人电脑或私人邮箱处理业务。

会计师事务所必须落实员工行为准则，教育员工对客户信息进行保护。比如，除了获得客户的授权，或经法律、监管机关、专业准则规定外，注册会计师不应在会计师事务所以外或与其他没有合理知情权的合伙人或同事讨论客户尚未公开的业务事宜；不可将敏感信息透露给未明确授权得到这些信息的任何客户的职员。会计师事务所应当时常提醒员工，在飞机、餐馆和电梯等公共场所讨论或处理公务时应格外谨慎，包括适当地遮掩电脑屏幕或避免在公共场所使用个人电脑处理客户或公司的敏感事务。

当涉及的客户信息是保密等级较高的国家机密时，根据《中华人民共和国保密法》的要求，这类信息可能不允许境外人员有任何接触。如果遇到这种情况，会计师事务所必须遵循相关要求，限制境外人员接触相关信息。会计师事务所也可以考虑与被审计单位的内部审计或合规团队沟通合作，将机密信息材料的审计程序或工作“转包”给被审计单位的内部审计或合规团队执行。

“四大”会计师事务所在中国是其国际网络的成员所，均为个别及独立的法律实体。独立是指其在经济和管理上不依附国际网络。会计师事务所提供的审计报告事关公共利益，必须由其所在市场的政府部门实施监管。在中国的会计师事务所是中国的企业，在审计及资料保密方面，要接受中国政府有关部门的监管。这是行业运作的基本规则，是保障国家经济信息真实安全的第三道重要防线。

中国坚持改革开放，国有企业改革取得了巨大成就，包括利用比较低廉的成本在国际资本市场上获得用于企业改革和发展的国际资金。为了深化国企改革，借鉴国际先进经验，满足在海外资本市场上市的要求，部分国企聘请了境外人士担任公司的董事。这些董事和会计师事务所聘用的境外人士一样，也会面临接触国有企业信息因而涉及国家机密的问题。这些境外董事和会计师事务所聘用的境外人士，在处理涉密问题上必须尊重中国的法律法规。国有企业因为存在涉密信息而排斥境外专业人士担任董事和会计师事务所的专家顾问，这样做并不符合改革开放和追求提升国有企业治理水平的初衷。

ooo0ooo

2012 年，“四大”会计师事务所分别转制为特殊普通合伙制会计师事务所。但外界仍然有人认为中国的“四大”是外国人拥有和控制的会计师事务所。其中有一种观点认为只有中资所和本土所才能服务与国计民生相关的行业的国有企业，才能保障国家经济信息真实安全。现在是时候，也有必要对这一说法进行澄清和剖析了。

大家应该看到这样一个事实，即全部的会计师事务所都是私营企业。所谓本土所、中资所，也是由注册会计师合伙人控制的私人企业。“四大”会计师事务所的合伙人和所谓的本土所、中资所的合伙人一样，是在中国成长起来的注册会计师，是中国注册会计师协会的会员。我认为，企业自身遵守会计准则的要求，提供干干净净的财务报表，是保障国家经济信息真实安全的第一道防线。注册会计师坚持专业道德，严格执行专业制度，完成高质量、高水平的审计，保障保密安排和信息安全的有效性，这是保障国家经济信息真实安全的第二道防线。注册会计师和会计师事务所服从中国监管机构的监管，遵守国家的保密法规要求，同时加强对注册会计师和会计师事务所的监管，包括对会计师事务所执行保密措施的检查，是保障国家经济信息真实安全的第三道防线。

如上所述，“四大”会计师事务所是中国的会计师事务所，虽然它们是“四大”国际会计师事务所国际网络在中国的成员，但它们首先是必须接受中国会计监管的本土会计师事务所。

专业主义精神包括爱国主义，保障国家经济信息真实安全是专业报国的基本要求，注册会计师必须遵守，在“四大”会计师事务所工作的注册会计师也毫无例外可言。

◎ 案例：会计学的第二个恒等式

提起会计恒等式，有会计基础的人都会脱口而出，它是：资产 = 负债 + 所有者权益。

这个由意大利的一位修道士在15世纪首次进行系统性论述并向商业界推广的会计恒等式和与之相关的借贷记账法，为记录经济活动奠定了科学和技术基础，开创了人类文明之会计学新篇章。但是，掌握这个会计恒等式只反映了会计的技术面，在人工智能越来越发达的今天，电脑基本可以替代人工记账、算账和编制报表，因此，注册会计师仅仅掌握这个会计恒等式的技术内容是不够的。

在这个案例中，给大家介绍的是由哈佛大学商学院会计学教授艾迪·瑞德尔（Eddie Riedle）提出的反映会计的社会科学属性及其呈报经济信息的复杂性的第二个会计恒等式：会计=经济真相+计量差错+偏见。

这个恒等式告诉我们的是：会计旨在反映经济真相，但它不可避免地被“计量差错”和信息提供者的“偏见”所影响，会计实际反映的是这3个要素相互作用的结果，会计与经济真相是存在差距的。我对这个恒等式的修订是：会计=经济真相-计量差错-偏见。由于“计量差错”和“偏见”的存在，会计与要反映的经济真相存在差距，而且这种差距可能越来越大。

第一，减少计量差错。会计是关于计量的学科，企业在每个资产负债表日都需要对其资产和负债进行计量，以具有最高相关性的计量金额向利益相关方报告企业的资产和负债金额。

对资产和负债有两种基本计量方法。一种是按照过去已经发生的金额，即历史成本法来计量有关资产和负债的金额。这种方法更加接近统计学的本质，它反映经济活动已经发生的金额。另一种是呈报现行价值（current value），其中公允价值最具代表性。公允价值指的是在有序交易中，市场参与者之间互相出售一项资产所能收到或者转移一项负债将会支付的价格。按公允价值来计量和呈报，即确认这些会计要素在资产负债表日究竟值多少钱，这种计量方法与信息使用者是最为相关的。

会计的计量方法及其适用性一直是业内外激烈争论的问题。如果采用历史成本法，虽然可能出现的有关计量的不确定性会减少，但它只反映历史成本，不反映向前看的公允价值，而且在一些时候也需要进行估计，比如计提折旧。以历史成本为计量基础而导致的“计量差错”的最大缺陷是它缺乏相关性。但如果选择以“公允价值”为计量基础，就会比历史成本法出现较多的计量技术差错。

公允价值计量方法涉及大量的数据处理及计算，而且涉及管理层的判断，不过它涉及的基本问题有 3 个，即市价衡量问题（mark to market）、计量模型问题（mark to model）及管理层的判断和干预问题（mark to management）。关于管理层的判断和干预，我将在本文后面关于“偏见”的问题中专门来谈。

如果采用市场上相同或者相似资产和负债的价格来呈报公允价值，即直接按市场价格来计量，那么我们需要思考的一个问题就是这些价格是否真实地反映了资产或者负债的价值。公允价值定义中有一个限定条件是“市场有序”。但是，在股票市场剧烈波动时，企业可以参照股票的市场价格来确定其股权投资的公允价值吗？我们必须思考市场价格与公允价值的关系。如果一个市场剧烈波动，或者交易量、活跃度显著下降，那么这个时点上的市场价格就不能直接反映真实的公允价值，还应该考虑其他更可靠的信息来支持公允价值的判断。

当不能直接采用市场价格确定公允价值时，企业就必须借助估值模型来计算特定资产或者负债的公允价值，而模型的成立往往基于一定的假设条件，并需要依赖各个变量的数值来计算公允价值。要保证公允价值信息的准确，企业需要确保模型设计本身反映经济真相、假设条件成立、输入的相关变量值准确，且这些条件同时成立。实际上，要实现上述 3 个条件中的哪一个都不是容易的事。例如，在 2007—2008 年发生的美国金融危机中，某金融集团持有 CDS（信用违约互换）产品。我观察到，根据该金融集团自身的估值模型计算，其持有的 CDS 产品在危机中损失约为 10 亿美元。但外部分析师经过测算，对外公布称这家金融集团持有的 CDS 产品的估值损失为 30 亿 ~ 130 亿美元，其中有 100 亿美元的预测差距。最终，这家金融集团在财务报表中针对 CDS 产品，确认了 110 亿美元的损失。

这个例子说明什么呢？它说明利用复杂的数学模型进行估值，尤其是在使用不可观察的参数时，一个假设条件的改变，结果就可能相差甚远，更何况数值的选择有时还需要依靠管理层的判断。

现在，在金融机构的资产负债表上，很多资产负债项目价值的确认都不是由财务或会计部门来负责的。可以说，半张资产负债表的价值的确认都需要由风险管理部门、估值专家和财会部的同事一起研究决定。计量差错是会计信息中隐含的一个巨大风险，不可忽视。

第二，解决会计行为中的“偏见”问题。我国《会计法》的第一条便规定：会计立法是“为了规范会计行为”。会计学既然是一门行为科学，那它不可避免地受到社会、经济和政治的影响。因此，我们可以说，会计学是一门有偏见的学科。

在公允价值计量上，关于管理层判断和干预的问题实际上是会计学中要解决的第一层次的“偏见”问题。

管理层最接近企业实际经营情况，最熟悉企业经营环境，更加接近事实真相，对许多会计问题的判断更为知情。但是，管理层呈报信息的利益与信息使用者的利益可能不一致，因而避免管理层主观意图造成财务报告偏离真实情况，是我们需要考虑的一个重要问题。

以债券投资的会计核算为例，管理层在初始投资的时候就必须把其做投资的目的记录下来，并按照这个目的来确认、计量这些投资债券，不能任意更改。有的企业投资金融债券，如果价格涨上去了，管理层就说买进这批债券的目的是短期出售，上涨的收益就按公允价值核算计入利润表。他们可以以此为基础计提奖金。但是如果价格下跌了，管理层就说买进的目的是长期持有，不将公允价值损失计入利润表。这种会计数据失当是不能责怪会计人员的，因为管理层的意图影响了会计核算方法的选择，从而影响了核算的结果。

公允价值的估值模型需要管理层进行参数选择，这也引发管理层判断和干预的问题。金融产品估值涉及模型输入值的判断决策。与模型计算相关的输入值是多少，取决于管理层对基于历史数据的现行和未来市场状况的认识，在专业判断上就可能掺杂管理层的主观意愿。如果管理层先有了一个对结果的偏好，然后采用支持这个结果的各种数据和方法，那就是本末倒置，估值结果将受到严重的偏见的影响。管理层掌握着其他报表使用者所不知道的信息，他们可能利用信息不对称的优势来呈报对他们的业绩考核有利的信息。

在中国，国有企业在不少行业里占主导地位。政府和国有企业的股东及股东监督机构也对会计信息的真实质量产生重大影响，这是第二层次的“偏见”问题，因为国有企业的重要报表指标容易受到股东业绩考核等外界行政因素的影响。

ooo0ooo

我国著名会计学家杨时展教授说过：“天下未乱计先乱，天下欲治计乃治。”这句话时刻警示着企业会计信息的质量问题责任重大。会计师真正要记住的会计恒等式是：会计 = 经济真相 - 计量差错 - 偏见。坚持专业，反映经济实质和经济真相，减少衡量差错，减少管理层干预和各种偏见，讲好真实的资本的故事，是会计、审计从业者能为国家经济发展做出的最大贡献。

第五章　注册会计师的本分

做连接政、学、商的手艺人

在中国，每个机构、每位工作人员大致都可以被划归于政、学、商3个界别。在西方，这3个界别相对比较独立，但在中国，这3个界别是相互重叠、互联互通的。注册会计师作为专业人士有自己的独特地位，与政、学、商3个界别都有关联，他们积极主动地与其建立联系并努力为每一个群体创造价值（见图5.1）。

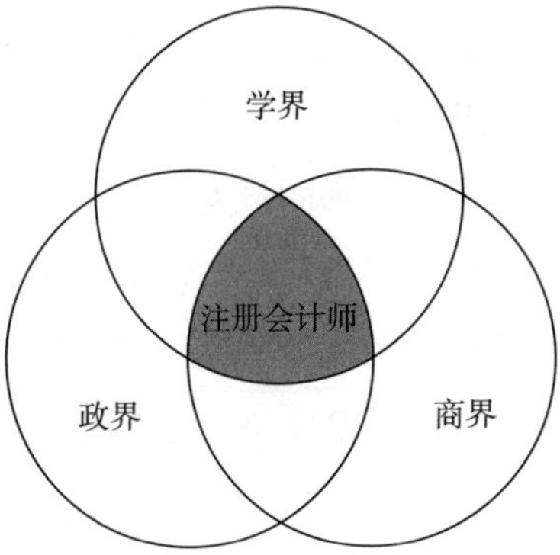

图5.1　注册会计师服务政、学、商

其实，注册会计师最理想的定位应该是做连接政、学、商这 3 个界别的桥梁。凭借深厚的专业知识、丰富的商业实践经验，以及独立、客观、公正的态度，注册会计师可以促进各利益相关方之间的交流沟通，提升注册会计师行业对社会经济发展的价值。认识到这一点，不仅有利于积极鼓励注册会计师在中国的经济发展中发挥自己的专业影响力，而且对培养注册会计师、促进会计师事务所的业务发展至关重要。

对于政界而言，注册会计师的工作让商业活动透明化，增加会计信息的可信度，便于提高政府机构的监管和治理能力。同时，注册会计师还通过自己累积的实务经验，协助政府深入了解商业活动和企业需求，为政府制定经济发展政策和监管规划提供建议。注册会计师在社会经济活动中发挥着重要的鉴证和服务作用，他们维护社会公共利益和投资者的合法权益，是促进市场经济健康发展可依赖的专业力量。

对于学界而言，注册会计师在学术理论和商业实践及应用之间架起了桥梁。比如说，会计准则的制定是一个发掘和应用会计及财务学理论的过程。注册会计师可以在审计工作中对会计准则的适用性进行验证，进而给学术界提供需要进一步研究的理论和学术课题。注册会计师遇到的实践问题也是学界进行学术研究的对象。同时，会计师事务所总结出的最佳实践案例，也是学校培养会计人才的教学内容，可以为教学和实践相结合提供机会。

对于商界而言，注册会计师的最大价值就是为客户提供卓越的专业服务，注册会计师是最值得信赖的知识合作伙伴。注册会计师通过核查财务报表的真实性为投资活动增信，通过提高经济信息的质量帮助企业做出优化资源配置的经济决策。注册会计师在审计过程中帮助客户改善业务流程，防范业务风险，为客户的业务发展战略出谋划策，帮助客户解决在业务发展中遇到的复杂问题。注册会计师还以其对“政”和“学”的独到理解，帮助商业机构正视和遵循政府的有关政策及监管要求，为商业机构提供最前沿的管理理论和最佳实践经验。

注册会计师处于政界、学界和商界的交叠范围之内，是联系政、学、商 3 个界别的业务顾问。要同时获得政、学、商 3 个界别的信任，对注册会计师的要求就是具备超然独立性。所以，注册会计师也被称为独立的专业人士。

表 5.1 总结了注册会计师的专业优势。在政界，注册会计师是运用商界、学界思维为政府政策制定及落实提供参考意见的顾问；在学界，注册会计师是推动学术成果在政界、商界得以接受的实践者；在商界，注册会计师是政策及学术研究成果的解读者和应用者，是值得信赖的商业合作伙伴。注册会计师职业可以说是社会经济良性运转的助推器。

建立“友直、友谅、友多闻”的客户关系

注册会计师行业是一个技术性和专业性较强的行业，在其历史演变过程中，形成了一些惯例和独特的行业文化。

比如，在英国和美国等比较发达的市场，会计师事务所和客户达成服务意向的时候，通常会发出一份“受聘函”（letter of engagement），约定服务基本内容，包括主要团队成员、服务范围、起讫期限和交付日期、收费等条款。这份“受聘函”就是和客户达成的服务合约。受聘函由审计师制定并发出，客户签字盖章即表明达成了业务约定。这份受聘函在中文翻译中也称“业务约定书”。

那么，为什么在聘请审计师时不使用“审计服务合同”，而仅仅使用“审计师受聘函”这种书信形式来规范性质重要且内容复杂的专业服务呢？答案是：把审计师当“人”来看待，给审计师以专业人士的尊严。

表 5.1　注册会计师对政、学、商的贡献与做法

界别	领域	独立的专业人士的贡献	具体做法举例
政	学	• 监管和政策咨询 • 行业思想领导力 • 培训和研究	• 协助财政部对企业会计准则的修订工作，并提供反馈意见 • 参与行业热点议题研讨会，与行业监管机构就复杂的业务问题进行沟通 • 支持可扩展商业报告语言（XBRL）在中国的应用实施和推广 • 对新股发行体制改革的相关措施提供意见和建议 • 指派合伙人出任证监会等监管机构领导的专业委员会的委员 • 推动境外网络机构拜访、分享国际经验和前沿动态
	商	• 专业服务机构 • 服务客户及行业实践的第一手经验 • 商界代表、独立董事候选人	
学	政	• 对政策的理解和执行把握平衡 • 为监管机构提供政策咨询，担任专家顾问 • 担任社会职务，如全国政协委员	• 在思想领导力方面，编写和出版与行业最佳实践经验及市场趋势相关的报告，为开展公司治理研究工作提供指引 • 推进专业知识普及，为各大企业董事会董事提供知识交流和经验分享的平台 • 为那些有意探索和研究中国会计审计制度的发展与创新，以及企业风险控制与管理领域前沿性、战略性的重大课题的学者提供研究和实践机会 • 与知名大学的教授和学者建立并维护良好的合作关系，为他们提供前沿业务问题的学术研究和分析支持
	商	• 专业服务机构 • 服务客户及行业实践的第一手经验 • 商界代表、独立董事候选人	
商	政	• 对政策的理解和执行进行把握 • 为监管机构提供政策咨询，担任专家顾问 • 担任社会职务，如全国政协委员	• 举办监管行业、税务政策研讨会，以专家身份及时进行充分解读 • 提供高质量的审计报告，服务资本市场 • 创建内部控制和风险管理数据库，为企业内控体系的建立和完善提供参考 • 解决从战略到执行各环节复杂的商业问题 • 提供思想领导力作品 • 为企业员工提供良好的培训，不断提高企业员工工作水平，协助培养人才
	学	• 监管和政策咨询 • 行业思想领导力 • 培训和研究	

审计师受聘函这种措辞的独特意味，必须从审计师这个职业的历史

传承中去寻找。100多年以来，审计师通常都被认定为类似匠人的一类人，是通过其手艺为一个企业，或者更通俗地说是“东家”提供专业服务的。在这个意义上，审计师的角色并不是一个企业严格意义上的平等的商业对手，而是企业请来的顾问或商业帮手。一般的商业谈判往往是严格地通过甲方、乙方的平等角色设定，通过一轮轮的谈判表示达成合作意向。而审计师受聘服务于企业，由于其专业性和相互之间的信任，谈判不是主题。审计师和企业之间会通过相互了解来增强合作意愿，这使得审计师能迅速发挥他们的专业作用。审计师通过提供专业服务获得合理报酬，这是涉及公众利益和经济运行效率的安排。

审计师在企业股东邀请之下，为了维护股东利益，以其职业技能对被审计的企业的财务运作和经营以及会计报表的编制是否合规进行监督。企业聘请的是人，买的是服务，不是有形的物化产品。审计师的法律地位非常特殊，它监督企业的治理层和管理层，其法律责任是维护公司和股东的最大利益。同时，审计师必须与被审计单位保持良好的工作关系，否则就无法正常进行工作。这是建立审计关系的基础。

下面是一份注册会计师受聘函的样本。

尊敬的 ×× 先生 / 女士：

我们非常高兴能够有机会协助贵公司进行针对 XYZ 公司的并购尽职调查工作。根据双方的约定，我们将对 XYZ 公司进行一次专项审阅，内容包括：（1）审阅截至 201× 年 12 月 31 日该公司最近 5 个年度的财务报表；（2）审阅该公司独立审计师截至 201× 年 12 月 31 日会计年度的审计工作底稿；（3）同该公司的相关管理人员、员工和外部顾问人员进行沟通讨论；（4）执行附表一中列示的其他项目程序。

在项目中我们针对财务和会计记录执行的工作将大大少于按照公认审计准则执行的财务报表审计的工作量。因此，我们将不能对该公司的财务报表发表意见或提供“消极保证”。同时，审阅工作将不能提供审计所能提供的同等程度的保证，不能确保像审计一样揭示与财务报表有关或与贵公司拟进行的并购交易有关的重大事项。在我们完成项目工作之后，我们将出具一份书面报告，对我们执行的工作内容和我们在执行工作过程中注意到的重大事项进行列示说明。这份报告不得被视为针对 XYZ 公司财务报表的报告，也不得在没有事先征得我方同意之前转发给任何第三方。

我们预计能够即时展开项目工作，从而确保我们可以在 201× 年 ×× 月 ×× 日的那一周同贵公司就我们的初步报告进行沟通讨论。我们预计在此次沟通讨论之后的一周内完成我们的最终正式报告。

我们的项目服务收费将按照参与项目的工作人员所投入的时间计算。考虑到项目工作的要求，我们将安排比常规审计项目工作人员经验更加丰富的专业人员执行项目工作。我们预计项目收费金额将大约为 ××××× 美元（或“将在 ××××× 美元到 ××××× 美元之间”），其中不含代垫费用。我们收到贵公司 ××××× 美元的预付服务费时即表示贵公司接受我们的项目条款。在执行项目的过程中，如果我们预计实际费用将会超过 ××××× 美元，我们将及时就费用事宜与贵公司进行沟通，且在达成一致意见之前不会展开额外的项目工作。

针对上述安排，如果您有任何问题，请致电项目团队的主管合伙人 ×× 先生，或者项目团队的负责高级经理 ×× 先生。

您真挚的，

×××

合伙人

×××× 会计师事务所

×××× 年 ×× 月 ×× 日

受聘函虽然在功能上接近于一份合约，但是很显然，合约这种没有温度的冷冰冰的措辞，无法充分反映对审计师职业的信任和尊重。

在受聘函的结尾部分，通常有客户接受受聘函条款的文字描述，例如："我阅读了这份受聘函，理解受聘函中提出的专业服务条款。我谨此代表公司接受这份受聘函。"公司的财务总监，或相关服务接受方的副总经理以上的高管成员可以代表公司签署。这表明了两个层次的信任，一个层次是公司对其高管的信任，另一个层次是公司对其聘请的专业服务公司的信任。遗憾的是，在中国当今的经济体系中，这两种层次的信任都太少了。

随着经济和社会发展，一些带有行业特色的传统和习惯做法，已经被更规范和精练的商业规则所取代。但只有对一个行业的历史渊源有所了解，并从中获得对这个行业的一些纵深知识，社会各界人士才能对这个行业有更深的认识，且对注册会计师多一份尊重。

作为一名执业注册会计师，与客户签署受聘函而不是商业合同，说明会计师事务所不是一般的供货商，受聘函反映的是人与人之间的信任关系，这是会计师事务所提供专业服务的起点。

当审计师向客户寻求平等尊重、让客户把他们当"伙伴"来看待时，客户又在期待与审计师建立什么样的关系呢？

我曾听到一位重要的审计客户的说法，它很好地诠释了客户对审计师的期待。他说："客户（企业）与审计师的关系可以用中国的'友直、友谅、友多闻'这句老话来说明。"

"友直"是希望审计师坚持原则，有话直说。如果审计师不坚持原则、不找出问题、不遵守注册会计师的职业道德，那么审计的价值基础就丧失了。被审计单位尊重的是知无不言、耿直不阿的注册会计师。

"友谅"是指要站在对方的角度看问题。"友直"的"直"不是让双方站在对立面，而是要通过沟通和协商解决问题来达成服务股东的既定目标，通过对目标形成一致的认识来减少沟通的时间和成本。

审计师的工作一方面触及企业各个部门和经营体系，了解企业管理层的实际运作，可谓是企业“内幕知情人”；另一方面他们又受股东委派来监督企业管理层，是随时可以去向股东“打小报告”的人。如果没有坚持互相理解、互相尊重的信任关系，没有共同的目标，那么这种需要互相防备的关系是非常难处理的。

会计师事务所对企业的价值就是服务的客户多、看到的问题深、行业覆盖面广。“友多闻”中的“多闻”，是指审计师有专业见解、能提出切实有效的解决问题的方案。审计师在提出解决问题的方案时，一定要回答同行是怎么做的，监管机构会怎么看，是否忠于股东利益等，要有前瞻性。

需要读者关注的是，上述这些期望是建立在“友”字上面的，体现了专业服务下面隐含的人与人之间的有温度的关系，它是采购合同无法规定和约束的。

维护独立性

典型的公司治理结构中的治理层一般由股东（所有者）、董事会（代理人）和独立的外部审计师组成。审计师是公司治理的一个重要组成部分。董事受公司所有者——股东的委托，承担管理公司的最终责任。由于股东不参与公司的日常经营，因此他们需要设法监督其代理人（即董事）的尽职和业绩情况，而阅读由管理层提供的财务报表是实现监督其代理人这一目的的主要途径。不过，即使有财务报表，信息不对称、所有者与代理人的动机不同，仍会导致股东与董事之间的不信任，股东可能无法完全信任董事会和管理层以及他们提供的财务报表。

在这种情况下，股东需要由独立的外部机构为其验证董事和管理层提供的经营业绩报告是否真实，这就是外部审计或独立审计的功效。独立审计师执行的审计可以维持股东对董事和管理层的信心，并加强股东对公司董事和管理层的信任。在这种委托—代理关系的制度安排中，最核心的要求是注册会计师必须独立于被审计对象及其利益关系人。

所以，审计师的报告被严谨地称为独立审计人报告（independent auditor's report）。独立性是指注册会计师执行审计业务时，应当保持形式上和实质上的独立性。实质上的独立性是一种内心状态，使得审计师在提出审计结论时不受损害职业判断的因素影响，诚信行事，遵循客观和公正原则，保持职业怀疑态度。而形式上的独立性是一种外在表现，使得一个理性且掌握充分信息的第三方，在权衡所有相关事实和情况后，认为注册会计师没有损害或放弃诚信原则、客观和公正原则或职业怀疑态度。

审计的有效性取决于审计师发现并报告企业违规行为的联合概率。发现企业违规行为的概率和审计师的专业能力以及努力的程度相关，报告企业违规行为的概率则取决于审计师对客户的独立性。如果审计师和审计客户不独立，不但在设计审计程序时睁一只眼闭一只眼，而且即使发现了企业的违规行为，审计师也不向董事会和股东大会报告，这样独立审计师的报告就毫无价值。

在审计业务中，审计师独立于被审计单位，可以使审计师自己不受影响且无偏见地发表审计意见。独立性增强了审计师诚信行事、保持客观公正和职业怀疑态度的能力。这一要求符合公众利益，它也是财务报表审计的一个重要特征。

鉴于审计师保持独立性的重要性，各国均制定了法律或法规，对注册会计师个人及其所在的会计师事务所提出了审计和审阅业务独立性的基本要求。综合来看这些要求，主要限制了审计师与其审计客户之间的经济利益关系、雇佣关系和商业合作关系，以及审计师向其客户提供特定非审计服务的范围。有关维护审计师的独立性的具体做法和要求，将在“影响审计质量的要素”一章中具体展开论述，但在这里我们有必要讨论对审计师独立性产生直接影响的与审计收费相关的因素。

如果被审计企业对会计师事务所欠费，或者会计师事务所允许被审计企业欠费，即被审计企业长期没有支付以前的审计费或其他专业服务费给审计人员，那么审计人员的独立性可能因为其自身利益同被审计企业的经营成果有直接或间接的关系而遭受怀疑，并且这种独立性还因为管理层对审计师的绩效产生影响而受到质疑。因此，企业在进行当年审计之前，应当对以前的审计费用和其他相关未支付的费用先进行支付，这样做有利于审计人员在当年的审计工作中保持独立性。说得直白一点，就是不要拖欠审计费，以使审计师在没有任何经济利益因素干扰的情况下做事。

另外，或有收费是不适合审计服务的。所谓或有收费，是指在制定审计人员报酬时，不按照其工作时数计算费用，而是根据审计人员为客户提供服务后是否得到特定的结果来定。例如，客户的利润指数达标后，客户在 A 股上市或新三板挂牌后，审计师会获得多少奖励。或有收费的计价基础说明，审计人员同客户之间存在共同的利益关系，这会严重影响审计的独立性。因此，应当严格禁止审计服务或有收费的做法。

注册会计师不能碰触的红线

注册会计师对社会经济发展最重要的价值，就是营造市场诚信环境，帮助社会建立起长久的经得起检验的商业信任关系。在任何一个国家，如果注册会计师行业失去诚信，那就意味着其市场经济诚信体系的破产。因此，为了保障注册会计师行业对诚信的承诺，为注册会计师划定几条绝对不能碰触的红线是很有必要的。

1. 不能购买或持有审计客户的股票或债券

审计师是被审计企业信息的内幕知情人，与公司的董事、高级管理层成员一样要对企业履行忠诚义务，绝对不能利用其掌握的内幕消息牟取利益。因此，各国的注册会计师法案及相关规定都明确禁止会计师事务所的合伙人与员工在审计客户中拥有直接或间接的重大经济利益。很明确，审计师不能购买或持有审计客户的股票或债券。

由于工作关系，会计师事务所的合伙人与员工接触、掌握被审计企业的财务、业务和风险信息，他们买卖股票很可能涉及内幕信息，因此必须受到严密监控。会计师事务所必须建立合伙人及员工股票买卖登记和申报制度，在买卖股票或者其他有价证券后要及时登记并接受监督。

会计师事务所应设立合伙人与员工投资信息监管平台，收集合伙人与员工的证券买卖信息。公司的独立性监管部门可以通过它，确认合伙人及员工购买有价证券的行为是否违反独立性原则。合伙人和经理级别的专业人员需要通过这一投资信息监管平台申报其个人及其直系亲属持有的证券组合。如果发现他们申报的证券组合存在违反独立性原则的问题，则相关合伙人或员工必须及时处理。公司对合伙人和员工会进行定期检查，以保证每位员工符合公司在证券买卖方面的要求。当一名高级经理准备升任合伙人时，他必须接受独立性方面的专门调查，以保障公司合伙人层面最大限度地符合独立性原则的要求。

目前，还有一些会计师事务所尚未建立起对员工买卖股票的监控机制，有的事务所的合伙人甚至直接参与投资上市公司客户的股票，代持股票的行为也时有耳闻。监管部门应当对会计师事务所的合伙人与员工的股票持有账号和买卖交易做一次彻底的摸底检查，督促全部会计师事务所建立起合伙人和员工股票买卖跟踪系统。针对尚未建立起股票买卖跟踪系统的中小型会计师事务所，中注协可以在这方面进行投资，建立一个全行业集中管理的系统，要求这些事务所的合伙人与员工申报其股票买卖的情况并接受监督。如果存在违规的交易行为，则监管部门和行业协会应当做出严肃处理。这是维护中国注册会计师行业职业道德的一项基础建设工作，值得推进。

2. 承接客户项目不能给“回扣”

在股东、管理层和审计师的三方合约关系下，管理层是股东的第一代理人，负责经营管理企业，为股东创造价值；审计师是股东的第二代理人，受股东委托监督管理层诚实履行管理义务及呈报财务业绩，保证财务业绩的真实和公允。历史上，审计师的工作曾由股东代表自己担任。在这种特殊的合同关系安排中，审计师与管理层一样对股东具有信义义务，包括对公司的忠诚义务和谨慎开展专业工作的义务。这种信义义务不仅要求审计师与管理层以公司利益为重，而且要求他们落实向股东充分告知其与公司关联利益关系的责任。这是对公司忠诚的基础。从提供服务的公司收取的审计费是审计师获得的专业服务报酬，本着向股东充分告知和对公司忠诚的原则，这种专业服务报酬必须在会计报表中进行公开披露。

如果为了赢得审计业务，会计师事务所向企业管理层或者部分股东 / 股东代表以及能够对他们产生影响的人支付审计收费回扣，则违背了审计师对股东必须承担的信义义务。从职业性质看，审计师在一定程度上如同纪律部队。如果审计师为了赢得客户，便做出让步和送出回扣，那么在向客户提供审计服务的过程中，审计师又有什么专业决定是不可以做出让步的呢？

3. 合伙人不应在上市公司担任董事

理论上，所有上市公司都可能是会计师事务所的审计客户或者潜在审计客户。若会计师事务所的合伙人在一家上市公司担任董事，那他就与这家上市公司以及这家公司的其他董事形成了经济利益关系。这名合伙人所在的事务所如果承接这家公司及这家公司董事的关联企业的审计业务，那么在形式上就会失去审计师的独立性。会计师事务所必须与客户保持超然的独立性，会计师事务所的合伙人不能担任审计客户上市公司的董事。

现实中，有的事务所合伙人担任了上市公司的独立董事。为了保持事务所的独立性，他们所在的事务所与这家上市公司及这家上市公司董事相关联的公司之间的业务关联就必须全部割断，不能承接这家上市公司及其关联方的任何审计服务项目。如果一名会计师事务所合伙人担任一家公司的独立董事，那么这家公司的同行竞争者在考虑委任这名合伙人所属的事务所担任审计师或顾问时，就会顾虑到商业机密是否会泄露给该合伙人。这种限制会让会计师事务所觉得允许其合伙人担任上市公司董事在商业上是划不来的，因而会计师事务所通常禁止合伙人任上市公司的独立董事。

另外，上市公司不应聘请在特殊普通合伙会计师事务所中担任合伙人的注册会计师担任公司董事。在特殊普通合伙会计师事务所担任合伙人，这在法律上表明他们会为其执业过失承担无限责任。上市公司不应雇用一名已经在其他经济利益体中承担无限责任的个人为其董事，因为这样做会给上市公司带来声誉损失和财务损失的风险。

对于退休合伙人到审计客户上市公司做独立董事，也要设立“冷却期”，退休合伙人只有在财务上与会计师事务所彻底分离后才能出任董事。如果合伙人在会计师事务所领取退休金，那么他与事务所的经济利益关系就没有切断，就不应到与他之前雇主有关联的上市公司审计客户那里担任独立董事。

4. 不折不扣地遵从行业监管

行业监管是为了提升整体社会对于注册会计师行业的信心而设置的制度。尊重行业监管也是专业人员自律的基本表现。注册会计师尊重监管必须不折不扣。

大家知道，安达信被指控的直接原因不是因为没有做好审计工作，而是因为不尊重监管。在“安然事件”中，担任独立审计师的美国安达信会计师事务所的某些合伙人为了逃避监管检查，指使项目组成员销毁与安然公司有关的审计档案。对此，时任美国联邦司法部副检察长的拉里·汤普森（Larry D. Thompson）毫不客气地指出："安达信销毁证据，是试图破坏我们的司法系统。"这一指责定性的严重程度大大超过了"没有按照专业准则做好审计工作"的指责。安达信的涉事合伙人触犯了美国《被害人与证人保护法》（Tampering with a Witness, Victim, or an Informant, 1982）中有关"不得改变、破坏、毁损、隐瞒在官方调查程序中需使用的相关物件以致其完整性和可用性遭到破坏"的法律要求。安达信会计师事务所为少数几个合伙人不尊重监管、逾越法律的行为付出了沉重代价。

另外一个案例是关于会计师事务所利用不正当手段提前获取监管检查安排的信息而导致被调查的事件。美国公众公司会计监督委员会（简称 PCAOB）开展监管业务时，一般会在检查工作正式启动之前 2 ~ 3 周将那些被选中检查的审计项目的名字告知被检查的会计师事务所，以便其准备接待检查组进场。一家会计师事务所的高层，利用曾经在监管机构工作的员工的私人关系提前获知了 PCAOB 监管项目挑选的机密信息（包括被检查项目的名称），他们干扰监管过程的行为引发了公众对于会计师事务所职业操守的质疑。

2017 年 2 月，美国公众公司会计监督委员会启动了对该事件的调查。4 月，这家会计师事务所主动开除涉案的 5 名合伙人并解雇一名员工，包括开除了一名主管审计业务的公司副主席，并承诺公司采取追加措施，确保类似事件不再发生。

上述两个案例给所有的会计师事务所和注册会计师以严肃的警示：任何不重视监管或企图影响监管过程的行为，都是与专业主义精神背道而驰的。知错认罚、尊重并支持行业监管也是注册会计师诚信价值观的一个重要组成部分。

ooo0ooo

1989年的圣诞新年之际，国务院引进国外智力工作领导小组的一位领导同志向我在实习工作的香港罗宾咸会计师事务所的一位合伙人寄去了一张贺卡，他在贺卡上面热情地写道：“祝您及罗宾咸会计师事务所生意兴隆，一本万利。”

可以看得出来，这位领导对罗宾咸的这位合伙人是十分真挚、友好的。在一次会议间隙，这位合伙人把当时还在做学徒工的我叫到他的办公室，拿出贺卡并打开来放在我面前，说：“你看，虽然国家对于培养注册会计师人才的工作很重视，但有的领导对于我们的行业还是不够了解。注册会计师怎么能够一本万利呢？”这件事情在我的心里留下了深刻印象，这是我上的专业道德的第一课。

◎ 案例：安达信其人其事

（一）

在注册会计师行业的发展历史上，阿瑟·安达信（Arthur Anderson，1885—1947）是一位极富影响力的人物。

他与会计师行业的历史渊源可以追溯到20世纪初。当时，安达信在一家重型设备制造厂做助理主计长，生活安定，薪水不错。后来，他有机会接触会计师的查账工作，从此对会计师职业产生了浓厚兴趣。

1907年，他离开家乡来到芝加哥，加入了当时的普华会计公司，从此踏上了注册会计师的执业道路。1908年，23岁的安达信拿到了注册会计师执照，成为伊利诺伊州有史以来最年轻的会计师。当时，美国注册会计师仅有2 200人。1913年，安达信决定离开普华单干，他说服了在普华和他一起工作的团队成员克拉伦斯·M. 迪拉里（Clarence M. DeLany）共同成立了“安达信—迪拉里会计公司”（Andersen, DeLany & Co.），与普华美国芝加哥分所展开业务竞争。安达信曾在日记中这样表述他对自己事业的看法：

> 事业的好坏，应当用我所提供的服务质量来衡量，而不是看我的公司多年之后是否还“活着”。如果只是让公司持续地经营下去，却不追求开拓和创新，我想，对这样的事业，我毫无兴趣。

从安达信的这段自白中，我们不难发现他骨子里积极进取且锐意创新的激进气势，除此之外，他还十分重视原则和诚信。他不惜为坚持原则与客户发生冲突。公司成立一个月后，安达信发现他的一个重要客户——芝加哥城际铁路公司存在财务造假的问题。安达信直白地指出，这家公司的利润有人为操纵的嫌疑，其实际的盈利状况应该远逊于报表上的数字。但公司主管却拒绝承认并坚称其所提供的报表是真实的，会计师无须过问太多，只要在审计报告上签字就可以了。安达信对客户的表态十分生气，他将自己的注册会计师证书摆在这位主管面前，并斩钉截铁地说：

> 这是我的会计师证书。即使芝加哥城倾其所有，也难诱我让步！（This is my certification and there was not enough money in the city of Chicago to get me to change.）

很快，安达信就被辞退了。这是意料之中的事。这家公司随后更换了新的审计师，但毕竟纸包不住火，财务造假的事情很快败露。半年后，这家公司在一夜间倒闭了。

后来，安达信还遇到很多试图与他串通造假的企业，不过都被他一一拒绝了。比如，1915 年，安达信客户（大西洋轮船公司）的一艘船舶在当年 2 月的风暴中沉没，当时正值公司对外发债，公司管理层希望不要在财务报表中披露这一损失。安达信听后拒绝了这一要求，他表示，这一损失必须披露出来。这可能是历史上第一家披露期后事项的发债公司。

就是这么一个脾气倔强的年轻会计师，在竞争激烈的审计市场上非但没有因为坚持原则而失去市场，反倒在几次客户的造假风波中展现出了过人的担当和道德定力，赢得了很好的口碑。他的公司也因此获得越来越多的市场认可。

（二）

在选拔会计人才上，安达信有着独特的个性主张。这与他担任大学讲师的经历有关。1910 年，他被美国西北大学聘为夜校部的会计学讲师，负责讲授会计专业课程，并成为该校历史上第一位同时在业界执业和在大学任教的大学讲师。与当时其他会计公司青睐职校和高中毕业生不同，安达信坚持只招收从正规大学毕业的应届生。他特别关照那些考取了优秀大学或者有着强烈自我成就意识的来自低收入阶层的学生，他相信在这些学生身上倾注资源会得到意想不到的回报。这或许与他从小清苦的经历有关，他愿意给这些学生更多的机会。安达信让这些学生得到了超过同业水平的专业培训教育，因为安达信相信，只有这样，他的员工才能向客户提供最好的服务。安达信还是个心胸开阔的人，在寻找合伙伙伴上从不拘门户之见，在公司内部努力构建“开放的精英管理体系”（an opening meritocracy）。

1918 年，迪拉里退出了公司。安达信用自己的全名给公司命名为“阿瑟·安达信会计公司”（Arthur Andersen & Co.）。这一名称直到 2002 年安达信解体前从未被更改过。这是他一个人的公司。1918 —2002 年这 84 年里，所有在这家公司工作过的人，服务的“老板”在名义上始终只有一个，那就是阿瑟·安达信。在发表审计意见时，公司全体合伙人都放弃了自己的名字，改为签署“阿瑟·安达信”的全名。这代表了他们是“安达信精神”的实践者。

（三）

与安达信共事过的人都知道他极富创意，敢想敢做。很长时间以来，安达信会计公司在传统审计领域已经取得非常不错的成绩，但这并不能满足安达信对公司未来发展的构想。他认为，他的企业远不止“一家会计公司”这么简单，而应成为一家集会计知识、信息技术和专业培训于一体的综合性专业服务机构。他眼光锐利，对当时的会计审计服务有自己的独到见解：

> 在我们的工作中，簿记是机械活儿，会计则应注重分析，但最重要的是，我们还应为客户提供整体的商业解决方案。

这成了安达信会计公司服务转型的起点。针对当时的市场需求，安达信会计公司开始涉足财务和成本会计系统的设计与咨询工作。后来，在安达信的领导下，公司创立了“行业系统工程研究组”（industrial engineering group）。研究组通过调研，为客户公司呈现其在定位和管理中的优劣势，然后利用专业方案帮助客户改善经营。这一创新尝试，即为客户提供管理咨询服务，给安达信会计公司带来了极大的成功，将竞争对手远远甩在身后。

（四）

安达信在商业上非常成功，但由于他有很强的个性，这使得与他共事的同事颇有微词。他的工作伙伴莱昂纳德·斯帕切克（Leonard Spacek）曾这样评价他：

> 他（阿瑟·安达信）是一个天才般的领导者和激励者，但同时又极其自负。他具有杰出的商业智慧，但对于反对他意见的人也异常苛刻。

斯帕切克经常与安达信因为意见相左而吵得不可开交。往往最后斯帕切克都会被气得停下来，然后朝着安达信说："你别再跟我吵了！别忘了我是爱达荷人，我现在就可以辞职回去种地！"

安达信在创立和执掌公司期间，将他激进的性格埋在了公司的文化里。这种文化在后来几十年里，被历任继承者承袭了下来，让安达信会计公司获得了超常规的发展。但是，过于冒险的企业文化也导致公司一小部分合伙人逐渐失控，最终毁于一旦。

ooo0ooo

1947 年，安达信公司的合伙人在为阿瑟·安达信撰写悼词时这样写道：

> 安达信先生是一个拥有非凡胆识的人。像他一样怀抱信念"做正确的事"的人很少，而像他一样有勇气将信念付诸行动并坚持下去的人更少……各位，你们都是和他共事过并继承他事业的合伙人，你们的使命非常清晰。你们必须遵循并继承先生亲自建立起来的"诚信高于利润"的商业原则。因为，这不仅是我们立业的基石，更是我们的价值所在。"安达信"这个名字必须永远是最优秀和最高标准的代名词。我确信，安达信先生宁愿关门[①]大吉，也绝不愿看到他的后人抛弃了他的原则。他为你们留下的是一个伟大的品牌。未来的机会广阔，而你们的责任重大。

读完这篇悼词的会计师一定会和我一样扼腕感慨。安达信故事的启示是：企业的成功并非难在实现卓越，而是难在始终保持卓越。

① 双关语，安达信会计公司的标志曾是一扇庄重的红木大门。

第六章　注册会计师行业面临的挑战

在中国做审计，压力来自多方面，有专业难度上的，有投资回报上的，也包括客户对审计师工作的不理解和多头监管等方面。

专业风险高，职业满意度低

在中国执行审计工作面临着前所未有的专业风险，审计执业环境充满挑战。在会计师事务所的所有开支中，排在员工薪酬、办公室租金后面的一项重大支出便是针对专业责任风险的保险费。在会计师事务所，无论客户支付的审计费用有多高，一旦与投资者或客户有争议，陷入法律纠纷，再高的审计费用也覆盖不了会计师事务所需要支付的诉讼费用和要承担的声誉损失。所以，会计师事务所一定要认真对待每个审计环节，保障审计质量，否则一个审计环节的失败就可能会给会计师事务所带来严重的经济成本和声誉损失。

下面的例子是一家会计师事务所遭遇的真实故事，它与获取银行存款询证函这一基础的审计程序相关。银行询证函是指会计师事务所在执行审计过程中，向银行独立发出的用以验证被审计企业的银行存款、贷款余额，或其他必须在会计报表中反映的或有负债事项及银行关系是否真实、完整的询证性书面文件。在现代经济信用体系中，银行有义务向审计师证明其与被审计单位的信用关系。

故事中的这家会计师事务所在审查一家拟上市公司的财务报表时，需要向国内某大型银行查询该公司的存款余额。客户告诉审计师会陪同他们到开户银行营业厅获取银行存款明细，并由银行在存款明细账目上加盖该银行的公章予以确认——函证工作安排似乎进展得很顺利。

审计师在客户的陪同下顺利到达这家银行的营业大厅，银行工作人员拿着打印的存款余额明细称，盖公章要到楼上领导的办公室办理。随即银行工作人员便带着客户和审计人员乘电梯到达营业大厅上的办公楼层的一间办公室，那里有好几名银行职员，其中一位经理模样的人接过审计师手中的询证函，核对了电脑打印的存款余额明细，盖上了这家银行营业厅的公章。至此，一道审计程序执行完毕。

后来，当这家拟上市公司的假账舞弊行为被发现时，审计师才知道，这家拟上市的公司在开户银行营业大厅的楼上租用了一间办公室，专门请人来扮演银行职员，并制造了假的公章来蒙骗审计师，甚至还用印有开户银行标志的一次性纸杯来泡茶款待审计师，情节就像演电影一样。而审计师又怎能察觉这是一场精心设计的骗局呢？审计师的主要工作是验证公司会计报表是否按照会计准则的要求进行编制和呈报，而不是侦查舞弊案件。

中国企业无论在产权关系、业务规模、组织架构、交易方式，还是经营业务活动的价值链条上，都显得十分繁杂，影响会计信息质量的负面因素很多，审计师需要审查大量的财务证据和经济事实，解决复杂的会计难题，适应中国的国情。在审计过程中，审计师的一个专业判断失误，或在原则问题上不坚持正确的专业态度，就可能导致审计失败。因此，会计师事务所在国内从事审计业务面临较大的专业风险，而这种专业风险和责任的严重性并不被外人所理解。

当一名审计师的行为在法律程序检验中存在争议时，对审计师法律责任的界定以及对审计师在某一特定争议事项中所需具备的技能和应尽义务的期望，已经大大超出了审计职业能力的范畴，对审计师执行或者未执行审计步骤的过失（哪怕当时情形下的判断是合理的）的容忍度是零。如果审计师未能执行某个虽然非常规但是事后比较容易推定的合理的步骤或程序，这种行为缺失并不能因为所有或大多数的审计师都会这样做而免于被定性为“专业过失”。关于审计程序的“马后炮”的议论和推断使得审计师无法为自己辩解。

一旦审计师遇到对其程序有法律争议时，往往处于弱势地位，没有人会看到审计师工作已经取得的 99% 的成绩，而会揪住他 1% 的失分不放，批评指责审计师没有尽到责任。另外，在日常工作中，管理层也不能表扬审计师的工作，如果被审计企业的管理层表扬了审计师的工作，则人们会认为审计师和管理层走得太近，审计师没有把握好“独立性”的原则。因此，审计师在审计工作中已经取得的成绩也不被利益相关者知晓，执业注册会计师变成了一个职业满意度非常低的工作。

《国民经济和社会发展“十三五”规划纲要》指出，到 2020 年，中国的国内生产总值（GDP）要比 2010 年翻一番。与 2010 年相比，2020 年中国将有超过 50 万亿元人民币的 GDP 增量需要执业注册会计师来服务。据有关部门在 2010 年的测算，到 2020 年，中国的执业注册会计师人数至少要达到 15 万人，才能基本满足中国经济发展转型升级和提升经济体质量的需求。但在 2018 年 12 月 31 日，中国的执业注册会计师人数只有 106 798 人，与上述预测相比，大约存在 5 万人的缺口。而 2010 —2018 年，中国的执业注册会计师总共仅增加了 14 096 人，平均每年只增加 2 349 人。这种执业注册会计师人数的增长速度和增量与我国的经济增长速度和增量是不相匹配的。

注册会计师在我国的执业环境欠佳，这是有目共睹的，但事实上也非注册会计师单独遭遇。专业服务行业，如律师、医生也会遭遇如此境况。这是现状，我们对此也不必过于悲观。随着我国市场化改革的深入，社会诚信环境不断优化，政府职能定位厘清，国民素质提高，行业从业者的自身维权意识增强，注册会计师的执业环境定会得到改善，注册会计师在社会上一定会得到应有的尊重。

对会计责任和审计责任的界定认识不足

分析什么是会计责任、什么是审计责任，可以从阅读审计报告入手。

审计师的辛苦工作最终凝聚在一份仅几百字的审计报告中。审计报告一般都采用“三段论”叙述审计师的意见，包括管理层对财务报表的责任、注册会计师的责任、审计意见。

审计业务（audit）是鉴证业务（assurance）的一种。对财务报表的审计在英文中用“audit”这个词，“assurance”则用来指称审计历史财务报表之外的工作，如审阅财务预测数据或审计内部控制制度。但无论是中文的“审计”和“鉴证”，还是英文的“audit”和“assurance”，其表达的都是这类工作会涉及第三方关系的事实，即一个做、一个查，为的是第三方信任，但其根本的信任基础是做账的人和管内控的人。

从对历史财务报表审计的角度出发，可以说审计报告是附加的，是对会计报表的信心度的背书。这个论断的前提是会计报表编制是有“责任人”的。或者直白地说，鉴证业务是为了证明鉴证对象（财务信息或内部控制制度）的可信任程度而开展的。

会计责任是财务报表的提供者准备被审计财务信息的责任，审计责任是审计师通过执行审计准则的要求开展工作并提供一份公开、公平、公正的审计报告的责任。具体地说，会计责任是企业管理层按照适用的会计准则的规定编制财务报表，并且设计、执行和维护必要的内部控制，以使财务报表不存在舞弊或错误而导致重大错报，且实现公允反映。审计责任是审计师按照适用的审计准则的要求执行审计工作，并给出适当的审计意见。

然而，在实务中，“会计责任”和“审计责任”经常容易被混淆，原因是多方面的。

会计工作和审计工作具有天然的关联性。财务会计人员和审计师都是以会计信息作为其工作对象的，二者的一个基本目标都是为会计信息的使用者提供有价值的可信任的财务报表，这使得一些不了解注册会计师行业的财务信息使用者，会将那些产生不能满足他们的使用要求或者不真实的会计信息的责任全部归咎于审计师。而对于会计报表的责任人，他们也会顺水推舟，把其应该负责的会计工作推给审计师，至少可以由审计师来承担他们的一部分工作量。

图 6.1 为会计信息价值链，从图中可以看出，会计报表的第一责任人是公司的管理层。管理层是会计信息质量的第一道防线。管理层始终保持诚信，并在公司内部建设诚信文化，建立并遵循企业的内部控制制度，是保障和提升会计信息质量的重要前提。管理层对于会计信息质量的态度直接影响公司所处的会计环境，并且直接或间接影响会计主体的行为，进而决定公司对于会计信息真实性的甄别。

公司治理层是会计信息质量的第二道防线。公司治理的主要实现形式是发挥董事会、董事会下设专门委员会和监事会的监督作用，他们受全体股东的委托在企业中行使各自不同的治理和监督权利。公司治理层对于管理层编制会计报表的过程及结果负有监督责任。

股权分散的程度对于企业治理层监督管理层的效果会产生一定的影响。在股权高度集中的企业，由于资本主要来自少数几个大股东，因而公司治理层对会计信息质量进行监督的态度较为积极，在管控和纠正管理层干预会计信息的呈报上，他们敢于维护股东自身的利益。当股权高度分散时，每一位出资人股份占比都很小，无法控制或者影响管理层的行为。有的股东也不愿在监督管理层的行为上花精力，而是等着其他股东去做，以获得“搭便车”的好处。在这样的情况下，公司管理层往往能够反向控制公司治理层，因而使得治理层对于会计质量的防线作用变得十分薄弱。这个时候，独立董事和董事会的专门委员会的作用就十分重要了。

	会计信息准备		会计信息查核	使用会计信息优化公司治理	使用会计信息优化监管/投资决策
	公司管理层	公司治理层	注册会计师	公司股东	外部使用人
职责范围	对企业会计信息进行收集、记录、汇总、处理及报告	履行对公司股东的代理义务，保证公司会计管理部门在诚信的环境下开展工作，对会计信息的真实性和准确性负责	接受股东大会委托，保持独立和超然立场，对被审计单位的会计信息开展审计，检验会计信息的真实性和准确性，对发现的会计错报提出修正意见，就可能发生的重大风险事项与董事会及时沟通	使用经注册会计师审计的会计信息，调整公司预算等重大管理政策，做出投资决策	使用公司公开报出的经注册会计师审计的会计报表信息，辅助政府监管工作和优化投资者的投资决策
关键问题	相关工作是否始终在诚信的环境下进行，过程中是否存在监督和控制	管理层是否始终保持诚信并倡导在公司建设诚信的文化环境；管理层是否遵循内部控制制度，且不存在凌驾于控制制度之上的情况	是否选择聘请有声望的会计师事务所担任外部审计师，注册会计师是否勤勉尽责	是否充分发挥注册会计师监督管理层履职的作用；是否做好管理层激励工作，降低管理层自利行为发生的可能性	监管机构是否做出制度安排，对公司会计信息质量进行检查；市场投资者是否利用法律捍卫投资者权益；保护投资者权益的法律法规是否健全并得到有效执行
	会计责任		审计责任	投资风险责任	

图 6.1　会计信息价值链

注册会计师审计是会计信息质量的第三道防线，是会计信息价值链条上最为重要的一环。这一地位是由注册会计师超然独立的身份所赋予的。注册会计师的工作是对公司管理层编制的会计报表及其背后的会计信息的真实性进行查核。只有当注册会计师按照执业审计准则的要求完成所有审计工作并尽到勤勉尽责的义务之后，才可以在审计报告上签字。在审计报告上签字意味着注册会计师对被审计单位会计信息的公信力向会计信息的使用者——公司股东提供合理保证，并为此承担相应的专业责任。在这个角度上，注册会计师的审计报告是对全体股东负责的，用来证明会计报表真实公允而编制的法律文件。

美国证交会前任首席会计师林恩·E. 特纳（Lynn E. Turner）就曾指出："大型上市公司的股东是不会同意聘请二流的会计师事务所来为他们做审计的。"其中的原因不言自明，对会计信息使用者而言，由哪家机构来对会计信息的质量把关，是一个他们不得不关心的问题。

我国引入市场化的注册会计师行业只有 20 多年的时间，经济活动中的参与者对注册会计师行业的理解需要一个循序渐进的过程，他们需要时间才能逐渐认识到审计师必须严格遵守审计准则的独立性要求，即审计师不能自己帮助被审计企业编制财务信息，然后进行自我审计、自我评价。

应该如何定义被审计企业（客户）与审计师的关系？在审计服务中，审计师是乙方，作为甲方的客户有时候并不理解乙方，它会把许多本应由自身完成的会计工作转嫁给审计师。这时审计师必须要花时间和耐心向客户解释什么是会计责任、什么是审计责任。很多时候，只要审计师开始对客户查账，就会有意无意地介入客户财务信息和会计报表的汇总和编制工作中，人们对会计责任和审计责任产生混淆也可以理解。

会计工作越来越复杂、技术难度加大，这是无可争辩的事实。而我国熟悉现代经济体系下企业的业务运作和相关会计准则的财务会计人才非常短缺。比如，现代会计准则体系中公允价值计量模式的应用，甚至现代金融学有关风险管理中的前沿知识也被广泛地应用到会计处理上，这对财务会计人员提出了更高的专业要求。在现实的工作中，被审计企业期待审计师能够多出主意、多给责任方建议，尤其是在高度复杂的业务领域帮助企业完善财务信息的质量，但责任方又不习惯于向第三方提出咨询服务的请求，因此，会计责任和审计责任就比较难以区分。例如，针对会计技术问题提供咨询服务在复杂和先进的经济体中是会计师事务所的重要收入来源，但在中国，目前还仅仅处于起步阶段。

在中国，要把会计责任和审计责任区分开确实是不容易的。在20世纪90年代，中国的部分国有企业改革上市，引入外部审计服务。当时，中国的会计制度才刚刚开始引入“资产负债表”取代“资金平衡表”，以及“利润表”取代“资金分配表”的做法。这种做法要求国有企业把银行贷款和国家拨款分别计入“负债”方和“权益”方，把计入“企业改造基金”的费用重新调整计入“利润表”。那时，很多中国企业的财会专业人员还没有听说过合并会计报表，对联营公司和子公司的区别也没有认识；企业客户把自己的账表交给会计师事务所来做是很正常的一件事，而审计师和自己的客户谈会计责任和审计责任的区别是不切实际的。

但在今天，中国企业的财会专业人员在会计知识的学习曲线上爬坡很快，加速成长。政府对会计人才进行投资的成效日益明显。财政部、证监会和国资委的会计专家的技术水平非常高，国有企业财会专业人员的技术能力也在全面提高。因此，现在强调在实务中，而不是理论上，厘清会计责任和审计责任已是当务之急。中国企业，特别是上市公司，完全应该也有能力履行和承担会计责任。

多头监管和多重监管

注册会计师行业是提供增加财务报表信心的公共品的服务行业，对其进行适当监管是必要的。应当支持对行业进行监管，以促进审计公共品质量的提高，推动社会诚信的建立。为了加深对注册会计师行业的认识，我们绘制了中国注册会计师行业生态图，见图6.2。

首先，会计工作是国家治理基础工作的重要组成部分。财政部是会计行业的主管部委，指导会计行业的发展，这是我国注册会计师行业生态图的最重要的主线。财政部会计司和各省市级财政局会计处掌握行政审批权，财政部会计司负责会计准则的制定，以及推动我国会计准则与国际会计准则的实质趋同，并为建设现代注册会计师行业制定行业发展政策和规划。

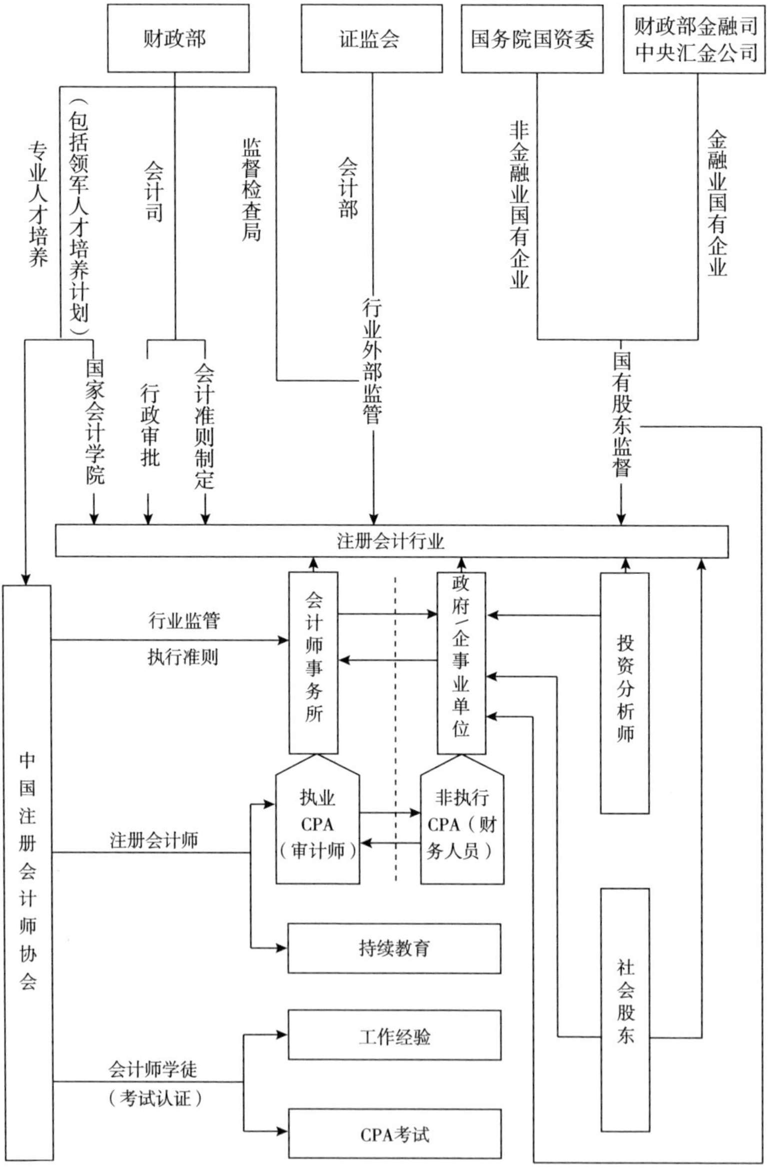

图 6.2　中国注册会计师行业生态

注册会计师是具有共同知识、技能以及职业操守的一群专业人士，是行业主体。因此，通过识别注册会计师专业人士的来源（如会计师学徒），划分工作性质（如执业和非执业）和行业分布（如会计师事务所、政府/企事业单位等），列示注册会计师行业的人才培养路径和从业者分布，是图 6.2 展示的第二条主线。我国政府十分重视注册会计师人才的培养，除了中国注册会计师协会负责考试制度管理，设计学业课程培养符合资格的注册会计师外，在北京、上海和厦门还专门设立了 3 所国家会计学院，为注册会计师人才的后续培养提供先进的师资和物料条件。这与财政部会计司和中国注册会计师协会共同推动的领军人才培养计划共同构成人才培养的主线。

财政部监督检查局、证监会会计部是执行行业外部监督的政府机关，对注册会计师行业进行监管，再加上中国注册会计师协会开展的行业监管，构成图 6.2 中围绕行业监督的第三条主线。我们还需要深刻认识中国特有的一个会计环境情况，即国有股东监督机构对注册会计师行业影响重大。这是第四条推进和影响中国注册会计师行业发展的主线。但与国际经验相比，促进注册会计师行业发展的另一股力量——投资分析师和社会股东的作用有待加强。

如上所述，在中国，对注册会计师行业进行监管主要分为 3 个部分，即行业自律、行业外部监管和股东监督。

长期以来，中国的会计师事务所面临着多头监管和多重监管的负担。多头监管主要指不同监管部门对同一个监管对象进行监管，多重监管主要指同一个监管部门下属的不同层级的监管单位对同一监管对象的相同内容进行监管。多头监管表现在会计师事务所需要接受来自多个政府部门和行业协会的监管，比如财政部、证监会、中国注册会计师协会等对会计师事务所进行直接监管。它们依据相关法律法规，可以开展对注册会计师及会计师事务所的定期例行检查和不定期的抽查等。多重监管表现在会计师事务所经营的分所还需要接受来自各地方财政部门、地方证监局和地方注协等地区监管部门的监督检查，面对多层级的监管。虽然各部门实施监管时所站角度和监管内容有差异，但监管的重点基本一致，均是对会计师事务所的质量控制体系和审计业务质量进行监管，这就必然会导致重复监管，造成对会计师事务所的业务干扰。

在中国，注册会计师的执业环境还有一点比较特殊——会计师事务所还需要面对股东监督。中国是国有企业占主导的经济体，代表国有企业出资人的国务院国有资产监督管理委员会通过行使出资人的权利，加强对国有企业公司治理的监督，促进会计报表信息质量的提升，这是中国经济制度的优势。国资委和对国有金融机构履行出资人职责的财政部金融司以及中央汇金公司，有权利对会计师事务所的聘用和聘用任期行使决策权，因为审计师是向股东负责的。

但会计师事务所究竟应该由谁来监管呢？从已出台的法律条文来看，财政部、证监会和中注协等单位依法均可对会计师事务所进行监管。《注册会计师法》第五条明确规定：国务院财政部门和省、自治区、直辖市人民政府财政部门，依法对注册会计师、会计师事务所和注册会计师协会进行监督、指导。《注册会计师法》第三十七条规定：注册会计师协会应当对注册会计师的任职资格和执业情况进行年度检查。《证券法》第一百七十九条第（三）款规定：国务院证券监督管理机构依法对证券发行人、上市公司、证券公司、证券投资基金管理公司、证券服务机构、证券交易所、证券登记结算机构的证券业务活动进行监督管理。这里所说的证券服务机构包括会计师事务所。

我们支持政府主管部门加强行业监管，通过加强监督检查敦促会计师事务所提高执业质量。但会计师事务所，尤其是具有证券期货业务资格的会计师事务所，每年都需要向多家外部监管机构和行业协会报送执业情况统计资料，都需要接受一家或数家行业外部监管部门和行业协会的检查或它们的下属单位的多层级的检查。多个主管部门的重复检查，不仅大大增加了会计师事务所的合规检查配合成本，而且也耗用了政府监管资源，增加了财政负担。

近年来，注册会计师行业面临的多头监管和多重监管的现状已有积极改变。财政部监督检查局、证监会和中国注册会计师协会已达成一致，3家监管机构不在同一年份对同一家会计师事务所开展检查。虽然在目前的法律框架下，会计师事务所面临多头监管不可避免，会计师事务所也应该积极配合和支持政府有关部门的检查，但我们建议和鼓励财政部、证监会和中注协等监管部门能够继续加强监管方面的合作，积极共享监管发现的信息，加强监管资源的整合，包括联合检查，减少重复监管检查工作，减轻行业负担，特别是协调减少在较短时期（如2～3年）对同一家会计师事务所进行同一目的的现场检查，包括不同层级的检查。当然，监管部门立案调查的事件除外。

关于国有股东监督，国有股东把其监督重点放在会计信息质量和审计质量上是正确的。但上市公司的股东，不论股份多少，都是平等的。国有股东监督应该尊重公司治理的机制，通过公司董事会发挥股东监督的作用。国有股东应该尊重行业监管的规则，比如，要求会计师事务所定期轮换的政策，应该由行业主管部门和监管部门制定。国有企业大股东不应当走到监管会计师事务所的前台来。我们已经看到国资委在促进中国国有企业会计信息质量提高方面做出的巨大成绩，而且国资委重视审计质量，关注和支持中国注册会计师行业的发展。从2016年开始，国资委在聘用国有企业审计师的标准设定上，不再采用其内部排名，而是利用中国注册会计师协会提供的行业排名这一举措，表明了国资委使用更加透明的行业排名榜单支持高质量的会计师事务所服务国有企业。

另外，《审计法》第三十条规定：社会审计机构审计的单位依法属于审计机关审计监督对象的，审计机关按照国务院的规定，有权对该社会审计机构出具的相关审计报告进行核查。我们建议这种核查工作最好直接转交给行业协会及行业监管部门落实，以提高核查工作的针对性和效率。

中国是个幅员辽阔、地区差异较大、具有复杂产业结构的经济大国，需要发展高质量的注册会计师行业，集中监管资源有其必要性，而且对注册会计师行业的监管也有其专业性，因此，通过立法或修订法律设立统一的注册会计师行业监管机构或行业监管指导机构，整合监管资源的时机可能已经成熟。

单一会计年度使得审计行业工作量过度集中

公历 1 月 1 日 ~ 12 月 31 日是中国的财政年度。中华人民共和国成立后在很长一段时期内实行计划经济体制，政府要求全国的企事业单位均采用单一的政府财政年度为其会计年度，并将这一规定写入了《会计法》。这样做是为了适应中国政府对经济规划、财税和工商登记进行统一管理的要求，为政府工作提供便利。

但是，目前我国已经成为世界第二大经济体，这不仅是指我国的经济体量越来越大，而且随着产业发展日趋多样化，生产、物流和销售模式不断创新，我国的经济结构也越来越多元化。实行单一会计年度的做法，限制了企业选择及整合运用与其财务报告相关的内外部资源的自由度。在实施单一会计年度的制度下，会计师事务所承担的审计工作过度集中于每年的 1 ~ 4 月，加大了审计师的工作集中度。为了在客户设定的财务报告呈报日期之前完成全部审计工作，审计师不得不连续加班，甚至白天黑夜连轴干。审计工作过于集中，在一定程度上也会影响审计执业质量，因为“慢工出细活”，时间的投入是专业质量得以保证的前提。

为了缓解审计工作过度集中给会计师事务所带来的巨大压力，建议政府可以考虑按照循序渐进的原则，为企业设置以 6 月 30 日为截止日期的第二会计年度，并可以分行业允许企业或指定企业选择采用这一会计年度。比如零售业、物流业、高校和医院，可以试点将每年7月1日～次年6月30日作为一个会计年度。

另外，在设立第二会计年度时，政府可以要求与公共利益相关的全部企业（如上市公司）在3个月内公布财务报告，4个月内提交税务报告，这与目前4个月内公布财务报告和5个月内提交税务报告的要求相比，整整缩短1个月的时间，将有助于提高会计信息的时效性。

设置第二会计年度的意义，是让企业更加合理地分配和整合利用内部会计资源及外部监管资源。对于企业来说，它们可以有效安排年末会计工作，减少财务部门的会计结账工作与企业业务经营周期高峰的矛盾冲突。对于监管机构和外部审计师而言，如果企业能够依据各自的经营周期确定会计年度，那么监管机构和外部审计师就能实现资源的错峰调配，解决一个会计年度带来的工作量过度集中的问题。以证券监管机构为例，要审查每年1～4月集中披露的上市公司年报，压力也是非常大的。设置第二会计年度可以对上市公司年报披露起到分流作用，缓解监管压力。上述建议同样适用于税务机关的税收征管工作和会计师事务所的审计工作。

行业中也有人提出应当全面放开对企业会计年度选择的管制，让企业自由选择会计年度。我个人是反对这个观点的。

美国大部分的金融机构都是以1月1日～12月31日作为一个会计年度的。但在金融危机前，有一部分证券公司和投资银行却与众不同地选择将会计年度设定为每年12月1日～次年11月30日。它们解释称，这样做是为了更好地安排公历新一年的工作，更好地服务客户，让员工更好地过圣诞和新年假期。这些解释听上去似乎是合情合理的，但事实上，这些证券公司和投资银行特意选择11月30日为会计年度截止日期，是为了与商业银行错开公布财务报告的时间，巧妙地避开了在12月31日与商业银行同一天竞争流动性的严峻局面；它们可以在 11 月 30 日以较低的成本拆借到资金，保障账面的流动性，让资产负债表好看一点。很明显，这是一种部分金融企业利用一个不同的会计年度减少会计报表承受流动性压力的做法。2008 年全球金融危机爆发后，在监管当局的要求下，这些证券公司和投资银行都将会计年度的截止日期改为 12 月 31 日。

在我国，可以循序渐进地先为企业设定以 6 月 30 日为截止日期的第二会计年度，而不提倡允许企业自由选择会计年度。会计年度保持一定的统一性也是有好处的。如果这个做法能达到预期效果，那么可以再允许企业选择 3 月 31 日或 9 月 30 日为会计年度截止日期。

有人担心，多一个会计年度会影响国家财政年度统计信息的质量。例如，国家财政年度以 12 月 31 日为截止日期，而以 6 月 30 日为截止日期的企业在 12 月 31 日这个时间点上提供的信息是半年报的信息，会不会因为不是年报的信息而使其质量下降？实际上，统计信息因为其时间性要求，通常是没有经过审计的。随着电子计算机科技的应用，企业关账的速度和质量都有大幅提高。有关部门建立了统计信息收集的电子平台，数据归集和传递更为及时，为更改企业单位的会计年度提供了技术基础。而且，会计师事务所对上市公司的半年报审阅工作也可以为企业半年报信息的质量提供一定的保障。因此，多设一个会计年度对整体社会的信息统计质量是利大于弊的，且可以实现。

虽然会计年度的调整在观念上、技术上或将面临不少挑战，但我仍强烈建议加快实施，至少应当抓紧试点。比如，财政部、证监会可推动先在部分上市公司试点。这个问题已讨论和呼吁多年，为什么不试一试呢？

第二部分 实现独立审计的价值

第七章　企业如何选择会计师事务所

审计是一种信任品，对于消费者来说，它的质量的发现过程具有隐匿性和滞后性。因而大多数企业在选择审计师时，无法直观地区分审计服务质量的优劣，进而对提供高质量审计服务的会计师事务所的性价比的判断能力也很弱。企业在选择审计师时，有时做出的战略误判会严重影响注册会计师提高审计质量的积极性。就像人们平常所说的，只有先有了识货的买家，才会有敬业的工匠；只有有了优秀的食客，才会有努力的厨子。那么，企业在甄选审计师时，如何判断审计服务的性价比是高还是低呢？

会计师事务所的声誉

俗话说："隔行如隔山。"企业在决定选择审计师之前，并不能感知审计师的服务；并且，即使接受服务以后，也很难准确计量和检测审计师服务的质量。一般而言，审计师工作质量的高低要通过企业日后经营和治理的成功或者失败来证明。虽然审计师是公司治理的组成部分之一，但其服务质量对企业经营治理成败的重要程度是无法精确量化的。这是审计质量的隐匿性和滞后性特征。说得直白一点，作为被审计企业的甲方，要全面了解作为提供审计服务的会计师事务所的乙方的水平，并非易事。在这样的情况下，甲方对乙方的专业服务能力和质量做出正确判断的出发点在哪里呢?

经济学鼻祖亚当·斯密（Adam Smith）早在1763年就从古典经济学的角度将“声誉”定义为“契约得以实施的一种保障”，意思是如果人们做生意，就要与有声誉和有信誉的人做。因为声誉就像一种信号，它代表了与你进行交易的这个人会遵守规则、履行义务，你们的交易质量是可以保证的。这是亚当·斯密把“声誉”与市场经济主体间的交易行为联系在一起的重要论述。这也让我们知道了这样一个重要道理，即在市场中，聪明的买卖双方都会为了获得长远利益而自觉地遵守对契约的承诺，以此建立自己的声誉。基于这一理论，2004年，审计学家安·L. 华特金斯（Ann L. Watkins）针对审计师的声誉提出了一个重要观点，即审计师的声誉就是“能‘被感知’的审计质量”。因此，作为会计师事务所的乙方对待自己声誉的态度就为需要审计服务的甲方提供了一个很好的质量参考指标。

罗马不是一天建成的，审计师的声誉也不是一夜之间形成的，它建立在长期的市场信任基础之上，接受着客户的反复检验。审计师经过长期的投入和自律才能将声誉建立起来，整个过程艰难而漫长。审计师必须在包括整合资源及服务客户的能力、创造价值的能力、平衡质量与效率的能力等方面都有出色表现，这样才能取得市场的充分认可。并且，声誉极其脆弱，一旦审计师没有达到市场预期又无法做出相应弥补，声誉就会很快瓦解。所以，但凡在市场上享有较高声誉的会计师事务所，普遍都很在乎它们的“面子”，它们会倍加珍惜这得来不易的宝贵的声誉资产，并无时无刻不在保护它。所以，企业在选择会计师事务所时，要询问哪家事务所在市场上的声誉最好，它的品牌与自己的企业品牌是否匹配。

优秀的审计师可以帮助企业用更低的价格取得外部资金，使企业降低融资成本。根据资本资产定价模型，使用外部资金成本的高低主要取决于企业获取外部资金需要支付的风险溢价。我们也可以将风险溢价理解成投资者向企业索取的对未来风险损失的“补贴”。投资者对企业越有信心，索取的“补贴”就越低；而当投资者对企业的未来担忧时，他们就有可能会选择放弃投资或者要求更高的报酬来抵消未来可能发生的损失。因此，赢得投资者的信心是资本市场中最要紧的事。

聘请优质的会计师事务所提供审计服务，就是让投资者相信，经过高质量的审计师审计的财务报表更能准确地向市场交代投资风险，降低投资者对未来不确定性的猜疑。如果投资者对一家企业的财务报表有信心，那他们就会更慷慨地提供资金帮助企业发展，使企业有机会使用价格更低的外部资金。

美国审计学家杰佛瑞 ·A. 彼得曼（Jeffrey A. Pittman）和史蒂夫·弗丁（Steve Fortin）针对审计师选择和企业信贷成本的关系进行了专项研究，他们发现上述两者之间存在着高度的相关性，审计师选择是影响银行信贷决策的重要因素。银行在放贷时主要担心自己能否按时足额地收回本金和利息，因此，它会更多地考虑企业的经营状况和风险应对能力，而这两个方面均需要通过经审计的企业财务报表来获取。当一家企业选择声誉较好的会计师事务所作为其审计师时，银行会认为其会计信息质量更好、可靠性更强，因此它会偏向于为这家企业降低贷款约束条件，以更低的价格向其放贷。的确，从现代审计发展的历史看，除了企业的股东外，银行是审计服务的一个重要推动者。

审计师的声誉与被审计单位的资金成本的联系是无形的，优秀的审计师会为被审计企业的治理层和管理层带来信心并创造价值。

通常，在企业财务学中，资金成本的最小计量单位是“一个基点”。“一个基点”是一个金融术语，它指的是在利率计量时一般通用的最小的测算敏感变动值的单位，即 0.01%。对客户贡献“一个基点”，即是指使其利润率或报酬率增加0.01%。

千万不要低估一个基点的效用。以提供银行审计服务为例，我们提供高质量的审计服务，在银行拿着经审计的报表去银行间市场融资时，希望银行的资金成本能降低一个基点，即借款利率减少0.01%；而在对相关产品进行定价时，银行能够看到借款人的风险，因而银行收取利息的风险价格可以提高0.01%；作为审计师，我们在审计贷款的时候，关注风险点，为银行减少信贷成本0.01%。我们将这些“0.01%”的回报率合计起来，如果能将银行的资产回报率提高一个基点，那么我们对客户的审计工作就是称职的。

拿一家总资产超过20万亿元的客户来说，资产回报率提升一个基点，就等于银行的利润增加20亿元。这就是审计师贡献“一个基点”的效用。“一个基点”看上去很小，在这里用它来估算审计的价值也明显偏低，但它为银行创造的价值却具有乘数和放大效应。

企业选聘审计师如同做出一项重大的人事决策，重要性不亚于公司任命董事、首席执行官或首席财务官。在选择审计师时，企业应全面、综合地考察候选机构，深入评估，认真对待每一份提交材料。候选机构的名单确定后，企业应安排与候选审计师的深入谈话，以便细致了解其过往的业务经历和解决问题的思路，以及相关专业能力、坦诚度和行业声誉。企业在做决定之前，要问自己一个重要问题：“投资者和监管机构信任它们吗？”

会计师事务所的规模和内部支持体系

会计师事务所的“规模”，一方面反映其在市场中的影响力，另一方面则体现事务所可动用专业资源、投资新的审计手段、强化内部支持和风险管理的能力。理论上，会计师事务所规模越大，可支配的资源就越多，内部的支持体系就越完善，审计工作的效率和质量也越高。此外，会计师事务所达到一定的规模后，会减少其对单一客户收费的依赖，增强审计独立性。

规模较大的会计师事务所能为客户提供“定制化”的专业服务。审计可以说是高度“标准化”的服务，但任何“标准化”的服务中都有“定制化”的发挥空间。“定制化”是一种更高水平的劳动，它需要审计师具备更深入的专业理解、更丰富的知识和经验以及更积极的工作态度。要做到这些不容易。审计师不仅要把握好不同行业客户的共性与个性，还要拿出适合的技术手段做支撑，同时兼顾成本效益原则。面对企业对于审计师的不同要求与期望，具备实力的审计师会针对市场和客户需求的差异，为客户量身定制有深度、有价值的审计和增值服务。

“行业专门化”是“定制化”的基础。“行业专门化”就是按照行业分类来组建团队。这种做法让审计服务更具针对性、更加有效，市场普遍接受并认可了这一创新尝试，客户也愿意为此支付更高的费用。因此，我们可以看到，在实现了行业专门化的会计师事务所中，它们的全球市场重要客户占有率得到了快速提高。

实现行业专门化，要求审计师针对不同的行业接受定期的专项培训，然后通过注册会计师专门服务于某一行业来积累行业实践经验和理论知识，形成一般审计知识之外的“行业专门资产”。这样，审计师对于一个行业的市场环境、监管要求、运作规律、财务特点、风险领域等就会比较熟悉，这种对专业知识的深刻认识以及对审计判断的精准把握，是在服务客户方面的竞争优势。有了这些行业知识的准备，审计师可以对企业的经营管理问题进行深入研究，为企业带来额外的价值，这也是客户所期待的增值服务。

所以，企业在选择会计师事务所时，要选择具有其所在行业服务经验的会计师事务所。而判断这种独具的行业服务经验的一个显著标志，就是看其在这个行业中拥有的客户的数量、知名度和规模。

企业除了要关注会计师事务所规模外，还应综合考量它们在专业培训、技术支持和质量控制这三大内部支持体系领域的能力。

会计师事务所的项目人员组成是金字塔型的。执行基础审计程序的大部分员工是金字塔根基的“学徒工”，对审计程序进行质量控制的是高级职员、经理和合伙人。对各级员工进行培训，包括对“学徒工”进行培训，是提高客户服务体验的重要途径。因此，企业可以询问会计师事务所投资在人才培养上的时间有多少，尤其是从“学徒工”到合伙人的各个级别的员工花在培训上的时间。通常，会计师事务所内部应建立系统化的培训和学习平台。每一位员工在不同的职业发展阶段都必须接受全面的培训，包括职业发展、技术工具、企业文化、跨领域专业知识和管理技能等。无论是课堂培训，还是在岗培训，合伙人的参与是非常重要的。所以，企业不妨也了解一下会计师事务所的带队合伙人有过哪些培训经历。

现在的会计理论和实务操作越来越复杂，这主要是因为经济社会中的商业交易和金融产品的内涵及外延越来越复杂。为了保障会计信息的质量，这些复杂的问题必须由会计师事务所的技术团队来复核和解决。一般而言，会计师事务所的技术专家团队承担着会计准则的理论和实践研究工作，他们通过客户服务团队向客户“传递知识”。选聘一家高质量的会计师事务所等同于企业将会计师事务所的技术研究能力嫁接到了自己身上，因为和客户分享并提供知识转移是会计师事务所的责任。通过向企业进行知识转移，会计师事务所的审计效率和质量也会得到提高。所以，一家高质量的会计师事务所必然有一支高质量的内部支持专家团队。

审计质量控制是会计师事务所内部管理和保障实现客户服务价值的重要防线。会计师事务所输不起，如果审计失败，那么客户的股东就会对审计师提起诉讼，这样，会计师事务所将承担高额的诉讼费用和潜在的经济赔偿。同时，这些纷争会给事务所带来巨大的声誉损失。

所以，优秀的会计师事务所的质量控制是“近乎苛刻”的，因为它们对审计差错的容忍度为零。

有经验的董事会审计委员会和独立董事都会在选聘会计师事务所的会议上质询会计师事务所在专业培训、技术支持和质量控制这 3 个内部支持体系方面的能力。

一分货，一分价钱

企业聘用会计师事务所为其提供审计服务，有一个不可回避的敏感问题，这就是审计收费。

注册会计师是手艺人，向客户提供专业服务，按时间和所需技能的复杂程度向客户收费。注册会计师经历了专业培训，有一技之长，他们相信自己向客户交付的服务是物有所值的。审计专业服务的定价权应该在注册会计师手中。这是注册会计师行业“一分货，一分价钱”的定价原则。

“一分货，一分价钱”的定价原则不同于“一分价钱，一分货”。后者不适合会计师事务所，具体表现在两个方面。第一，如果客户“多给钱”（支付的价格高），注册会计师就可以倒向客户，让客户购买审计意见吗？注册会计师不是追逐利润的行业，在原则问题面前，他们不能因为价格的诱惑而让步。第二，如果客户“少给钱”（支付的价格低），注册会计师可以减少应有的工作量，不关注审计质量吗？如果让会计师事务所执行“一分价钱，一分货”，那就相当于提倡客户给多少钱，审计师就做多少工作。这不符合人们对注册会计师提供专业服务这一公共产品基本质量的信任和期待。

作为手艺人，注册会计师要坚持“一分货，一分价钱”的定价原则，即根据提供服务的工作量及难度为自己的服务定价。因为，审计师不参与客户经济成果的分享，建立倾向于支持审计师专业发展的“一分货，一分价钱”的定价机制，对市场经济下财经纪律部队的专业发展有积极意义。这样的专业服务收费机制会提高市场对于注册会计师服务支付回报的意愿。作为注册会计师，不论因为何种原因以低价承接了客户，都不能因为价格低而降低质量要求。市场不会因为一家会计师事务所的收费便宜，而减少对其所应承担的专业责任的期望，这是市场对这个行业的信任。

审计收费的具体金额必须由股东大会批准。股东之所以掏钱请审计师来审计自己的公司，就是希望借助公正和专业的外部力量，以确保公司管理层诚实地履行职责，呈报高质量的会计信息。与管理层失职带来的代理成本相比，股东更愿意承担可确定的审计收费。不过，当市场中出现低价竞争时，有些企业会开始迷惑，它们认为审计是“同质化”的服务，选择有更多收费折扣的会计师事务所同样能够达到目的。

实际上，虽然审计意见只是一张纸，但不同事务所为了这张纸所下的功夫是不同的，并且不同的会计师事务所在对服务质量的保障力度上也是存在巨大差异的。在市场经济的大环境下，可以说价格是质量的信号灯。会计师事务所需要合理的报酬，因为服务质量的保障必须依靠在人力资本、专业技术资源、风险管理和后台支持等方面持续地投入。这意味着，企业支付给事务所的审计收费会转化为服务质量，最终作用于企业自身。因此，企业对于审计收费是否合理，应当有一个综合的判断。

有的会计师事务所在投标过程中会向客户提供较大的收费折扣。低廉的价格可能传达出以下两个信号。

一是这类会计师事务所采取的是“用价格换市场”的策略性行为。由于这类会计师事务所缺乏相关行业的服务经验，为抢占市场、积累经验而不惜以低价“购买”客户。选择这类会计师事务所的企业是把自己贡献给会计师事务所，成为其进入新市场的试验品和踏脚石。

企业购买审计服务，其实也是向审计师出售了一个机会，即让会计师事务所的员工在企业的审计工作中进行培训的机会，以及让审计师累积服务经验（包括行业经验）的机会，还有让审计师所在的事务所和被审计企业进行品牌匹配与合作的机会。企业与愿意收取低廉审计费用的会计师事务所合作，其实是低估了自己向审计师出售“员工培训、了解行业经验和进行品牌合作”这一机会的价值，同时换取的也未必是企业所需要的高质量的审计服务。

二是会计师事务所议价的弹性越大，质量弹性可能就越大。这类事务所将审计工作当成一门纯粹的生意在做，通过对收费与审计工作量进行灵活而有弹性的调控达到利益的最大化，通过增加边际收入来增加自己的利润。它们争取客户显然不是为了给客户提供更高质量、更高效用的审计服务。

一个有效的审计市场，会用其“看不见的手”对参与者择优汰劣，即优秀的会计师事务所将得到承认和优待，并不断加大对审计技术和专业能力的投资。会计师事务所要维持和提高其服务质量，必须通过合理收费来实现，这也就是为什么质量越好的会计师事务所越难被“砍价”。

当一家会计师事务所长期坚持高品质服务并进行专业服务投资时，它的品牌声誉就会逐步建立起来。声誉会给其带来新业务，并在一定程度上产生收费的溢价。这种溢价实际上是市场对这些事务所长期努力和坚持的奖赏，是一种由市场自发形成的货币激励，是一种品牌价值，也是会计师事务所良性发展的基础。

在确定审计收费方面的一个良好做法是，审计收费不应该成为选聘会计师事务所的主要标准。选聘会计师事务所时，要把服务质量作为第一评估要素。有的企业为了选聘服务质量最优和最适合的审计师，会把审计服务的内容和技术回应部分与审计服务的价格部分分开讨论，避免审计价格影响对审计服务内容及技术方案的讨论。有的企业干脆就在审计师选聘结果确定之后才与受聘审计师就审计价格进行讨论。

审计学家万达·A. 华伦斯（Wanda A. Wallace）通过研究指出：“审计师能为投资者提供一定程度的经济担保，他们具有保险作用。”这种保险作用不仅仅是经济补偿上的（有形的），还有社会声誉上的（无形的），而且优秀的审计师的社会声誉保险价值更高。许多企业对这一点可能并不了解。我们有一个客户，他在西部地区勤奋地经营着自己的企业，家族财富体量很大。后来他想送儿子去美国上学，但他儿子两次去美国大使馆办理签证都被拒绝了。在第三次办理签证的时候，我们建议客户的儿子拿着注册会计师签署的审计报告去大使馆，据此说明他的家庭是依法合规在中国经营的，他的家庭的生意需要他学成回国，并将在今后专注服务于自己家族的生意，同时也服务和报效于正在蓬勃发展的祖国。结果，这一次他的儿子顺利拿到了签证。

另外，优秀的会计师事务所的社会保险价值还体现为增加监管机构对企业的信任，能够降低税务监管机构对企业实际税率进行重新核查的概率，减少金融机构和资本市场监管机构的监管合规成本。

会计师事务所提供的内在保险价值还可以通过投资者要求审计师承担经济责任的做法来证明，这是有形的经济补偿的能力。具体体现为，如果审计师存在职业道德问题，参与管理层舞弊，或者在审计工作中存在重大失误，以致财务信息中的错报误导了投资者，那么投资者就可以起诉审计师并要求他赔偿。

所以，企业在选择会计师事务所时，应考虑事务所的经济赔偿能力。审计师的赔偿能力越强，其所能提供的审计保险价值也就越大。虽然在中国，我们并不提倡推动诉讼文化，但向审计师问责，包括要求经济赔偿，是十分重要的质量保障机制。

财政部会计司推动特殊普通合伙制的建设，目前已有多家会计师事务所转制成为承担无限责任的特殊普通合伙会计师事务所。因此，这些会计师事务所较其他事务所来说，必定需要在审计质量上更注重投入，因为它们若出现审计失败，它们的合伙人将以自己的全部家当作为经济赔偿的标的。对企业而言，提供审计服务的内在保险价值高的会计师事务所，应当成为它们的首选。

客户应当理解支付审计师合理报酬的重要性。例如，监管部门对于会计师事务所执业问题的一项处罚是罚没审计费，客户对不满意的审计服务的索赔可以是要求审计师退回审计费，但如果这个费用过低，罚没或是索赔审计费作为一项惩罚的成本就太低了。

在与客户就审计收费进行磋商的过程中，努力提升客户对于审计服务价值的感观是很重要的。美国西北大学营销学教授菲利普·科特勒（Philip Kotler）曾经提出过一个重要的观点，他认为客户对专业服务的价值感观基本遵循“价值 = 利益 – 成本”这样一个公式，即能为客户提供最大价值的专业服务机构，一定是能让客户的利益最大化和成本最小化的机构。

“利益”是指客户面临并需要专业人士解决的问题。对于审计服务，归纳起来有两方面：一是审计报告（合规产品），二是增值服务。“成本”也包括两个方面：一是支付的价款，二是为审计工作开展发生的配合成本。在这 4 个要素中，审计师提供的增值服务和被审计单位发生的审计配合成本这两个要素是很难用金额来计量核算的。增值服务是审计工作的一种副产品，而被审计单位对其发生的审计配合成本通常也没有办法分开计量。

会计师事务所要为客户提高专业服务的性价比，就不仅要提供更多增值服务，而且要降低客户会发生的审计配合成本。例如，良好的审计计划会帮助客户减少专门为审计师开展的审计材料准备工作。审计师对客户提出的问题要做到及时反馈，第一时间跟进解决方案，努力节省客户的时间。另外，审计师不能将其内部流程的痛点外部化，审计师作为专业机构，自身需要简化的质量控制流程的成本，在员工培训方面不足所造成的额外工作成本，不能由客户承担。

◎ 案例：汇丰银行是如何选聘和使用审计师的

一、选聘审计师的做法

2013 年 3 月，汇丰控股集团（其主要子公司是汇丰银行，为适应读者的阅读习惯，以下简称汇丰银行）开始其 2015 年度的外部审计师选聘工作。汇丰银行采用了竞争性磋商的选聘方法来选择最适合汇丰银行业务和文化的审计师。

汇丰银行的治理层和管理层为自己确定了对汇丰银行管理的一个终极目标，即他们有责任坚决保证银行的持续经营能力，在任何时候，绝对不能让银行进入破产保护程序，或需要国家救济来存活。在选聘新任审计师时，汇丰银行的董事会要求外部审计师必须全力支持银行实现这一目标，为银行提示时刻会发生的风险点，并为银行建设谨慎的会计文化和稳健经营的企业文化做出贡献。这一要求看上去是审计师的基本功，要求审计师的工作回归本位，实际却是审计服务之根本，意义极为深远。

我认真研究了汇丰银行选聘审计师的一些做法，总结出如下几条经验。我相信，这些做法和经验值得中国的金融机构、上市公司及资本市场的监管者学习。

第一，汇丰银行针对具备专业胜任能力的会计师事务所实施了预选程序（pre-screening）。预选程序是指企业对有参与审计师竞聘意向的会计师事务所进行专业能力、质量声誉、业务经验等多方面的综合性考察，选择并邀请达到要求的会计师事务所参与投标。在汇丰银行 2015 年度的审计招标中，普华永道、德勤和毕马威均获得了竞聘资格。

第二，汇丰银行通过安排候选会计师事务所到集团内的业务单元和分支机构进行走访与会谈，为会计师事务所了解其面对的客户的业务复杂度提供机会，同时加深各级分支机构对候选会计师事务所的了解。这项工作在候选会计师事务所向汇丰银行的审计委员会进行述标前完成，为期 4 个月。

以普华永道为例，普华永道和汇丰银行及其分支机构开展了 20 余次会谈。在这一过程中，汇丰银行就会计师事务所提出的所有问题进行了集中、统一的答复；同时，汇丰银行收集和汇总了总行业务单元及各分支机构对候选会计师事务所做出的评价意见。注意，汇丰银行在与候选会计师接触时，已经开始考察其专业水平和服务能力了。

第三，在汇丰银行的审计师选聘流程中，会计师事务所向主导审计师选聘工作的审计委员会陈述演示的机会只有一次，而且汇丰银行明确要求会计师事务所提供的服务建议书的总页数不得超过 30 页 A4 纸，注意是 30 页。

汇丰银行确定的选择外部审计师的主要标准有以下几点：专业胜任能力；专业服务的质量、文化与理念上的契合；与汇丰银行实际需求相匹配的审计方案。

第四，审计收费不是汇丰银行选聘会计师事务所的决定因素，只有在审计师选聘结果确定后，汇丰银行才会与会计师事务所商谈有关审计费用的安排。可以说，费用问题不是一个问题。汇丰银行相信，它能与一家专业服务公司就审计费用的合理安排达成一致。它认为支付审计服务费不是一项简单的费用支出，而是对汇丰银行公司治理建设的投资。在整个审计师选聘过程中，汇丰银行对审计收费一直使用“讨论”一词，而不是“谈判”。这体现了汇丰银行管理层与审计师之间彼此尊重、彼此信赖的专业性。

第五，汇丰银行从提出要进行审计师更换到审计师执行第一个财务年度报表日审计的时间间隔是 21 个月，符合提前 18 个月启动审计师更换工作的这一良好的公司治理做法。

二、创新的审计报告

2016 年 2 月 22 日，普华永道合伙人理查德·奥尔德菲尔德（Richard

Oldfield）作为在英国注册的资深法定审计师，以普华永道的名义签署了第一份无保留的致汇丰控股股东的独立审计师报告。在审计报告中，他说：

> 我的职责是代表普华永道形成审计意见。这是汇丰委任普华永道作为审计师后的第一个会计年度，因此我针对普华永道执行贵集团审计的准备工作提供了更多的相关信息，并就我们采用的审计方案以及我和我的同事与集团审计委员会（GAC）针对有关会计事项的重大讨论的细节进行说明。

奥尔德菲尔德对为审计师变更进行的准备工作在审计报告中做了下述汇报：

> 2014 年 9 月开始执行审计工作之前，普华永道参与汇丰审计的各成员所、合伙人和员工花费了 12 个月的时间来确保我们对汇丰的独立性。这要求参与汇丰及其世界范围内分支机构审计的所有合伙人和超过 2 000 名员工，终止与汇丰相关的影响独立性的所有商业合作活动和财务安排。在这一期间，我们审计小组的成员同汇丰的管理团队人员进行了会面，进而了解了汇丰在业务发展和经营管理等方面面临的各种事项及为审计计划收集必要的信息。
>
> 从 2014 年 9 月开始，在整个 2014 年年终审计期间，我们同前任审计师共同协作，旁听了他们与汇丰的重要会议，并了解了他们做出的复杂或重大审计判断。我们旁听了集团审计委员会和集团风险委员会的会议，并且与汇丰集团的主要监管机构进行了会晤。
>
> 在 2014 年 9 月，我主持召开了由负责汇丰最重要分支机构

审计工作的各普华永道成员机构合伙人和员工参加的为期两天的会议。这次会议确保我们在全球范围内执行统一的审计方案，帮助我们确定了最重大的审计风险，并且让我们的合伙人和员工有机会直接听取汇丰管理层的意见。

我们还审阅了前任审计师的工作底稿，这加深了我们对他们出具审计意见所依据的内部控制的认识，并了解了他们为做出关键专业判断所获取的审计证据。

在审计报告正文中用如此大的篇幅叙述为审计师变更进行的准备工作，是从来没有过的，这说明了审计师变更是一个重要的公司治理事件，对公司、股东、审计师都影响重大；同时也说明了奥尔德菲尔德先生的自信、创新和沟通能力。

三、对外部审计工作的监督

汇丰控股董事会下属的集团审计委员会负责监督外部审计师工作，包括对普华永道第一年承担汇丰集团外部审计师工作的有效性进行监督和评估。集团审计委员会通过审计评估问卷获得有关普华永道审计程序和工作的反馈意见。另外，他们还比照行业最佳实务，对外部审计师工作的有效性进行评估，其评估工作重点是整体审计流程、审计工作的有效性和审计成果的质量。

关于普华永道的外部审计工作，集团审计委员会在汇丰控股的年报披露中陈述如下：

经过 2013 年的竞争性磋商，普华永道在汇丰 2015 年的股东周年大会上被正式任命为汇丰集团的外部审计师。集团审计委员会同外部审计师进行了非公开的会议，同时集团审计委员会的主席在整个会计年度同审计合伙人保持了定期沟通。集团审计委员会审阅了普华永道的2015年度的审计方案和策略。

支付给普华永道的截至2015年12月31日会计年度的费用为9 840万美元，其中3 500万美元为非审计服务费用。非审计服务费用占全部费用的35.6%。普华永道在2015年度提供的所有非审计服务都预先得到了集团审计委员会根据独立性政策做出的批准。审计独立性政策提供了审计师独立性的制度保障，确保审计师提供的任何服务不会危害审计师独立性或者构成利益冲突，同时确保普华永道不会出现“审计自己的工作”的情况。

集团审计委员会认为普华永道符合独立性要求，且普华永道根据职业道德准则已向集团审计委员会提供了确认其在截至2015年12月31日会计年度的独立性的书面确认函。

据此，集团审计委员会向董事会建议继续聘任普华永道作为外部审计师。有关续聘普华永道及其2016年度审计费的决议将提交2016年股东大会审议决定。

在审计报告中，奥尔德菲尔德向股东汇报了他与集团审计委员会的工作关系：

在过去的会计年度中，我参加了所有7次集团审计委员会会议。每次会议都安排了一项内容，即集团审计委员会在没有管理层出席的情况下同我进行讨论。另外，我还会不定期同集团审计委员会的成员进行会面。在这些对话中，我们讨论了我对各种会计事项的看法以及我对财务报告控制的初步看法。

四、关于汇丰银行的持续经营问题

最后，关于汇丰银行的持续经营问题，奥尔德菲尔德先生在审计报告中这样说道：

董事会在《2015年汇丰控股年度报告》第277页提出了有关汇丰持续经营的声明。持续经营声明的依据是他们认为汇丰集团和母公司自报告日起的12个月内拥有保持持续经营的意愿和充分的资源。我按规定须对此声明进行复核，并为此分析考虑了汇丰集团的预算、现金流、固定资产投资计划和压力测试等。基于我的复核，我对汇丰的持续经营声明没有任何异议。对于此项声明，我也没有任何需要补充和需要提请各位股东注意的事项。

第八章　招投标方式不适合采购审计服务

招投标制度的历史起源

招投标制度是通过竞争性比选，帮助招标人确定货物、工程或服务供应商的一项制度安排。招标人事先提出采购的要求和条件，然后自行开展或者委托招标代理公司开展公开的招投标活动，招标人会按程序对所有的投标人进行综合评定，然后确认最终中标方。

招投标制度是从拍卖制度发展而来的，属于逆向拍卖制度。招投标和拍卖都是通过比选手段确定交易对手的商业成交模式。招投标制度主要由买方发起，期望以最低价成交；而拍卖则由卖方发起，期望以最高价成交。这两个制度关注的价格要素的权重比较大，激励“低买高卖”。

17 世纪初，英国的东印度公司（East India Company）在市场上公开拍卖奴隶，竞买人会聚集在公开的拍卖场所，对等待出售的奴隶进行叫价，出价最高者获得购买奴隶的权利。在整个竞买的过程中，报价信息公开、透明，拍卖奴隶的一方占据了控制奴隶的资源优势，让买方竞争，这种制度被称为“英式拍卖”，属于拍卖制度的传统形式。

在买方市场上，购买商品或服务的一方具有选择供应商的权利。为了能够采购到称心如意、价格合适的商品或服务，买方创造性地使用了逆向拍卖制度来选择供应商，这种制度的运行方式由买方发起，让卖方相互竞争。逆向拍卖制度的成交机制遵循价格不公开的“荷式拍卖”的惯例，即鼓励卖方为赢取业务而进行比价竞争，但竞价的各方不知道其竞争对手的价格。今天，逆向拍卖制度被称为“招投标制度”。

和公开进行的“英式拍卖”不同，招投标制度一般是秘密进行的，投标人会在规定的时间内将报价信息放在密函中交给招标人。整个过程中，招投标双方都是单线联系，投标人的报价信息不公开，投标人之间并不知道彼此的报价。

1786 年，英国皇家出版局（His Majesty's Stationery Office）在一次官方办公用品的采购交易中首次使用了招投标制度。由于政府采购花的每一分钱都来自税收，所以政府采购行为要更加透明和规范。英国政府希望采用招投标制度提升政府采购的公信力。到今天为止，招投标制度在采购交易上的运用已有 200 多年的历史，不仅企业和政府部门，包括世界银行、亚洲开发银行在内的许多国际组织，也将招投标制度广泛地运用于货物采购和项目承包。联合国国际贸易法委员会 1994 年通过的《货物、工程和服务采购示范法》，就将公开招投标制度纳入公共采购的法定程序中。

但在历史上，有的注册会计师行业协会曾明文规定，注册会计师不能参与竞标，不能通过参与招投标的方式招揽生意，因为这样做极有可能导致注册会计师之间发生“群殴”事件，注重价格而不注重质量，不符合注册会计师坚持的专业主义精神。

1962 年 3 月，美国注册会计师协会采用第 3.03 号规则，禁止注册会计师参与竞争性投标，具体规定如下：“任何注册会计师或者相关从业人员均不得对专业服务项目进行竞争性投标。对公共会计服务进行竞争性投标不能服务于公众利益，它是招揽生意的一种形式，是违反专业精神的行为。”

这一规则生效后，审计市场的参与者也发出了不同的声音。部分专业人士认为，对包括竞争性投标等活动进行限制可能与反托拉斯法的本意相违背。10 年后，即在 1972 年 5 月，美国注册会计师协会将禁止其会员参与竞争性投标的规则从其道德行为规范中删除。

1975 年 6 月，美国最高法院发布通告指出，对于国会提出的将专业行业（learned profession）排除在美国《谢尔曼反托拉斯法》（Sherman Act，又译《休曼反垄断法案》）规限范围之外的提案，最高法院“找不到任何的支持依据”，要予以否决。但同时，美国最高法院又指出，“就一个职业的属性而言，独立视之，不能为其提供不受《谢尔曼反托拉斯法》约束的荫庇。”这一通告虽然是针对弗吉尼亚州律师协会希望为其部分服务发布和实施统一的收费费率表做法的诉讼案而发布的，但是最高法院明确表态不支持特定行业不受《谢尔曼反托拉斯法》约束的提案，这一做法为行业监管机构和执法机构针对被视为妨碍市场竞争的执业道德操守规则展开调查并进行处理确定了法理依据。至此，通过招投标的方式招聘审计师的做法开始在市场上流行。

招投标方式不适合采购审计服务

以激励“低买”为宗旨的招投标制度适用于购买审计服务吗？

经济学家菲利普·纳尔逊（Phillip Nelson）、迈克尔·R. 达比（Michael R. Darby）和艾迪·卡尼（Edi Karni）根据消费者与商品生产者或服务提供者之间信息不对称的程度，将市场中的商品（包括服务）划分为搜寻品（search goods）、体验品（experience goods）和信任品（credence goods）3 类。

搜寻品是消费者在购买前通过观察、询问、分析就可以了解质量信息的商品。这类商品的质量信息公开可见，消费者用“货比三家”的方法就能找到性价比合适的优秀的供应商，比如工作服、办公用品等。另外，针对这些搜寻品，在商品供应的过程中，买家是可以对供应商的质量进行监督的；如果商品质量不好，消费者可以退货或者要求对采购商品进行更换，其交易成本或者纠错成本都不高，且通常由供应商负责承担。

体验品是消费者购买前不易获取质量信息但使用后能确认其质量的商品。这类商品中有两种比较典型。一种是像理发、食品和饮料等价格较低的日常生活服务和快消类商品，消费者通过体验服务或者品尝食品和饮料就能知道它们的质量好坏和优劣，而且体验成本不高，消费者可以通过多次尝试来发现符合自己预期的、性价比高的服务或者产品。另一种是属于具有较高技术复杂度的大件装备，这类商品拥有实物形态，其质量信息消费者同样可以通过体验来获得，但体验的成本比较高，如果体验后不满意，消费者可以更换其他品牌。这种体验成本虽然比较高，但可控且可衡量，像汽车、机械设备、仪器装置等就属于这类商品。

信任品通常指的是专业服务，一般没有实物形态，质量信息很难被观察、衡量以及验证。一般的消费者在选择这类服务时，只能将声誉和口碑等信息作为质量信息的替代因素来帮助自己做出判断。注册会计师、律师和医生是提供这类服务的典型代表。对于这类专业服务，供应商一旦提供服务，买方即开始消费，如果服务不好，后果也只能由买方自己承担。而且消费者并不知道服务供应商是否对他忠诚和尽责。换句话说，在供应商提供专业服务时，买方无法对供应商产生太多影响，供应商提供的服务无论是什么样的，买方只能照单全收。另外，消费信任品还有时效性的限制。比如有人去医院找医生看病，如果医生的医术不精湛，他的病情就会被耽误；审计报告也有时效性。对于信任品消费而言，其涉及的专家服务是不可能推倒重来的。可见信任品的交易成本或纠错成本比较高，且通常由消费者承担。

另外，为了达到信任品的消费质量水平，在建立专业服务关系时，买方要容忍供应商有一个“试错”的过程，让供应商积累服务经验，特别是对买方的了解。供应商这种积累起来的关于客户的经验，将有助于他自身在未来改善服务质量。比如，当一家会计师事务所承接客户后，需要了解客户的商业模式、财务系统和管理层选择的会计政策，只有了解了客户的这些信息后，审计方案才更加契合企业的需求，未来的服务质量才会越来越好。

对于质量信息容易获得的产品或服务，如搜寻品或体验品，可以对它的“性价比”进行直观的判断，这类产品或服务采用招投标方式是合适的。但对于质量信息隐匿、成本效益不易量化，并且需要对服务特定客户的专门知识进行长时间积累的审计专业服务，如信任品，采用招投标方式并不适宜。有谁会采用招投标的方式购买医疗服务呢？

1. 招投标方式会促使会计师事务所低价竞争

传统上，招投标方式在实践中最受关注的是“性价比”，这一方式推动的目的就是“低买”。如果买方对于专业服务的质量无法做出清晰的判断，这个方式就会变相引导会计师事务所用低价竞争取代质量竞争。有的企业在公开招聘会计师事务所时，招标方案中报价因素占评标的权重超过30%。买方对会计师事务所提供的工作方案、人员配备、机构能力和声誉等关注度不高；即使有的企业会安排专家委员会进行评标，但由于注册会计师服务的质量信息难以在短期内被了解，因此在实际的评标过程中，评标总分受到报价因素的影响比较大。有了这条“出路”，有些会计师事务所将低价竞争视作争夺业务的“撒手锏”，它们采用低价竞争的市场策略，拿到项目后，不投入应该投入的审计资源，审计质量难以得到有效保证。

美国南加州大学的马克·L. 德丰（Mark L. DeFond）教授及其团队在2000年出具的一份研究报告中指出，中国从计划经济转向市场经济的时间不长，审计市场远未成熟，企业很容易将注册会计师审计当成一项简单的合规义务。在这样的市场条件下，企业选择审计师往往不依据质量而倾向于依据报价来做判断。招投标方式在一定程度上忽略了客户聘用审计师来做审计是为了提高财务信息的质量这一初衷，促成客户形成了“哪家便宜选哪家”的采购习惯。

在“最低价中标”的竞争中，买方过多地考虑价格权重，而不考虑会计师事务所的信用担保、支撑服务质量保障的服务的合理成本和利润，不考虑后续履约给企业带来的质量和声誉后果，这种做法会破坏审计市场的公平秩序。注册会计师行业提倡遵循“匠人精神”，细致勤勉地为股东查账。正常的价格是对注册会计师劳动的一种尊重，也是对被审计企业本身管理文化和会计文化的尊重。最低价中标的本意是好的，要为采购方降低成本，但它逐渐腐蚀了中国注册会计师行业追求品质、勇于创新和形成适当行业集中度的土壤，也使部分国企以此为名义上合规的护身符，而不考虑实际履约的真实经济后果，最终推动的是“劣币驱逐良币”的不良市场竞争机制。

曾经有一家企业在选择会计师事务所时，其采购评审小组向审计委员会提出了聘用低价中标的会计师事务所的建议。在董事会审计委员会讨论这一议案时，审计委员会主席一针见血地提出了这样一个问题：在物色和选拔公司总裁或财务总监时，公司会不会倾向于挑选薪酬要求最低的那位人选呢？

从注册会计师的角度讨论收费问题难免有维护自己的利益之嫌，但我们不能回避这个问题。作为专业人员，不回避讨论收费问题的信心在于注册会计师提供的专业服务是物有所值的，注册会计师创造的价值必须要超过他们向客户收取的费用。如果注册会计师的收费不值其服务之价值，那么注册会计师行业就没有生存的基础，它将会是个走向消亡的行业。

2. 招投标方式会浪费会计师事务所的投标资源

有的企业在进行审计招投标时会委托专业招标公司代理。招标公司是提供招标服务的中介机构，其主要职责是为招标人编制招标文件、审查投标人的资格、按程序组织评标、协调招标人与中标人之间的关系、监督合同的签订等。招标公司的工作流程必须是程序化的，因此，一些工作环节“走流程”“走过场”的迹象明显。比如，每次招标，招标公司都会把会计师事务所集合起来统一交标书、约定时间唱标（读出各家单位的报价），然后抽签决定各家会计师事务所的讲标时间。各家事务所的团队一大早就得赶到招投标的现场等待，一整天的时间基本上就耗费在参加招投标会上了。但实际上安排给会计师事务所述标的时间可能只有 15 分钟。审计服务是一项复杂的专业服务，在这短短的 15 分钟时间里，企业又怎能了解审计师提出的服务方案以及将会带来的价值?

在招投标工作过程中，有些评标专家并没有时间仔细阅读投标书，而会计师事务所作为专业服务机构，却会认真对待每一次招标机会，会投入大量的人力、物力来精心准备详细的审计服务建议书。可以说，招投标的形式主义浪费了注册会计师大量的时间和精力，浪费了成百上千页纸张及打印墨粉。

会计师事务所是受高度监管的服务供应商。在审计市场上，可供企业自己选择的会计师事务所并不多。一般而言，企业应该知道配得上自己的会计师事务所有哪几家，通常这样的会计师事务所不会超过 3 家。所以，企业根本没有必要去聘请招标代理公司来安排审计服务的采购工作，也没有必要安排超过 5 家会计师事务所来应标。招投标公司不会理解企业对审计服务的技术需要和“供需双方”合作的文化默契，它们只是机械地按照采购“文具”或安排工程承包的流程来处理审计师的招投标工作。企业让招投标公司去管理审计师的招聘工作，这也使企业失去了一次理解和认识会计师事务所的机会，而支付招投标公司的费用也是一种资源的占用，是不必要发生的成本，是一种社会资源的浪费。

让我尊重的是有一家广告及营销咨询公司，把不参加招投标写入了它的合伙人公约。广告及市场营销策划服务是购买者的商业效果直接显现的一种专业服务，竞争激烈。许多广告及营销咨询公司采用低价竞争策略以及不收取任何费用的“比稿”来赢取客户，给客户相关人员回扣也时有耳闻。但有一家广告及营销咨询公司却公开其合伙人公约，坚持“三不原则”：一不投标，二不比稿，三不给客户回扣。如发现违反这 3 条原则，合伙人要被罚款人民币 100 万元。

不投标、不比稿、不给客户回扣反映了这家专业服务公司合伙人的骨气。“三不原则”向客户表明，这家专业服务公司会以负责任的态度做好客户服务，提交高质量的交付成果，但客户首先要信任这家专业服务公司，信任他们的创造力，信任他们的工匠精神。

今天，这家营销咨询公司的价值观在长期的竞争中已经为市场所接受和认可。与之合作过的客户都愿意为其服务多掏腰包。其单个项目咨询的平均收费已经超过 1 000 万元，被市场誉为“中国本土最贵的营销咨询公司”。这家公司的创始合伙人曾自豪地表示，他们的工作是为中国的广告及营销服务市场重新启蒙，让市场重新认识这项专业服务的内涵。他们坚持的“三不原则”为我国广告及市场营销行业指出了一个健康、有序、公正的发展方向，也给面临类似问题的中国注册会计师行业带来了一些新的启发。有许多会计师事务所也以不同的专业理由和“工匠精神”拒绝出席有些企业的审计服务招标邀请，这种做法是值得鼓励的。

竞争性磋商与审计服务采购

如前所述，招投标方式不适合采购审计服务。那么，应选用什么样的采购方法来安排审计服务呢？审计工作是一种通过审计师深入企业治理内部了解企业管理、会计信息和内部控制流程的特殊工作，会涉及大量的不同企业专属的商业知识。企业请审计师审计，是邀请一个知识合作伙伴到自己的公司中一起工作，在保持审计师独立性的前提下，和审计师建立“肩并肩”的专业服务工作关系，向审计师学习其带来的专业知识。从这个角度看，企业要以开放的姿态拥抱外部审计师。对于企业而言，审计师更承担着监督治理层和管理层的工作并向股东大会报告的职责。企业是被审计单位，审计师站在超然独立的立场上，有检查会计准则和财经纪律执行的权威。但审计师及企业的治理层和管理层需要通力合作，必须获得企业的支持才能推动其工作的执行。所以，选择一家与企业自身文化契合又有实力的会计师事务所对企业来说是一个十分重要的决定。招投标制度是反向的拍卖制度，它鼓励投标人“喊价”（招投标的英文单词“bidding”在英文中的直接意思是“喊价”）。而与其相对应的用于采购专业服务的另一个机制是聘用专业人员来为企业提供服务，让专业人员表达他们来做这项服务的意愿（英文单词是“tendering”，它的直接意思是专业人员“表达意愿”）。前者是买方主导的“竞价”机制，后者是专业服务机构主导的“竞聘上岗”机制。注册会计师提供的是专业服务，不同于标准商品，不能以“价格”作为唯一评判因素，否则会间接导致服务质量的下降，最终损害委托人的利益。同时，除购买方外，包括政府、投资者、银行和社会公众等在内都是审计服务的受益者，搞价低者中标最终也会损害社会公众利益。

发达国家的企业在选择会计师事务所时，很少使用招投标（bidding）的方式。这些企业通常表现得更为人性化，它们强调企业与审计师之间的信任关系，采用竞争性磋商（competitive tendering）的方式来选聘审计师。其目的是在为企业选聘到优秀的会计师事务所的同时，促进建立两者之间的相互信任的专业关系。这种做法把注册会计师真正当作“专业人士”来看待，让审计师“竞聘上岗”，是尊重专业服务价值的具体体现。

根据现代企业治理的制度安排，选择会计师事务所的任务应该交给董事会审计委员会和管理层合作完成，但应该由董事会审计委员会主导，可以由审计委员会和管理层商量选定一个“短名单”，通常是3家或5家事务所，然后邀请这些候选事务所提交服务建议书，并与它们展开竞争性磋商。

竞争性磋商是指企业向会计师事务所发出邀约，会计师事务所在收到邀约后向企业提交服务建议书、陈述审计方案，并最终由企业考察评选后确定由哪家会计师事务所担任外部审计师的一种做法。企业向会计师事务所发出“服务意向请求”（request for proposal），就意味着向会计师事务所表达了与其建立审计关系的愿望；而会计师事务所向企业提交审计服务建议书，则表明会计师事务所愿意用什么样的方案和态度为企业提供审计服务。后续的交易谈判都是建立在这一基础之上的。

确定这种以信任为基础的关系无须第三方，如招标公司的参与。有许多人担心会计师事务所的相关人员在竞聘审计师时，会与企业的管理层或股东和股东代表勾结、合谋，进而产生腐败。为避免出现这种情况，有必要对企业选择会计师事务所这一决策进行严格监督，包括聘请第三方的招投标公司来落实选择会计师事务所的工作。我认为，如果会计师事务所作为“纪律部队”，其成员在竞聘上岗的过程中贿赂管理层，那么这个社会的诚信已经荡然无存，企业有没有审计服务，这个社会有没有注册会计师行业，亦已毫无意义。

竞争性磋商比招投标方式更能帮助买方“优中选优”。买方客户可以主动掌握时间节奏。买方会同每一家受邀请的会计师事务所举行单独会谈，在面对面的考察中做出最能满足自身需求的选择，买方占据了了解服务供应商的主动性。这样做的好处是，买方在对会计师事务所进行比较时，不容易被价格一个要素所绑架，它有更多的时间让自己的判断回归理性和客观，并与会计师事务所共同探讨一个服务企业、为股东创造价值的审计服务方案。

我提出招投标方式不适合企业采购审计服务的观点，不是要否定竞争性机制，而是希望我们今天的商业社会选择一种更能够保护注册会计师行业发展的良性竞争机制，以促进企业认识到审计质量的重要性，不单独关注价格因素，从而让审计市场变得更加有序。

我国是政府和国有企业主导的经济体。为了依法合规，我国企业习惯选择使用的采购方法更倾向于参考或执行《政府采购法》。所以有必要研究《政府采购法》下的采购方式。目前，我国政府允许的政府采购方式，除去不适用于审计服务采购的询价和单一来源采购外，还有招标（包括公开招标和邀请招标）、竞争性谈判和竞争性磋商3种。

《政府采购法》第三十一条规定，符合下列情形之一的货物或者服务，可以依照本法采用单一来源方式采购：（1）只能从唯一供应商处采购的；（2）发生了不可预见的紧急情况不能从其他供应商处采购的；（3）必须保证原有采购项目一致性或者服务配套的要求，需要继续从原供应商处添购，且添购资金总额不超过原合同采购金额百分之十的。第三十二条规定，采购的货物规格、标准统一、现货货源充足且价格变化幅度小的政府采购项目，可以依照本法采用询价方式采购。很显然，单一来源采购和询价的方式均不适合采购具有非标准特性的审计服务。

2014年12月，财政部发布了《政府采购竞争性磋商采购方式管理暂行办法》。这份文件为优化审计服务采购提供了重要的启示，而且相比于招标，竞争性磋商更适合采购审计服务。

竞争性磋商是采购人、采购代理机构通过组建竞争性磋商小组与符合条件的供应商，就货物、工程和服务的采购事宜进行磋商。供应商按磋商文件的要求提交技术响应文件和报价，采购人则从磋商小组评审后提出的候选供应商名单中确定成交供应商。竞争性磋商强调“先明确采购需求，后竞争报价”。采购人必须就采购需求进行完整、明确和清晰的表达，供应商要认真研究这些需求，并提出适合对方的服务方案，避免由于需求表达不够完整或者含混不清造成采购结果和预期出现较大的差距。

对于审计服务而言，公开招标相比竞争性磋商，从表面上看虽然能够引入会计师事务所参与竞争，但其采购效果并不一定理想。一个重要的原因就是，公开招标对于采购需求的表达比较笼统、概括，采购方和服务供应方没有机会交流磋商，而且采购人并不深刻了解其在外部审计工作上将要付出的配合成本，以及除了审计报告外可能得到的增值服务，导致其做出的采购决定可能从长期来看不一定有利于达成企业的服务需求目的以及为企业带来增值。

竞争性磋商和竞争性谈判十分相似，两者在采购程序、供应商来源方式、磋商或谈判公告要求、响应文件要求、磋商或谈判小组组成等方面基本一致，最大的差别是对供应商的评价方法不同。

竞争性谈判是指谈判小组与符合条件的供应商就采购货物、工程和服务事宜进行谈判，供应商按照谈判文件的要求提交响应文件和最后报价，采购人则从谈判小组提出的成交候选人中确定成交供应商的采购方式。这些要求和程序与竞争性磋商的安排是一致的。但谈判结束后，谈判小组会要求所有参加谈判的供应商在规定时间内进行最后报价，而采购人则从谈判小组提出的成交候选人中根据符合采购需求、质量和服务同等且报价最低的原则确定成交供应商，并将结果通知所有参加谈判的未成交的供应商。竞争性谈判采用的是“最低价评标法”，以最低价成交。因为企业采购审计服务时在“采购需求、质量和服务方面不可能完全同等”，最低价成交的做法不适合采购注册会计师提供的专业服务，所以在《政府采购法》下定义的竞争性谈判也不适合采购审计服务。

竞争性磋商采用的是“综合评分法”，遵循“物有所值”的原则。综合评分法的优势在于可以侧重考虑商务条件和技术条件等非价格因素，不搞“价低者得”。《政府采购竞争性磋商采购方式管理暂行办法》要求，综合评分法服务项目的价格分值只能占总分值的10%～30%。这样的安排给了企业一个新的认识，即采购服务应注重质量、注重物有所值，而不是价格。目前，按照财政部和国资委的规定，大部分国有企业采购审计服务和相关专业服务的价格分值都不超过20%。这一做法值得鼓励。

为优化企业选择审计师的采购制度，国资委主导的审计招投标工作已经将“综合评分法”引入公开招标中，希望通过降低报价因素的评分权重，解决审计招标过程中“低价者得”的问题。这种尝试对于遏制会计师事务所低价竞争起到了积极作用，但与竞争性磋商相比，招投标方式提供给会计师事务所和采购人进行合作磋商的机会和时间都有限，对双方的限定还比较生硬，缺少采购专业服务的人性化关怀和尊重，限制了双方深入了解并达成审计合作的机会。采购人只能通过投标书了解会计师事务所，最后价格因素在很多时候仍是中标与否的决定性因素。

竞争性磋商的制度设计的目的是通过企业和审计师在互相了解和明确表述采购需求的基础上，促进被审计单位更好地理解审计师提出的审计方案，了解派出的专业团队及团队的质量和服务态度，实现合理报价和优质交易。采购人可以腾出更多的时间考察会计师事务所提出的服务方案是否“物有所值”，同会计师事务所进行磋商，沟通有关服务的专业内容和量身定制的审计方案的适应性，达成一份质量、价格和效率相统一的审计工作约定书，开启保护股东价值和创造股东价值的合作关系。

确定可接受审计服务费合理变动的商业条款

竞争性磋商程序及相关合同条款应该解决的另外一个重要的问题是审计收费一经确定就不可更改的弊端。在审计业务的实践中，作为业务约定条款的一部分，会计师事务所的服务收费一般在提供服务之前必须和被审计单位通过协商确认。这需要会计师事务所对被审计单位的业务复杂度进行了解，并对审计工作量做出预测，据此得出应收取的审计服务费。在这个阶段，由于审计工作尚未展开，审计师对于被审计单位的业务复杂度和审计风险只有大体上的了解，缺乏对被审计单位具体的风险事项的实际认识。审计师没有办法在这一阶段就准确地预判出未来审计工作中实际发生的工作量，他也无法预期客户在经营管理中可能遇见的“突发”事件。实际上，在给出收费建议时，会计师事务所会假设审计工作能够顺利进行，不需要执行超出正常审计程序以外的额外程序。因此，审计师提出的收费水平没有涵盖审计过程中可能需要增加的额外工作量。

然而，在实际开展的审计工作中，审计师往往会遇到在提供审计服务之前无法预测的各种情况，这种情况即使对于长期合作的审计客户来说也会时常发生。例如，在审计合约签署后，有的企业发生了非常复杂的衍生品交易，有些企业客户会做出兼并或收购等重大交易决定，对于这些原本没有纳入审计工作考虑范围的交易和变化，注册会计师需要扩大审计范围，针对这些新的交易项目及被收购单位的财务数据执行额外的审计程序。这些“突发”情况会直接或间接地导致审计服务的实际工作量超出预估。

近年来，审计师还必须面对时有发生的一些特殊情况，比如被审计企业被举报存在经济问题或发现舞弊事项。根据审计准则的要求，在这种情况下，审计师要执行额外的审计程序，确保已获取的审计证据是充分的和恰当的，证明被审计企业的财务报告不存在因为舞弊风险可能导致的重大错报。

以 2013—2018 年某些商业银行涉及的“票据案”为例，因为案件重大，银行财务报告的错报风险大幅上升。这些案件都在分行发生，在一家分行发生的舞弊案件亦显示出银行的其他分行内控系统很可能存在严重缺陷。为了取得充分且恰当的证据来证明财务报告的真实性、内部控制设计的完整性和运行的有效性，会计师事务所不得不增加额外的审计程序，并将其扩展到其他分行，包括：重新审视整体审计计划，提升对审计证据的要求，引入舞弊风险调查专家对舞弊事项进行全面调查，执行大量的实质性审计程序以弥补内控缺陷带来的潜在错报风险，等等。这些额外的工作量会使审计成本大幅增加。

目前，被审计企业都要求或者期望审计费在审计工作开始前确定，之后就不再更改，这一做法是不符合审计工作的经济规律的。如果审计工作量由于被审计企业的原因而增加，但审计师却不能和被审计企业协商增加有关费用，那么这些额外的审计成本就得不到合理的补偿。

如果审计收费一旦确定就不能更改成为一种常规做法，那么会计师事务所遇到按照审计准则的要求，针对客户审计的风险扩大审计范围和追加必要的审计程序的专业成本就得不到经济补偿，额外的审计成本就会变成一项要让会计师事务所自己来承担的经济损失。这样做的后果是，它在审计风险增加的同时降低了会计师事务所严格遵循审计准则执行审计程序以确保审计质量的内在动力。从长远来看，这种做法也不利于激励会计师事务所在技术和专业人才培训方面持续进行投资，势必将对审计质量造成负面影响。

为保证审计质量，推动中国注册会计师行业的良性发展，保障注册会计师专业人士合理的收费是非常必要的。进一步来说，审计师应有渠道在审计服务基本完成或接近完成时，和被审计企业就实际发生的审计工作量超出预计审计工作量的部分进行问题协商、追加审计服务收费。被审计单位对此应予以积极配合，以使会计师事务所就被审计企业原因而发生的额外审计成本得到合理补偿。所以，在审计业务约定书中应该保留允许注册会计师在审计服务范围发生变化或者审计风险及难度大幅增加时追加审计服务收费的条款。

在审计工作进行过程中，会计师事务所应当与被审计企业管理层及审计委员会保持充分的沟通。当审计范围增加或者其他由于被审计企业自身原因导致审计工作量超出预期时，审计师应及时向审计委员会和管理层汇报，被审计企业的管理层或者审计委员会应该同意通过补充协议等方式，对审计师必须追加的审计服务的成本进行合理补偿，这也体现了对审计师专业工作的一种肯定和尊重。

◎ 案例：关于优化注册会计师行业营商环境的提案

党中央、国务院高度重视深化“放管服”改革、优化营商环境工作。注册会计师独立审计是市场经济监督体系重要的制度安排，注册会计师行业作为高端服务业中重要的专业服务业，良好的执业环境是注册会计师行业实现高质量发展，更好服务经济社会发展的前提条件。但是近年来，注册会计师行业普遍反映，在采购审计专业服务中对会计师事务所滥设备选库、滥设禁入条件、越权实施监管等现象日益突出。

一些政府部门、金融机构或大型企业集团为规避廉政问责风险，借鉴货物采购方式统一购买审计专业服务，这种做法不适合采购提供专业鉴证和社会诚信保障的注册会计师服务，影响了注册会计师行业的健康发展。一是严重妨碍统一市场和公平竞争，数量繁多、级次复杂的备选库实质上构成变相资质管理，形成业务壁垒，人为分割了市场；滥设禁入条件，实际上在市场上形成了多个准入负面清单，使得部分有足够胜任能力的会计师事务所被排除在备选库之外。二是造成低价竞争现象严重。部分会计师事务所不惜以低于项目成本为代价承接业务，导致审计资源投入不足，审计质量难以得到有效保证。三是会计师事务所经营负担显著增加。为了进入备选库，事务所准备投标材料、各类证明资料，缴纳投标押金、购买标书，发生中标服务费等。事务所即使进入备选库，在承接具体业务时仍需再次进行招标比选或竞争性谈判，人力物力负担较大。四是会计师事务所要接受各类建库单位的监督检查，缺乏稳定预期。五是产生新的权力“寻租”空间。量身定做的招标条件，导致围标、拦标、评标过程不透明等现象时有发生。

为改善注册会计师行业的营商环境，建议如下。

（一）全面排查备选库

鉴于滥设备选库问题突出，注册会计师审计的牵涉面广，要设立推进政府职能转变和“放管服”改革协调小组，将清理备选库作为优化营商环境的重点案例，进行全国性排查，依法甄别，对违法违规设立的备选库，一律取消。

（二）修订、完善与政府采购专业服务相关的法律法规

认真落实《中共中央关于全面推进依法治国若干重大问题的决定》中“实践证明行之有效的，要及时上升为法律”的要求，修改《政府采购法》，将竞争性磋商采购方式纳入《政府采购法》规定的采购方式。

财政部提出的竞争性磋商采购方式，有效解决了政府购买服务，特别是专业服务面临的困难和障碍，为政府部门获得物有所值的专业服务创造了前提条件和使用空间。

专业服务具有非标准商品特性。实践表明，竞争性磋商方式是解决专业服务公开招标方式“价低者得”“忽视质量”等缺陷的最佳方案。与公开招标采购方式相比，竞争性磋商采购方式更加符合市场规律，更加充分地考虑了会计审计专业服务本身的特性，在流程设计和具体规则上提供了采购人与供应商的磋商机会，了解“量身定制”的服务

方案，鼓励采用综合评审的方式确定供应商，而不采用最低价中标。

同时，要完善配套制度和操作指南，加强有关专业服务采购的宣传，鼓励更多的政府部门和国有企业采用竞争性磋商方式进行专业服务采购。

例如，通过制定《政府采购法》实施细则等方式，进一步明确“参加政府采购活动前 3 年内，在经营活动中没有重大违法记录”的含义，不将“较大数额罚款”作为“一票否决”的主观判断条件，而是在评选过程中赋予一定成分权重，允许大型会计师事务所在改正错误的同时，吸取教训，发展业务。

《政府采购法》同样适用国有企业。国有企业的采购部门和政府采购中心应多加强与注册会计师行业的交流和沟通。由中国注册会计师协会提供对注册会计行业管理、行业发展情况和专业服务特色的介绍，增强采购管理人员对行业的理解。

（三）改进招投标操作流程

一是摒弃低价中标的方式，在确保服务质量、会计师事务所诚信情况等前提下考虑最合理报价，降低价格分比重，避免单纯最低价中标的情形。二是由财政部、国资委、各级政府采购中心等领导机关对评标的关键性指标进行协调和适度的统一。三是进一步规范评标程序，使各招标单位评标评分规则尽量统一，公开评标环节和结果，选聘一定比例的注册会计师行业内人士担任评审专家。四是注册会计师行业是高度受监管的行业，行业资质管理要求高，可靠性强，招标单位要简化一些对会计师事务所流于形式的资质证明文件的要求，如实属需要，招标单位应指明出具各类证明文件的政府机构或第三方机构，为参与投标的会计师事务所提供统一、明确的标准及来源。①

---

① 本文是张连起先生（全国政协常委，瑞华会计师事务所合伙人）在全国政协十三届二次会议上发表的提案。

第九章　会计师事务所为什么不能为招揽业务做广告

“做广告是为了销售，否则就不是做广告。”这是美国广告大师大卫·奥格威（David Ogilvy）的观点中被引用最多的一句话。奥格威把做广告是为了追求销售增长这一商业动机直白地展现在人们面前。销售带来利润，因此广告就是为了追求销售、追求利润而存在的。但会计师事务所服务社会公共利益，它不是为了单纯追求销售、追求利润而存在的，所以会计师事务所不适合做广告。

对会计师事务所招揽业务发出广告禁令的历史

注册会计师在职业发展的早期是做广告的。18 世纪的英国，注册会计师开展的业务被当成一门很平常的生意，和其他的商业活动没有什么不同。在伦敦地区创业的注册会计师会在“伦敦贸易目录”（London Trade Directory）上登记并制作商务卡片用以推广业务。商务卡片是一种比现在人们使用的个人名片稍大的卡制广告，它的功能是向客户以及潜在的客户进行业务宣传，人们可以通过卡片找到注册会计师办公室的所在地。

随着社会经济的发展和进步，注册会计师职业的公益性与社会价值越来越重要。人们认为，一家会计师事务所为了招揽业务而做广告，与注册会计师要坚守的价值观不符。因此，广告作为一种增加销售、追求利润的商业手段，在注册会计师行业内不被提倡。

美国作为现代会计职业发展领先的国家，较早提出要对注册会计师广告行为进行管制。1917 年，美国注册会计师协会颁布了美国历史上第一部注册会计师职业道德守则，对注册会计师的业务招揽行为做出了初步的限制。

1919 年，美国注册会计师协会规定："如果没有得到协会道德宣传委员会的批准，任何会员（包括会计师事务所）不得分发传单或其他公开资料对其业务进行宣传。"它第一次发布了关于注册会计师的广告禁令。

1921 年，美国注册会计师协会对广告禁令又做出进一步完善，严禁会员（包括会计师事务所）将其职业成就通过信函、公开出版物或者其他书面形式对外宣传。

1948 年，美国注册会计师协会进一步规定："会员不得通过传单或者广告直接或间接招揽业务，也不得通过不是基于现有私人关系的私下沟通或见面的方式招揽业务。"这条禁令非常苛刻，这意味着会计师事务所在发展业务时不仅不准做广告，而且不能利用第三方的人际关系来拓展业务。

为了尊重同行，保持"手艺人"的本分，会计师事务所只有通过做好自己，通过客户信任的口碑效应来增加业务。但是，有的会计师事务所为了招揽生意，印制并向潜在的客户邮寄带有公司标识和具有广告性质的介绍业务知识的小册子，变相进行广告宣传活动。为了杜绝这种现象，美国注册会计师协会在 1958 年发表了公开声明指出："分发印有会计师事务所名称的小册子的广告行为是不恰当的，印有会员名称用来介绍税收法规或有关内容的小册子的发放范围只能限于客户，而不得提供给客户以外的其他人士。”从这一声明中可以看到，美国注册会计师协会对注册会计师广告行为予以禁止的严厉态度。

1964 年，美国注册会计师协会出台了历史上最为严厉的广告禁令——禁止所有会员进行包括广告在内的一切招揽业务的活动。会计师事务所如果开展任何涉及广告宣传和招揽业务的活动，都会被视作违反职业道德规定的行为而受到惩罚。但一部分会计师事务所认为，它们的生存发展需要靠广告来实现。于是这些会计师事务所联合起来针对广告禁令向美国的司法当局提出申诉，申诉理由是美国注册会计师协会制定的广告禁令使得审计市场业务被大型会计师事务所垄断，广告禁令很可能违反了反托拉斯法，即广告禁令很可能是一条反竞争条款。

1978 年，美国联邦最高法院判定：行业协会（包括律师、注册会计师、药剂师等专业服务业）禁止其会员使用广告招揽业务的规定，违反了《宪法第一修正案》中关于保护正当商业言论自由的精神。

有鉴于此，美国注册会计师协会决定对职业道德守则进行修订，放宽对会计师事务所广告行为的约束，从绝对禁止转向有条件的限制。同一年，美国注册会计师协会将其职业道德守则中关于广告禁令的绝对性表述修订为具有前提条件的专业行为要求——“禁止会员采取虚假、误导和欺骗的方式进行广告宣传以获取客户，禁止对潜在客户（即其他会计师事务所的客户）进行直接或者间接的业务招揽。”这一修订的意思是会计师事务所不是绝对不能做广告，而是不能采用虚假、误导和欺骗的方式做广告，但会计师事务所不能去招揽其他事务所的客户，不能去拼抢他人已有的业务，挖其他事务所的“墙角”。如果是其他事务所的审计客户，那么会计师事务所就不能去游说其更换审计师。除非是客户主动地发来邀请，否则注册会计师不应对其他会计师事务所的客户进行推销并让其更换审计师。这是尊重同行的专业主义精神的体现，是同行之间应该持有的一种基本的礼貌态度。

美国注册会计师协会在制定和执行广告禁令的政策时遭遇了巨大的阻力，过程艰难。在这个过程当中，来自政府的行政力量至关重要，它起到了主心骨的作用。美国注册会计师协会是一个民间自律组织，它没有行政或者法律赋予的强制执行力，因此，在注册会计师行业高度竞争的美国，靠行业自律组织推行广告禁令并不容易。美国注册会计师协会在制定广告禁令的初期并没有得到其大部分会员的认同。在1921年召开的一场针对广告禁令修订案的内部表决会议上，美国注册会计师协会的会员和协会领导之间产生了严重的意见分歧。美国财政部在得知具体情况后，对这条禁令的表决采取了行政干预。当时，美国税务局助理顾问佛瑞德·R. 安杰文直截了当地对美国注册会计师协会的代表表示："如果协会不能采取措施，那财政部就亲自来制定规则。"更重要的是，在修订案的表决当日，安杰文还亲临投票现场压阵，最终使得广告禁令以150票对68票高票通过。这一做法制止了当时美国审计市场上会计师事务所之间展开的不顾审计质量的低价竞争的乱象，促进了美国注册会计师专业服务市场上竞争对手互相尊重的专业主义文化的建设。

美国财政部对审计市场乱象做出的这次整顿，取得了较好的成果，它促使会计师事务所凭质量和能力竞争，把资源投入自身服务客户的专业能力建设上。广告有助于消费者了解产品和服务，帮助企业扩大知名度，但这是有成本的，因为羊毛出在羊身上。美国注册会计师协会的看法是，注册会计师应当保持与注册会计师职业相关的公众利益精神，努力提供令客户满意甚至超越客户期待的专业服务。美国注册会计师协会认为，专业服务的行动语言就是最好的广告。

会计师事务所进行业务招揽需要注意的事项

广告禁令是注册会计师职业道德准则的重要组成部分，它是一项重要的职业纪律，是注册会计师职业健康发展的保障。与律师服务和咨询等私人产品的性质不同，审计是提供公信力的产品，做广告这种明显带有鼓噪自己专业能力、投其所好让客户做出倾向性选择的宣传行为，会影响审计师的独立性和公信力。特别是在发展中国家，注册会计师行业更要认真地执行广告禁令，以专业的态度对待市场机会，“靠本事吃饭”，避免低价竞争。

1993 年 10 月，《注册会计师法》在第八届全国人民代表大会常务委员会第四次会议上通过，其中的第二十二条规定，注册会计师不得对其能力进行广告宣传以招揽业务。中注协发布的《中国注册会计师职业道德守则》规定：“会计师事务所不得利用新闻媒体对其能力进行广告宣传，但刊登设立、合并、分立、解散、迁址、名称变更、招聘员工等信息，以及注册会计师协会为会员所做的统一宣传，不在此限。”《中国注册会计师职业道德守则》体现了《注册会计师法》的精神，禁止会计师事务所对其能力做广告。不准做广告是希望会计师事务所不要依靠广告来招揽业务，而要潜心专业。在服务公共利益时，人们不喜欢夸夸其谈的注册会计师，而对心怀谦卑、坚持专业主义、老老实实做好高质量服务的专业人士相当敬重。这是注册会计师行业文化建设的重要举措，是社会诚信制度建设的基础。

中国注册会计师行业在市场化改革之初便引入广告禁令的做法，客观上为稳定审计市场秩序做出了贡献，它主要包括：在注册会计师服务的能力和质量都较难评估的前提下，让注册会计师更加踏实地做好客户服务；减少了同业竞争者在公开渠道相互贬低、打宣传战的机会；防止浮夸和虚构的宣传手段被运用在会计师事务所专业品牌的建设上而损害专业主义精神。这也是中国审计市场有序发展的保障。

关于广告禁令的另一层重要意思是，“禁止对潜在客户进行直接或间接的业务招揽”。这一层意思虽然不为公众所知，但其内容对注册会计师而言非常重要。

一些会计师事务所为了获取业务，在直接招揽客户上下大功夫。还有一些事务所在没有收到企业发出业务洽谈邀请的情况下，就通过各种关系上门推销和客户建立关系，甚至在企业和已经签约的审计师的合作期间内，通过服务价格的优惠或其他往来，游说客户“踢掉”原审计师。甚至有的会计师事务所主动把自己的业务建议书通过各种途径递到潜在客户面前。这些做法都是不符合职业道德要求的，它丢掉了专业人士的身段，违反了手艺人在同行间彼此尊重的行规。

会计师事务所之间的竞争促进了行业的发展，这是要鼓励的。注册会计师不惧怕竞争，并能从竞争对手处学到东西。有的时候，同行相互间看到自己技不如人，会感到输得心服口服。但是，竞争不是贬低同行、诋毁竞争对手，不是不惜一切代价抢对手的饭碗，而是要有专业人士的风度。在有的项目竞争上，可能是因为竞争对手的合伙人之间有过节，有的同行相互间会在客户面前说对方的坏话，而且向有关部门递交匿名信，引述一些已经过期的竞争对手涉及的监管处罚的情况来诋毁竞争对手。有的甚至动用新闻媒体、社交媒体散布一些不利于竞争对手的言论。我的经验是，会计师事务所的领导合伙人有责任时刻提醒下一代合伙人：任何竞争对手总会有比我们优秀的人才，我们一定要尊重他们；当客户询问我们对竞争对手的看法时，我们的回答必须总是一致——它们是受人尊敬的会计师事务所。

在开展从其他会计师事务所承接过来的新的业务时，即使遇到前任注册会计师审计的会计报表需要修订或者重述的情况，新任审计师也应该始终坚持问事实、找证据，以服务客户的大局为出发点，而不是抓竞争对手的“小尾巴”。有位美国注册会计师在看到有几家中国的会计师事务所互相 “拆台”时，他用了一句很简单的美国谚语提醒中国的同行："住在玻璃房里的人是不应该乱扔石头的。"

低价竞争是另一种违反专业主义精神的业务招揽竞争手段。在有些项目竞争上，个别会计师事务所的报价对行业提升审计质量是具有伤害性的。虽然有关会计师事务所可以自称愿意为客户投资，但这种亏本生意势必会影响会计师事务所服务客户的专业质量，因为这些会计师事务所收取的专业服务费有时还不够支付其审计项目的差旅费和其他实报实销的费用。

有的企业为了压低现任审计师的审计费用，常常用询价的手段来诱惑其他会计师事务所。当企业没有真正的意愿更换审计师，与其他会计师事务所沟通纯粹是为了询价，并通过询价来压低现任审计师的审计费时，会计师事务所不应该给予其任何优惠折扣。因为作为专业人士，注册会计师不应该成为价格战的参与方，如果每一家会计师事务所都这样做，低价竞争就不会有出路。

实际上，企业也应该阻止低价竞争，避免使用出低价者，因为在低价的背后，会计师事务所肯定有其他目的，最终的成本还是要客户来付出的。

很幸运，中国企业在聘用审计师的专业服务费的认识上已有了很大的提高，这反映出中国审计市场正走向成熟。全国社保基金理事会的领导在介绍聘用会计师事务所的经验时指出，他们选择会计师事务所的认识有两个阶段：第一个阶段，他们总是强调货比三家、价廉物美；第二个阶段，通过多次实践和合作，认识到"价廉物美"这个概念在购买专业服务时不甚契合或适用。因为对专业服务公司来说，真正激励其努力工作、提供超过客户预期的服务的动力是其团队坚持的专业性和工作主动性。一味地对专业服务公司压价是给它们释放一个不重视专业服务成果的信号，这是一种负能量，而且是在开展合作前由企业释放的负能量，最终企业得到的服务成果，从团队配备到报告内容，均可能打了折扣。

社保基金理事会常常使用会计师事务所提供的尽职调查服务，帮助其对公司股权投资做出决策判断。社保基金理事会的领导认为，给予专业服务公司恰当的专业报酬，这个信号应该从理事长的层面达成一致并向下沟通。社保基金理事会的领导说，千万不要认为是会计师帮助社保基金投资部在做尽职调查，尽职调查之“尽职”二字，最终反映的是社保基金理事会的管理高层在做出投资决策时是否尽职了。

第十章　影响审计质量的要素

会计师事务所的主要产品就是审计报告，而审计报告是一张纸，该怎样来保障和提高这张“纸”的质量呢？

1981 年，美国审计学家琳达·伊丽莎白·迪安杰洛（Linda Elizabeth DeAngelo）提出了一个经典的关于审计质量的定义，即审计质量是指审计人员发现以及报告财务报表重大错报的联合概率。其中，前者依赖于审计人员的专业能力，后者则倚重于审计人员的独立性。专业能力和独立性是评价审计质量优劣的两项重要指标，它们为会计师事务所保障和提高审计质量提供了一个简单的框架。

与专业能力相关的要素

保障审计质量，首先要关注和提升会计师事务所的专业能力。与会计师事务所专业能力相关的要素是会计师事务所自身发展和巩固客户服务质量的基础。

1.　审计团队的人力资源配备

人力资源是会计师事务所核心竞争力最重要的组成部分，会计师事务所提供的专业服务需要靠人来落实。因此，会计师事务所的专业能力就是事务所组织的专业人士的智慧与执行力的集合，而团队配备是保障审计质量的首要因素。

在团队配备中，选派符合资格条件的项目负责合伙人是关键。项目负责合伙人根据客户业务的复杂程度组建审计团队，保障配备不同技能的审计人员来执行审计业务。

举例来说，在我曾经参与的为一家大型国有商业银行的股份制改革引进战略投资者和筹备上市的审计项目中，我们配备了一名强有力的审计主管合伙人担任项目领导合伙人。在此基础上，我们还配备了另外两个角色的合伙人，其中一位合伙人在客户服务监督委员会中担任技术指导合伙人，这一角色是客户看得见的。这位合伙人来自英国，是一位资深的银行审计专家合伙人，他曾担任一家大型国际商业银行的审计项目合伙人，具有丰富的大型国际商业银行审计经验。他每个季度都会到北京一次，以听取中国服务团队关于工作方案和进度成果的汇报，并提出他的建议。他每次来都会与他服务的这家银行的董事长和行长沟通，听取他们对审计工作的要求，并与他们一起讨论需要解决的难题。另一位是质量复核合伙人，他主要听取审计执行团队对每一个关键的会计和审计事项所做的汇报，审阅审计工作底稿，发表自己的意见。质量复核合伙人的资历和经验比项目领导合伙人更丰富，能起到教练和给审计质量把关的作用。质量复核合伙人一般不直接面对客户，是一个客户看不到的合伙人角色。他需要与审计执行团队保持一定的距离，以使其有更加客观和公正的立场对客户存在的业务问题做出专业判断、提出解决方案。

在执行审计任务的过程中，审计人员的专业能力主要体现在运用会计和审计理论知识的专业技能，对企业的经营业绩及财务状况的真实性进行审查并做出自己的专业审计判断，能够解决企业的实际问题，为客户提出合理化建议。要保持审计质量，在审计团队的成员组成上就必须强调“传帮带”的精神，合理配备各层级的审计人员和专家团队。审计工作从基础的会计凭证检查开始，到针对复杂的会计审计问题做出重大判定，审计团队的根本信心来自高层合伙人的支持和引领。

执行审计工作需要知识和经验丰富的审计人员，因为他们了解客户及其所在的产业状况，对异常的会计信息通常比较敏感，能够及时发现问题并设计和执行一套行之有效的审计策略。不过，审计人员要拥有高水平的专业能力并非朝夕之功，而是一个日积月累的过程。这些专业技能的实践运用是形成恰当审计意见的基础，体现了审计人员的“生产能力”。另外，审计人员的服务年资越长，经验和知识就越丰富，对审计质量的正面影响也就越大。可以说，注册会计师行业和中医行业有一个相似之处，即越老越值钱。当然，前提是他们在持续地执业，而不是远离业务一线当甩手掌柜或幕后老板。

合作精神是发挥审计专业能力的文化保障。开放包容和共同承担的团队文化，有利于发现问题的审计人员将问题提出来，有利于审计团队集体分析出一个环节发现的问题可能对下一个环节的审计工作造成的影响。这种团队合作精神也包括与事务所内部质量控制部门的合作与沟通。同事之间互相请教并做些咨询讨论，在会计师事务所，从来不会被认为是专业人士自身的专业弱点，相反，能够提出问题的能力更被视为是一种强大的专业能力。

2. 质量控制政策、程序与执行

审计质量控制是指会计师事务所为确保员工遵守执业准则和适用的法律法规，审计工作的质量符合审计准则要求并出具适合相关客户具体情况的业务报告，而制定和执行的内部质量控制的政策和程序，它涵盖了事务所从客户承接、执行业务到质量监管与沟通的所有环节，是对于审计质量有章可循的“全过程式”的监督安排。

质量控制体现为落实领导责任、加强职业道德规范以及对审计业务执行过程进行监督 3 个方面。质量控制是会计师事务所文化建设的重要落脚点。会计师事务所应建设以提高审计和专业服务质量为导向的文化，全体合伙人都要对其负责的专业工作的质量承担专业领导责任。落实专业领导责任的目的是与会计师事务所全体成员分享有关审计质量的共同价值、信念以及行为准则，促使他们在重要事件的决断关口，即面对利益与质量孰重的伦理判定时，做出正确的选择，选择用质量维护注册会计师个人以及会计师事务所的信誉。在会计师事务所，合伙人负责确定质量控制的出发点，可谓是领导定基调。

职业道德规范是保障审计质量的基石，认识职业道德规范是每一位新进员工要上的第一堂课。职业道德规范分为行为准则和独立性原则两个范畴。会计师事务所通常会设立专门的行为准则领导小组负责有关行为准则执行的日常事务，包括行为准则更新、培训及解决问题投诉等。而独立性方面，会计师事务所则通过利用年度培训、独立性合规确认函、客户利益管理系统、专业独立性咨询部，以及对独立性制度遵循情况进行检查等构建多维度的独立性监控网络。这些举措的目的都是为了防范违反职业道德对审计质量造成负面影响。

会计师事务所设立风险及质量管理部，专门对质量控制工作实施统一管理，部门骨干以资深的合伙人和高级经理为主，他们的工作和结论具有绝对的权威性。通过定期修订审计指引，针对项目组疑难问题组织咨询答疑，并按项目风险综合考虑项目团队的知识、经验、熟练程度等，委派适合的质量复核合伙人对项目质量进行复核这些具体措施，风险及质量管理部门促使会计师事务所把控风险、提升质量。在会计师事务所，审计工作的项目质量是通过不同层级的复核来实现的。项目质量复核是非常必要的，因为没有人能独立地评价自己的工作，而引入独立于项目的专家合伙人，无疑为项目质量提供了监护人服务。

另外，会计师事务所还应制定项目负责人、质量复核合伙人和签字注册会计师等关键审计合伙人在同一审计项目连续执业时间长度的限制规定和轮换政策。审计业务主管合伙人和风险管理合伙人每年检查各审计项目的负责人、质量复核合伙人及签字注册会计师的轮换是否符合有关规定。

表 10.1 列举了各质量控制环节中的具体做法。

表 10.1　举例：审计主要业务环节的质量控制做法

序号	质量控制环节	做法
1	客户承接	• 了解客户的股东背景及对公司治理的态度 • 了解公司的财务信息，分析可持续经营能力 • 了解管理层的诚信背景 • 了解前任审计师辞任的原因 • 落实维护、保持审计独立性的措施
2	项目执行	• 配备适合的项目负责合伙人及团队 • 指派项目质量复核合伙人 • 实时抽查和审阅会计报表及其风险点 • 检查时间进度及关键时间节点必须完成的工作底稿
3	内部质量检查	• 与项目执行同时展开项目支持性质量检查活动 • 指派适合的项目质量复核合伙人 • 在会计师事务所内部开展年度审计质量检查
4	合伙人轮换	• 上市公司客户每 5 年轮换项目负责人、签字合伙人和质量复核合伙人 • 对非上市公司客户定期轮换项目负责人、签字合伙人和质量复核合伙人
5	外部监督检查	• 财政部会计司和监督检查局的定期质量检查工作 • 证监会的审计质量检查工作 • 中国注册会计师协会的行业质量检查工作

关于如何保持和提高审计质量，我通过对 30 多年工作经验的总结和反思，认为如下两点做法是值得分享的。

第一，在会计师事务所内部开展审计质量检查工作是会计师事务所质量文化建设的重要组成部分。这种内部检查可以是“你好，我好，大家好”式的走过场的形式主义，也可以是内部人检查内部人，知根知底，直接击中审计工作的弱点，以推动会计师事务所整体审计工作质量提升的针对性检查。会计师事务所应该坚持的正是后者，只有这种露出牙齿能够咬人的审计质量检查程序才会对提升审计质量产生效果。具体地说，在考量合伙人的薪酬分配和职业发展时，他们在审计质量上的表现应该是排在第一位的。

第二，在客户承接上把好关，选择诚信实干的企业家和企业作为客户。一般而言，把没有诚信的客户“请出去”的成本，肯定比会计师事务所做审计从客户处得到的审计费的收益要多。选择客户是会计师事务所质量控制的第一道防线，每个客户和相关业务承接都必须经过客户业务承接委员会的审阅。有的会计师事务所还设计了专门的系统，为审计业务的风险打分，并以风险系数为基础，选派适合的合伙人承接相关工作。会计师事务所服务民营企业，为民营企业签发审计报告，实际上就是为民营企业家做信用背书。因此，最重要的风险管理步骤是要了解企业家、了解企业家的人品、了解企业家的专业、了解企业家的事业心。

3. 行业专门化和思想领导力

“行业专门化”是指会计师事务所通过服务某一特定行业积累行业经验，并为应对这一行业面临的商业问题和会计难题开发领先技术，为客户提供更有价值的服务。

与尚未实现行业专门化的事务所相比，已经实现行业专门化的会计师事务所，其所拥有的行业专家型审计师会掌握更多的行业经验、更丰富的行业专门知识，同时也得到过更长时间以及更具针对性的行业实务打磨，他们通常能够帮助客户解决复杂的技术问题。在与客户沟通时他们会用“内行话”，可以更有针对性地发现问题，了解企业面临的经营风险和行业环境，会给客户带来价值。在承接新项目时，他们对客户所在行业的了解和认识可以减少项目的“启动成本”。简言之，由于对客户所处行业的深刻认识，成功实现行业专门化的会计师事务所可以为客户提供更高质量的审计服务。

同时，将审计业务与资源按行业条线进行归集，实现专业智力集约化建构，这也是会计师事务所向市场提供高水准审计服务的基本方法。因为除非对被审计单位所在行业拥有全面和透彻的了解，否则会计师事务所是无法为客户提供增值服务的。

为了确保行业专门化战略的落地，会计师事务所必须在研究和培训方面大力投入，因为仅从外部聘请一两位行业专家的做法是不能达到行业专门化的目的的。要真正为客户提供增值服务，发挥行业专门化的创智效应，关键在于搭建起行业案例与研究数据平台，关注行业前沿问题，深刻理解行业面临的风险和发展趋势，与客户保持经常性的行业对话。审计工作必须要走出仅仅针对财务部、针对会计报表的审计范围，与深刻理解业务经营结合起来，从数据背后看问题，从业务趋势看数据呈现是否合理。我注意到许多大型会计师事务所已经建立起包括航空航天、汽车、电信、能源、公用事业及采矿、工程建筑、娱乐及媒体、金融服务、房地产、政府及公共服务、医疗保健、工业产品等多个行业的专门知识平台，为提供高水平审计质量的专业服务建立了知识保障体系。

行业专门化获得提升的另一个体现是会计师事务所能够提供思想领导力产品。先进的思想和理念就是生产力。思想领导力是对专业经验的总结，具有前瞻性，它能够为服务客户的工作实践提供指导，是让客户服务方案和业务计划落地的指南，是提高审计质量的理论基础。

与独立性相关的要素

保持审计师的独立性是保证审计质量的必要条件；没有独立性，专业能力再强，审计师也未必会发现或呈报审计问题。1947 年，美国注册会计师协会在《审计暂行标准》中指出："独立性是指注册会计师在执业过程中应做到完全诚实、公正无私、没有偏见、客观地认识事实、不偏袒。"鉴于审计独立性最终的体现是一种抽象的态度，因而要加强审计独立性，就必须制定一系列具有约束性的政策规定，用来防范影响审计师发表无偏见审计意见的外部压力或其他因素。

1. 审计任期

审计任期是指会计师事务所为客户连续提供审计服务的累计年数。通常，较长的审计任期会形成一种"学习曲线"效应，让审计师获得更多与客户相关的专门知识，从而有助于审计质量的提高。另外，与客户相关的专门知识是审计师拥有的一项"专用性资产"，它让在任审计师相较于竞争对手更有成本优势。这也是现任审计师希望与客户维持尽可能长的合作期限的根本动因。

但是，过长的审计任期，可能会让注册会计师在进一步提高工作效率和审计质量上产生"惰性"，不愿意采取新的审计程序和方法，而更倾向于依赖过去的思维惯性。监管机构还担忧，如果审计师与被审计企业合作期限过长，那么审计师与被审计企业的管理层就会产生"感情"，而审计师也可能会因为人情关系而失去独立性，进而影响审计质量。

为了解决上述两个问题，会计师事务所要定期更换签字注册会计师。

"换师不换所"的做法是目前成熟的资本市场比较接受的防范独立性因审计任期过长而受到威胁的一种良好做法。为了证明这一点，我们需要认真分析审计师与审计客户的各个层面和各个阶段的商业关系。从服务客户的时间来看，会计师事务所对客户进行初次审计时，从客户处获取审计知识和经验所需投入的成本是最大的。换句话说，就是在与审计客户建立审计关系的初期，新任审计师可能是没有利润的，因而他们对客户的经济依赖关系比较强。而在后续审计中，审计师前期投入的成本被逐渐收回，这使得审计师对于客户的经济依赖性呈现递减趋势。另外，通过审计合作，审计师对客户的业务更加了解，审计师的权威性也慢慢建立了起来，因此，从这个角度来看，审计师任期与审计师的独立性及审计质量是正相关的。通过定期更换签字注册会计师的做法，使会计师事务所能够始终保持专业警觉并切断签字注册会计师个人与客户管理层过于亲密的合作纽带，这是会计师事务所必须要做到的保持独立性的基本步骤。

对被审计企业而言，企业可以考虑引进竞争机制，定期开展竞争性比选外部审计师。成熟资本市场的做法是每 10 年招聘一次外部审计师，但现任审计师也有参与应聘的资格。这样做能使现任审计师感受到竞争压力来改进审计服务态度和工作方法。但这种制度安排未必要把现任审计师强制轮换掉，因为那样做会使审计师失去对客户提供审计所积累下的经验。从经验上看，轮换审计师后，审计失败的概率要高于保留现任审计师。

2. 提供非审计服务

会计师事务所除了为客户提供审计服务外，还需要为其提供非审计服务。非审计服务主要包括管理咨询、税务服务、簿记服务、精算服务等。提供增值性的咨询和顾问服务，也是会计师事务所在行业中保持竞争优势的做法。20 世纪 70 ~ 90 年代，提供咨询服务成为大型会计师事务所越来越重要的收入来源。在 1975 年，最大的 8 家会计师事务所的咨询业务收入占其总收入的比重平均约为 10%。到 1998 年，最大的 5 家会计师事务所的咨询收入占其总收入的比重平均约为 45%。截至 2000 年，五大会计师事务所的咨询业务收入占其总收入的比重出现了大幅下降，大约为 30%。

美国证交会在 20 世纪 90 年代末开始对会计师事务所的独立性展

开调查。该机构注意到审计业务部门和咨询业务部门之间可能存在利益冲突。在有关会计师事务所是否应该同时保持两大业务部门的争论之中，尤其在美国证交会考虑限制会计师事务所开展有关客户财务信息系统设计和实施咨询业务的情况下，部分会计师事务所开始出售其咨询业务。另外，由于受限于合伙制结构，会计师事务所的咨询业务无法从外部获得资本金，因而自身发展受到很大限制。

2000 年 6 月，安达信咨询（Andersen Consulting）从安达信全球（Andersen Worldwide）剥离出来，并在 2001 年 1 月更名为埃森哲。同年 2 月，埃森哲通过首次公开发售股票融资 17 亿美元。2000 年 2 月，安永将其咨询业务出售给了提供计算机服务的法国凯捷集团（后成为凯捷咨询，Capgemini），售价为 113 亿美元。2001 年，毕马威剥离了其咨询业务，将其更名为毕博（Bearing Point），并通过首次公开发售股票融资 20 亿美元。2002 年，普华永道以 35 亿美元的价格将其咨询业务出售给了 IBM（国际商业机器公司）。虽然在 2002 年年初，德勤宣布出售其咨询业务的“勉强”意向，但最终并没采取出售行动。2003 年，在部分合伙人启动的管理层对其咨询业务进行收购的交易失败后，德勤宣布保留其咨询业务。所以，在“四大”中，德勤因从来没有剥离过咨询业务而使其咨询业务在“四大”中排名领先，并抓住了市场发展的先机。

在国际市场上，非审计服务逐渐成为大型会计师事务所的重要收入来源，它吸引会计师事务所为其服务内涵进行投入和开发。讨论向客户提供非审计服务与保持审计独立性的关系是个复杂的问题，因为这涉及非审计服务的范围和性质，以及由此带来的注册会计师和客户利益关系的转变。

虽然非审计服务加大了会计师事务所在经济利益上对客户的依赖程度，对审计独立性带来了不利影响，但如上所述，审计质量除了取决于独立性之外，还取决于审计师的专业能力。从咨询服务中，审计师能够获得更广泛的有关客户及其行业的专门知识，咨询服务能够促进审计师提高其专业能力，得到职业满足感，审计师队伍也能够从更为多样化的工作中得到提升。

由审计师提供咨询服务，客户是受益的。由于审计师在审计工作过程中加深了对客户业务模式、流程、控制和风险点的理解，他们在为客户提供与咨询类相关的服务时，在对客户的了解程度和专业能力方面的优势是很明显的，即审计师对客户的知识和经验具有一种“知识溢出”效应，使其能够为客户提供更为有效的咨询服务。

因此，所有的政策都不能“一刀切”。硬性制止会计师事务所向客户提供咨询服务不是一种科学的做法。不过，一般而言，下列咨询业务由于承接咨询项目的结果将成为自我评价的对象，即审计师审计自己的工作，类似于审计师既当运动员，又当裁判员，因此担任审计师的会计师事务所不能承接。例如，会计师事务所对客户提供财务系统的设计和操作服务，或会计师事务所为客户编制原始数据、会计记录和财务报表，这些系统、数据会构成审计业务的对象。有关推介审计客户的咨询业务，会计师事务所也不能承接。例如，会计师事务所向第三方推介被审计客户的股份的服务，在被审计客户与第三方发生诉讼或纠纷时，审计师担任该客户的诉讼代理人或辩护人这种情况。这些推介服务会让人觉得审计师与客户的利益趋同一致，使审计师失去独立性。

除上述情形外，是否允许审计师向其客户提供咨询服务，需要根据具体情况进行具体分析，这还与会计师事务所的独立性和质量控制政策及执行有关。会计师事务所对审计独立性制定保护性措施，目的是帮助审计师规避独立性风险，同时在其独立性受到威胁时有能力应对，以确保专业意见的公允和客观。会计师事务所应将独立性保护措施嵌入质量控制程序之中，作为质量导向审计程序的一个组成部分。另外，监管机构和良好的公司治理制度也要求被审计企业通过其审计委员会监督会计师事务所的独立性执行情况。被审计企业可以以把控审计师的独立性为前提，接受会计师事务所提供的咨询服务。

针对提供非审计服务相关的审计独立性问题，会计师事务所应该主动地与客户进行沟通。在与审计委员会充分沟通并保持各项服务收费具有透明度的前提下，接受会计师事务所向其提供非审计的相关服务是利大于弊的。这种制度安排会给企业和经济社会的有效运行创造价值。

3. 与审计客户的经济利益关系

如果审计师在自己的客户中拥有相关经济利益，那这相当于其在实质上或至少在形式上失去了独立性。在实质上，其发挥客观的、毫无偏见的审计能力会大打折扣，退一步说，即使审计师能够保持高度的职业道德水平，以及在实质上未因其在客户中拥有相关经济利益而影响其职业判断，依然诚信行事，遵循客观和公正原则，保持职业怀疑态度，但他们也会因此受到公众的质疑，因为在形式上他们失去了独立性，进而使公众产生对审计师群体不信任的负面效果。因此，审计师（包括其直系亲属）及会计师事务所在审计客户中不能拥有相关的直接经济利益或重大间接经济利益。做审计师的本分之一就是不能与自己的审计客户有任何经济利益关系。

这种经济利益关系也包括借贷或者担保关系。如果审计师与其客户及客户的高级管理人员之间存在借贷或担保关系，也会对其独立性产生不利影响。特别是，如果审计客户并非银行或类似金融机构，或是未按照正常程序、条款和条件与作为审计客户的银行或类似金融机构发生借贷关系或担保关系，则审计师将因自身利益而对独立性产生非常严重的不利影响，会计师事务所要严加防范。

会计师事务所、审计项目组成员及其主要近亲属与审计客户及其高级管理人员之间，如果存在商业关系或由于共同的经济利益而存在商业关系，也会因审计师的自身利益对其独立性产生严重的不利影响。因此，审计师应避免与审计客户合作做生意、产生商业关系。

上述与经济利益相关的内容，还包括审计师与审计客户的雇佣关系。当审计人员和审计客户建立起现实的雇佣关系或存在潜在的雇佣关系时，从独立性风险的角度看，会因为双方关系密切、自身利益或自我评价等对审计师的独立性产生严重的不利影响。这种会对独立性产生不利影响的雇佣关系包括：

- 审计项目组前任成员或会计师事务所合伙人加入审计客户并担任董事或高级管理人员或其他重要职位。
- 审计项目组成员曾在任职前期担任审计客户的董事或高级管理人员或其他重要职位。
- 审计客户向会计师事务所借调员工。
- 会计师事务所的合伙人或员工兼任审计客户的董事或高级管理人员或公司秘书。

对上述雇佣关系，会计师事务所的独立性管理团队必须进行检查，并采取措施以保证审计师的独立性。

4. 人情关系

虽然有各种机制和制度用于确保审计师的独立性，但在实际操作中，每个人的具体言行的把控对审计师来说仍然充满挑战和考验，其中客户关系就是一个重要而很难处理的事情。审计师和客户都是人，审计在很大程度上必须由人来执行和配合执行，这必然涉及双方之间的接触和沟通，两者的相互认识、了解和信任有助于审计工作的有效开展，也有助于把握工作重点和把控风险，毕竟了解客户及其业务是审计师的重要工作之一。但是，沟通和接触一旦超越了一定限度或者掺杂了个人情感，那么审计师的职业操守和职业判断就会或多或少地受影响，也就是说，审计师的独立性就不纯不真了。

审计独立性规定中专门有一个“密切关系威胁”（familiarity threat）的概念，即如果审计师与客户或客户雇用的重要员工存在长期或亲密的关系，而过于倾向他们的利益，或认可他们的工作，那么这种密切关系必然威胁审计师的独立性。另外，“密切关系威胁”也是由“熟络”引起“大意”的威胁。

例如，一家会计师事务所的审计项目主管合伙人同客户负责财务的高层人员建立并保持了长期的职业往来之外的亲密关系，项目组的成员和项目监督合伙人均知悉此事，但并未向上级汇报、没有采取措施予以纠正，同时审计师向客户审计委员会提交的报告中还例行公事，并堂而皇之地宣称自己保持了对审计客户的独立性。美国证交会对此事展开了调查，认定相关人员违反了审计师独立性的相关规定，并对事务所处以 400 多万美元的罚金，对 2 名违规人员分别处以 2.5 万美元的罚金，同时暂停违规人员的执业资格。会计师事务所的声誉因此受到了损害，两名合伙人离开了事务所，审计客户也终止了与此事务所的业务合作关系。

审计项目组成员与审计客户的董事、高级管理人员或所处职位能够对会计记录或被审计财务报表的编制施加重大影响的员工存在家庭成员或较为密切的私人关系，也会对审计项目组的独立性产生不利影响。存在该类情形时，会计师事务所应采取必要的防范措施加以制止，如将该项目组成员调离等。

前文所述的对审计主管合伙人定期轮换的要求也是针对因为长期服务同一个客户可能给独立性带来“密切关系威胁”的一种制度安排。审计是一个严谨细致的行业，任何细小的疏漏都可能造成严重后果，失去公众的信任，尤其涉及独立性这样的原则性问题时更是如此。合格的审计师必须严于律己，做出正确的判断和选择。当出现不合规的情况时，审计师必须同客户真诚地沟通，以赢得客户的尊重和信任。审计人员要坚守职业道德，与客户保持专业距离，确保审计师的独立性。当出现人情关系带来灰色地带时，审计师必须尽早回避。

ooo0ooo

为了遵循独立性原则，会计师事务所必须要对客户进行分类管理。从这个角度看，会计师事务所主要将客户划分为两类：一类是审计客户，另一类是咨询客户。为了维护审计师的独立性，会计师事务所向审计客户提供咨询服务，其工作内容和范围必须接受企业审计委员会的审阅、监督。注册会计师必须遵守职业道德守则，不能开展违反独立性原则的咨询服务。对于某些咨询客户，当会计师事务所选择为其提供咨询服务、成为其咨询机构时，等于会计师事务所放弃同期担任其审计师的机会。对于这样的决定，会计师事务所要和客户进行坦诚的沟通。比如说，一家会计师事务所为了与一家银行保持借贷关系，包括对公司营运资金的借贷以及对公司合伙人的借贷，这家会计师事务所应通知银行，它将不能向该银行提供审计服务，而这家银行只能作为会计师事务所的咨询客户。这种安排也是会计师事务所实际运作中需要的。

如果咨询客户需要聘请为其提供咨询服务的会计师事务所担任审计师，会计师事务所必须尽早采取行动以应对客户的要求，因为这会改变会计师事务所客户选择的性质。只有在向客户声明其符合独立性要求并且可以在未来保持独立性的情况下，会计师事务所才可以派出人员参加审计师的招聘工作。当一家公司被会计师事务所选定为审计客户或非审计客户时，公司也应该理解会计师事务所必须遵守的职业道德相关要求。

◎ 案例：审计师强制轮换的利与弊

外部审计是现代企业治理结构的重要制度安排，外部审计师的选择和更换是企业的重大决策之一，也是重大公司治理事项，需要对外披露。更换审计师会对企业的公司治理、会计文化和财务报告等相关工作产生重大影响。因此，公司进行外部审计师的更换一定要慎重，要对会计师事务所的声誉、资质、实力、独立性和费用等各方面进行全面考核，确保外部审计工作和公司治理的有效性。

一、强制轮换外部审计师的影响

在类似 2008 年金融危机和一些重大的企业财务报告舞弊欺诈案件发生后，人们通常会对外部审计师工作的有效性产生怀疑。在追责审计质量问题时，除个别情况外，监管机构找不出会计师事务所在审计执行上存在的问题，最容易质疑的就是审计师的独立性。它们认为，外部审计师在服务客户多年后，与客户的合作关系可能会变得过于密切，从而影响其独立性，使其无法及时有效地揭发和报告客户财务报告相关的风险。对外部审计师进行强制轮换，正是为了提高外部审计师的独立性。

虽然强制对外部审计师进行轮换给人的直观感觉是提升了审计师的独立性，但是其实际效果是否如此，各方见仁见智。在国际上，有关会计师事务所轮换的研究很多，但没有一个共同的说法表示轮换能对保证审计师的独立性和审计质量有更加积极的影响，或者说轮换带来的好处会超过轮换带来的成本。

由于没有充分的证据显示轮换能够提高审计质量，也不想因审计师轮换而推动会计师事务所之间的恶性竞争，因此美国众议院于 2013 年否决了美国公众公司会计监督委员会（Public Company Accounting Oversight Board，简称 PCAOB）提交的上市公司会计师事务所强制轮换的提案，PCAOB 也决定不再将会计师事务所轮换作为课题继续研究，但是执行上市公司审计的会计师事务所的签字会计师每 5 年需要强制轮换，以确保审计服务的独立性。美国从立法机构、政府监管机构、专业协会到上市公司，对会计师事务所强制轮换的态度很是一致、干脆，即这一政策暂时搁置，连谈都不要谈了。美国众议院在讨论中声明，会计师事务所向客户提供服务采用合伙人负责制的“换师不换所”的做法达到了保障审计师独立性的要求。

2014 年 4 月，欧盟及欧洲议会批准的针对公众利益实体的审计监管规则第 537 号文件规定：对会计师事务所每 10 年进行招聘，但是强制轮换的服务年限是 20 年。英国建议上市公司每 10 年对会计师事务所进行招聘和在 5 年期内轮换签字会计师，但没有强制轮换会计师事务所的要求。

新加坡的银行业监管机构曾经要求同一家会计师事务所担任银行审计师的年限不超过 5 年，但在第一轮轮换实施后，这个规定已经暂停执行。

强制轮换外部审计师对于被审计机构和会计师事务所均影响重大。

（1）企业所选的现任外部审计师可能在声誉、能力、质量、工作效率、配合度以及保持独立性等方面是最理想的。对于这样的企业，强制轮换现任审计师无疑是被强迫选择次优方案，有悖于最大限度地保护企业核心竞争力和股东价值的市场原则。

强制轮换可能迫使被审计单位在不是它们首选的会计师事务所中选择继任审计师，这样做的后果是降低了审计市场的竞争力；同时竞标压低服务报价会导致行业的低价竞争，迫使继任审计师采取减少服务投入等短期化行为，进而损害审计质量。

（2）强制轮换在一定程度上限制了董事会下设的审计委员会发挥其履行监督审计师工作的能力。董事会审计委员会是外部审计师的直接监督机构，它对外部审计师的工作情况有最直接的掌握。强制轮换降低了董事会下设审计委员会监督外部审计工作的有效性和实际意义。

（3）强制轮换的成本巨大。对于企业而言，它增加了不必要的审计配合成本、管理成本，以及审计过渡期应对两家审计师的复杂性；对于会计师事务所而言，强制轮换则“牺牲”了会计师事务所积累的审计知识和经验，“牺牲”了会计师事务所对客户关系的投资。

以大型国有商业银行审计为例。大型国有商业银行的业务量巨大且涉及地域范围广，管理级次和分行数量多，产品核算和信息系统复杂。外部审计师需要投入巨大的资源和较长的时间才能熟悉和了解被审计单位的业务和流程。外部审计师与被审计单位往往需要两三年的磨合期。在磨合期间，双方都要付出更多的精力和成本来完成审计合作经验的积累。

强制轮换会计师事务所的政策会在一定程度上影响会计师事务所投资客户服务的专注性，迫使会计师事务所把工作重点仅仅放在轮换期内的法定审计服务上，降低了它们开发行业增值服务的积极性。

二、审计师强制轮换中断了会计师事务所对客户服务的投资

1992年，“六大”国际会计师事务所国际网络开始在华开设具有审计资格的中外合作会计师事务所。当时中国的会计人才短缺，几乎全部高级员工、经理和合伙人都是从海外派驻到中国的，只有少量年轻的实习生是中国本土员工。同时，多数中国企业对审计服务的专业价值和涉及的成本了解不够。当听说国际会计师事务所的合伙人每个小时的收费标准是几百美元时，企业的管理层往往感到惊愕和不可思议。当时为了投资中国市场，适应中国国情，“六大”国际会计师事务所均给予中国企业以巨大的收费折扣，它们用低于成本的价格来投资和培育中国市场。全国政协委员，我的导师杨绍信先生曾这样感叹

道："在中国要把审计事业发展起来，确实不容易，因为我们不像其他跨国公司可以利用中国的廉价劳动力，用低成本生产出外国高端品牌的产品，然后在中国市场上按进口品牌的价格出售，赚取很高的毛利。我们是要靠智力成本来支撑服务质量的，而这种智力成本是吸引国外的优秀人才来中国服务并按照国际水平支付的薪酬，但中国的专业服务收费却很低。其他行业的跨国公司在中国市场能很快挣到钱，而我们则注定要亏损几十年，因为我们在做低收入、高成本的生意。但这些亏损是我们在中国的投资，我们希望中国本土专业人才队伍发展起来的时候，会计师事务所的成本能降下来，而那时客户也必能看到我们的价值，愿意支付的专业服务费能够提上来。"

这只是"六大"国际会计师事务所在中国市场进行投资的开端。除了在专业人员的培养方面进行投资之外，"六大"国际会计师事务所还有选择地投资针对重点行业进行国有企业改革方案的研究。这些投入的确为中国的经济改革和发展做出了贡献，同时"六大"国际会计师事务所在中国的经济发展中，也分享了通过专业服务应得的收入和经济成果。

从 2006 年开始，有关部门对中央直属国有企业开始实施会计师事务所的强制轮换政策。这一政策的出台，虽然初衷是保障审计师的独立性，推动审计质量的提高，但在实施中却带来了负面的影响：一是会计师事务所不得不轮换出它们长期服务的客户，中断了它们对客户多年以来的投资；二是在实践中，每次轮换招聘都给审计费用带来了下调压力，会计师事务所对客户关系的投资回报越来越低。轮换政策要求对会计师事务所服务进行招投标，在企业治理层和管理者并未普遍认识到外部审计工作价值的情况下，招标的"硬标准"基本只是着眼于审计收费的高低。随着中国经济的发展，被审计企业的业务在发展，企业资产负债表在不断扩张，会计师事务所的审计面扩大了，审计工作量增加了，但因为轮换政策给了被审计企业降低费用的借口，审计费用却没有任何上调，因而形成了会计师事务所收入下降、成本增加的“剪刀差”走势。会计师事务所服务收费的下降与被审计企业审计项目内容和复杂性增加的商业事实是不匹配的，从长远来看，必定会影响会计师事务所的投资，使事务所在质量管控上遭遇“劣币驱逐良币”的窘境。

关于审计收费方面，在中国，有些企业还不理解也不愿支付除专业服务费之外的其他任何应该实报实销的代垫费用。代垫费用是指会计师事务所为了服务客户的项目而发生的除相关人工费用外的开支。注册会计师如同手艺人，东家请他干活儿，就应该向他支付专业服务费，以及为提供专业服务而发生的差旅费、通信费、项目技术开发费等实报实销的费用。以差旅费为例，国有企业规模庞大，分支机构的地区分布广，审计工作必须要延展到分公司、子公司及下级单位，审计师要进行现场走访。如果在商谈审计费用时，企业不考虑这些情况，要会计师事务所全部费用包干，那么会计师事务所承接这些业务后，在制订服务方案时肯定会受经济资源的限制，会尽量减少差旅安排。这样，审计范围会变窄，审计深度会变浅，审计质量也会相应降低。

审计师强制轮换的做法并未考虑会计师事务所对客户关系的投资，制定轮换制度的前提，是假设会计师事务所的资质水平都是一样的，审计工作的质量没有差别，谁都可以做。这种制度对企业坚持聘用高质量的会计师事务所，对会计师事务所在客户服务上进行投资、严格把控审计质量都起不到鼓励的作用。长此以往，由于存在做几年就要被轮换掉的短期效应，会计师事务所就不会在与客户的“双赢”上做持续投资，整体市场的审计质量也会因此而下降。

审计师强制轮换政策的另外一个坏处是方便企业“购买审计意见”，并以轮换制度为借口强迫审计师出具不恰当的审计意见。对于这一点，很多监管机构和企业治理的相关领导可能是看不到的。美国证交会对“购买审计意见”的定义是：“上市公司寻求审计师支持自己的会计处理以满足自身财务报告的需要，即使这种会计处理会损害财务报告的可靠性。”也就是说，在有些情况下，公司管理层会对审计师施加压力以迫使其认可一些不正当或者违规的会计处理，并出具违背真相的标准意见审计报告。这种行为在实际工作中是存在的，而且与审计轮换制度相结合而开展的招投标制度为企业管理层达到这一目的提供了重要的名义上的便利。听起来好像是管理层为了节约审计成本，但实际上是企业管理层通过频繁的审计招标更换坚持原则的审计师，以达到“购买审计意见”的目的。

三、强制轮换会计师事务所之外的选择方案

审计准则要求每家会计师事务所都必须严格制定针对独立性的规章制度。实际上，在不采取强制轮换会计师事务所做法的情况下，会计师事务所同样能够有效地确保审计的独立性。例如，目前许多国家通过审计项目合伙人定期轮换的方式来降低审计师因为长期服务其客户而导致的“密切关系威胁”，因为在以合伙制为组织形式的会计师事务所中，合伙人是负责审计项目的独立负责人，对合伙人进行定期轮换能够实现保持会计师事务所及其审计人员独立性的目的。

此外，企业还可以通过执行许多具体措施来有效保证外部审计师的独立性，例如：

（1）推动董事会下设的审计委员会积极监督审计工作，加强董事会下设审计委员会监督外部审计师工作的有效性。

（2）加强审计工作的相关透明度，包括外部审计师定期与董事会下设的审计委员会进行沟通。

（3）有效限制外部审计师的非审计服务，包括禁止外部审计师执行影响其独立性的非审计服务，董事会下设审计委员会加强对非审计服务的有效审批和复核等。

第十一章　如何激励审计师提高审计质量

激励审计师的目的

在股东、管理层和审计师“三方合约”的特殊雇佣关系下，管理层是股东的第一代理人，外部审计师是股东的第二代理人。

股东将企业托付给第一代理人（管理层），是信赖其能力和责任心。股东依赖第一代理人反馈的信息做出投资和公司治理的决策。如果管理层反馈的信息不准确，则股东的决策就会失误，造成投资损失或者投资成本的上升。因此，委托人对代理人反馈的信息的真实性与准确性有重大依赖。为了能做出正确的决策，增加投资的价值，对自己的重大依赖是否靠得住进行判断，股东要求第二代理人（审计师）做好对第一代理人（管理层）的监督工作，检查管理层提供的信息是否真实。

“三方合约”涉及股东、管理层、审计师，它实际上是一套涵盖契约关系的角色分配方案和遵从专业规则的治理机制。不过真正的合同只有一个，它是由审计师与管理层代表公司签署的审计师聘约函。但是，在“三方合约”的机制下，因为第一代理人行使股东赋予其的权利，并决定第二代理人的“生计”，因此第二代理人（审计师）的工作很容易受到第一代理人（管理层）的钳制和影响。审计师可能会迫于管理层的压力而采取策略性的行为，比如“说管理层的话”或“为管理层说话”，成了第一代理人的“代理人”。这样，“三方合约”就达不到合约约定的效果，股东利益就得不到保证。

因此，要让代理人更好地为委托人服务，委托人向代理人提供激励必不可少。第一代理人（管理层）需要激励机制，第二代理人（审计师）同样需要。激励审计师的根本目的是促进“三方合约”的有效履行，让审计师为股东利益服务，做好监督管理层的工作。

这是公司治理机制的根本。在衡量一家企业的公司治理水平时，独立审计师是其中的一个重要因素。

股东究竟如何做才能让审计师尽心尽力地为自己工作？实践经验证明，股东和审计师沟通的密切程度以及对审计师的激励水平定义了审计工作的有效性。换句话说，这两者与审计工作的有效性之间存在着很强的相关性。审计师作为专业人士，是一个有自我激励因子的群体，来自外界的肯定自然会带来更强的激励作用，促进他们更加努力地工作。

股东与审计师保持密切的沟通，并给予审计师以较高水平的激励，将调动审计师的工作积极性，激发审计师向股东提交超出预期的工作成果。这是理想的合作状态。对审计师的激励包括经济激励和情感激励。经济激励简单来讲就是审计收费，因为审计师是不能向客户收取奖励金的；而对会计师事务所专业价值的认可，则是另一项十分重要的情感激励。但是，为了考虑独立性要求，以避免给外界造成审计师同管理层走得太近的印象，在表达对审计师的情感激励上，被审计单位要十分谨慎。

毕马威自1991年起至2014年担任汇丰银行的审计师长达23年，是一家非常值得尊重的会计师事务所。在汇丰银行更换审计师的新闻稿中，汇丰银行的集团审计委员会主席约翰·康比先生（John

Combe）表达了对于毕马威的感谢。

他感谢毕马威担任审计师多年来表现出的职业精神和他们的关切（thank them for the professionalism and care they have demonstratedin their external audit role over many years）。可能读者会觉得，毕马威服务汇丰银行这么多年，汇丰银行只给予了毕马威“professionalism”和“care”这两个词的赞扬，似乎有点吝啬。其实，这是相当高的褒奖。“professionalism and care”中的“professionalism”一词用在毕马威身上是理所当然的，是对毕马威如此优秀的会计师事务所的基本期待。而“professionalism and care”中的“care”这个词，仅用“关切”来翻译肯定是不全面的。汇丰银行能够用“care”这么一个短至4个字母的单词来表达其对于外部审计师的赞赏，那是毕马威用心赢取的。

另外一方面，审计师在得到被审计单位的情感激励时，亦应十分警惕被审计单位的出发点。我在专业生涯中遇到过的一次审计失败案例是，被审计单位的总经理和财务总监合谋将企业的资金盗取挪作私人用途，制造虚假的银行对账单蒙骗审计团队。审计团队在完成审计工作后（没有发现其中的舞弊事件），被审计单位还给审计师送来了表扬信，这封表扬信后来被当成了轻信客户管理层的反面教材。

激励审计师的做法

对审计师的激励方案可以分为正面激励和负面激励两类：正面激励解决的是促进审计师勤勉尽责、坚持独立性原则的内生动力问题，通俗来说，就是让审计师自觉主动地做好他们的监督工作。负面激励则是从外部构建起针对审计师渎职的高压线，如严格的惩戒机制。负面激励是个学术词语，准确地说，就是对审计失败的注册会计师进行惩戒。

从正面激励的角度看，公司要想促进审计师更好地完成其审计工作，非常重要的一点是，股东要成为“三方合约”机制的主导者。这里所说的主导，是指股东不能只在股东大会对审计师提交的审计报告和聘用审计师进行表决时才出现，而是应该不断地促进董事会与审计师保持持续的和密切的沟通关系。例如，透过董事会审计委员会或者独立董事对审计师提出工作期望，关注审计工作的过程，支持坚持原则的会计师事务所开展工作，做好审计成果的验收和审计建议的落实。

如何设计和完善激励机制，让审计师服务好股东，在监督会计信息质量方面体现出委托人的意志和利益而非管理层的意愿呢？

一是明确将审计聘约权交由董事会审计委员会负责。审计委员会是董事会下设的对财务信息披露质量控制负责的专门委员会，以独立董事为主组成。审计委员会应该直接负责审计师聘约工作，确立股东在“三方合约”中的主导地位。这样做可以确立审计师在公司治理中的地位，强化审计师的独立性。

任何合约问题最后都是资源配置和激励的问题。作用于审计师的最大的激励问题是聘任或是不聘任他们，这个前提是审计师要认识到“谁在聘任他”。审计师向董事会审计委员会报告，所以在审计师的聘任上，审计委员会要有决定权。当然审计委员会一定要与管理层沟通，听取管理层的意见，管理层可以向审计委员会建议，说明管理层对审计师的要求。

二是在决定审计收费时，应当综合考虑审计师投入工作的成本及独立审计带来的价值，不鼓励低价竞争。要尊重会计师事务所长期积累的声誉。一家爱惜自己声誉的会计师事务所从来不会吝啬对客户的资源投入。因为只有客户成功了，会计师事务所才能通过客户的成功建立自己的声誉，收获更大的回报。审计服务的合理回报不仅为会计师事务所的专业技术创新提供物质基础，而且激励审计师为客户提供量身定制的专业服务、监督管理层履职并保护股东的价值。这是一种互赢的安排，它既是对审计师工作的尊重，也是对其的一种激励。

当前，中国的注册会计师行业存在严重的低价竞争现象。正常的价格是对他人劳动的一种尊重，是保障审计质量的物质基础。如果一味追求最低价格，不去考虑审计师需要在信用和专业服务质量上投入的合理成本和利润，那么低价竞争必将扰乱审计市场秩序，并且最终给资本市场的参与者造成损失。

三是鼓励审计师与治理层进行充分沟通。一个不可否认的事实是，董事会与审计师在专业知识领域和对管理层提供的财务信息的认识上是存在差距的，因此应赋予审计师更多的与治理层进行沟通的便利和权利，让审计师有说出自己真实想法的渠道。与治理层沟通就是与股东代表沟通。股东只有通过董事会审计委员会与审计师沟通，了解审计工作的困难，分析和解决审计师发现的问题，才能引导公司朝着股东希望的方向发展。

四是营造尊重审计师工作的企业文化。在审计师向企业提供服务的过程中，管理层开诚布公的程度，以及各职能部门配合审计师工作的积极性，反映了这家企业是否足够尊重专业主义、尊重审计师的企业文化。尊重专业主义的文化可以给审计师带来好的合作体验，最终让企业获益。

有人说，企业向审计师付费，审计师就应当提供最好的服务。对智力服务来说，这仅是说对了一半。合同条款能够约束的内容是有限的，合同规定了审计师应当具备专业胜任能力并勤勉尽责，保持应有的职业怀疑，但事实上，审计师控制着自己的劳动和知识的供给，他们有自己的头脑，会自行选择并做决定。

调动审计师的主观能动性，让其自发地将知识和技能转化为高价值生产力，是成功企业所谙熟的管理艺术。建立尊重审计师的企业文化，弥补了审计合约的欠缺，审计师的意愿被调动起来，将激发他们热诚地投入客户服务。

五是加强审计委员会对于外部审计师的监督职能。审计委员会是现代公司治理体系中的一个重要组成部分，其对审计师的监督活动主要包括选聘审计师、参与审计费谈判、评价审计师工作、甄选并确定审计项目合伙人等。

2016 年 11 月，美国注册会计师协会下属的审计质量中心（简称 CAQ）发布了一份研究报告——《审计委员会透明度变化情况调查 2016》（2016 Audit Committee Transparency Barometer）。报告显示，有越来越多的（美国）上市公司强化了其对审计师的监督职能，并更加主动地向市场披露有关监督审计师活动的信息。比如美国著名的半导体制造商泛林集团（Lam Research）在其 2016 年公开披露的股东大会说明书中这样写道：

> 审计委员会对审计师的工作表现进行了评价。审计委员会将依据评价结果就是否续聘或者选聘新任审计师做出进一步决定。审计委员会就以下因素对审计师的工作进行了评价。
>
> - 应对公司广泛且复杂的国际业务的能力。
> - 拥有公司所处行业及国际业务领域的专家资源及专门化知识的情况。
> - 与审计委员会和管理层沟通的质量。
> - 独立性情况。
> - 提供服务的质量及效率，包括对服务质量的资源投入和管理情况、专业判断的有效性及是否保持了客观立场和应有的职业怀疑。
> - 审计费的合理性。

- 已担任公司审计师的年期。
- 是否采取有关维护独立性的内部程序，比如对关键合伙人进行轮换等。

显然，上述内容给泛林集团的审计师带来了不小的压力，但这种做法对于提高审计师的工作质量和敬业程度是有积极作用的。审计委员会设立的初衷是通过保证外部审计质量，从而提高企业的财务报告质量。强化审计委员会对于审计师的监督职能，将能更好地实现这一目标。而审计委员会针对监督外部审计师工作的信息披露，将为优秀审计师的声誉宣传提供助力，这也是一种激励的手段。

当然，对于审计师也要设置专业责任的约束机制，促进审计师对审计质量负责。严格的监管和惩戒就是有效的负面激励机制。负面激励为审计师设置了他们必须遵从的行为底线。可以说，负面激励要发挥作用，需要不断地完善行业监管制度。行业的监管与惩戒措施给所有的审计师都标识了他们的行为边界，起到了约束和震慑会计师事务所及注册会计师的作用，不称职或者失职的会计师事务所及其执业人员将付出失去业务机会、失去职业发展前景和声誉的代价。

目前，中国注册会计师行业的执业质量较之过去已经得到了大幅提升，但是继续提升的空间仍然很大。对审计服务外部质量监管涉及两个层面。第一个层面是行业协会的监督检查。这对促进行业自查、互相交流、落实审计执业准则规定的要求，会起到积极的作用。但是，光靠行业协会的监督检查是不够的。还必须对审计师的行为进行法律责任的约束，这是负面激励中最为重要的内容，它通过提高审计师的违规成本来约束和惩罚其不负责任的行为。这是第二个层面的监管。在中国，第二个层面的监管主要由财政部会计司、监督检查局及证监会会计部负责，这是不可或缺的。

国有企业激励审计师的制度优势

现代公司治理要发挥有效作用，必须建立起一套“股东—审计师”之间的正面激励机制。这种做法符合“激励相容”的原则，即让代理人各方在追求自身利益的同时，达到委托人设定的目标。

在设计和实施有关审计师的激励机制上，中国的国有企业有其独特的优势。与股权高度分散的欧美私人上市企业不同，中国国有企业的股权相对集中，比如国资委、财政部和中央汇金公司，就是中央企业和国有大型金融机构的单一大股东，国有企业应该追求的股东的长期利益重点突出并高度一致。

股权分散意味着企业的所有权与控制权高度分离，这降低了委托人对于代理人的影响力，增加了企业的代理成本。股权集中则给减少公司的代理成本带来了机会，并增强了委托人监督和激励代理人的能力，而且委托人也有更相关的经济动力来执行其监督管理权。这意味着中国国有企业的国有股东将可以从公司治理层面，对审计师实施更为有效的激励机制，从而提高审计师对第一代理人（管理层）进行监督的工作效果。

需要强调的是，审计师与股东的工作目的是一致的。股东最关心的问题是企业的持续经营和股东的长远价值，审计工作的目的则是监督管理层的诚信，让股东能够用上信得过的财务报表信息，以保障投资决策的正确性，从而实现投资的长远价值。审计师要很清楚地认识到他们的工作是为股东负责的。

正确理解对审计师的激励问题，需要股东的远见。审计师的工作效果虽然不能立竿见影，但不能忽视其长远效果。激励机制构建的是一个游戏规则，它在股东与审计师之间设定了一些约定，对管理层起到牵制作用。善用对审计师的激励机制，长远看最终的受益者是股东。

当审计师发现企业会计报表中存在舞弊或者错报情况时，管理层为了掩盖事实真相会对审计师施加压力，让审计师不与股东或股东代表沟通。在这种情况下，如果审计师能够顶住压力，对企业会计报表的舞弊情况或错报做出报告，那么这样的审计成果就会给股东带来价值。不过，由于此报告违背了管理层的意志，因而审计师接下来可能会面临遭到解雇的风险。如何鼓励审计师坚持独立性，坚持为股东服务？简单来说，股东一定要对审计师在工作上提供支持，让审计师与股东或者股东代表有直接沟通的渠道。

在公司治理安排中，大小股东都是平等的，所以，国有企业的大股东（国有股东）与散户股东（小股东）也是平等的。不允许国有股东走到市场前端直接制定规则或做出影响公司管理层决策的机制安排，是尊重小股东和尊重公司治理的做法。但是，国有股东可以通过控股公司并借助公司治理机制正面激励审计师。

而会计师事务所也需要积极主动地去寻求与被审计国有企业的大股东沟通，时刻意识到自己的专业责任最终是向股东提供真实的会计信息，把在审计过程中发现的风险信息及时汇报给国有企业的股东。一种良好的公司治理的做法是，审计委员会与外部审计师召开“闭门会议”，即在管理层不在场的情况下由独立董事主持，询问外部审计师在审计工作中遇到的难处，帮助外部审计师解决问题。这表明外部审计师是代表股东执行审计程序的，而股东则要为外部审计师撑腰。

国资委、财政部金融司（代表财政部行使股东权利）和中央汇金公司与国家会计质量监管机构，如财政部会计司、监督检查局和证监会会计部，有密切的工作关系。所以，股东监督作为中国国有企业改革和管理的优势要继续保留并让其积极发挥。但股东对会计师事务所提供服务的质量监督不等同于股东对注册会计师行业具有监管权力。另外，股东本身在企业会计处理上的各种做法和指导思想也要受到监管。

国有企业股东的监督机构，比如国资委、财政部金融司和中央汇金公司，要检查会计师事务所向董事会审计委员会提交的报告的质量，因为这份内部报告记载审计师对审计工作结论做出的所有重大专业判断，以及和管理层达成的一致或不一致的意见内容。

由于大股东具有政府背景，而且政府有权委派国有企业的主要管理干部，国有企业具备政令上通下达的高效机制，因此，国有企业股东的监督机构一定要善用行政干预手段，以提高审计质量为目标，支持注册会计师行业的发展。

企业更换审计师需要注意什么

企业为了准备公开上市，需要聘请声誉更好的事务所；或者因为经营地点、经营策略和业务重点发生了重大变化，需要聘请更适合、更接近其市场领域和行业的审计师。因为这些原因更换现任审计师是正常的，是对公司治理结构进行调整的合理安排。但是，被审计企业也可能利用“换审”来要挟审计师出具不实的专业意见，进而进行“意见收买”。当然，有的会计师事务所不能给企业客户提供有价值的服务，因而企业客户希望降低审计成本而更换审计师也是人之常情，这种情况时有发生。

不论变更审计师理由的正当性如何，如果被审计企业“换审”过于频繁，对于审计质量和企业声誉肯定是有负面影响的。频繁“换审”，将使审计师无法做好与自己客户服务有关的专门知识的积累工作，从而降低审计的效率和质量。另外，更换审计师会产生成本（可以称其为“转换成本”），这类成本在双方之间都会产生，要由被审计企业和会计师事务所共同负担。“转换成本”包括谈判成本、初次审计的“启动成本”和被审计企业需要增加的审计配合成本。这些成本的增加会使可用于改进审计质量的资源让位于“换审”，进而造成审计质量的降低。

2002年，美国会计学家马修 · A. 盖格（Marshall A. Geiger）和印度裔会计学家K. 拉古南丹（K. Raghunandan）对美国上市公司的审计师变更和审计质量做了一项实证研究。根据对1996—1998年美国资本市场所有的破产公司在破产前一年的财务数据及其审计师的工作表现进行观察和分析，他们认为：随着审计师聘任期的延长，审计师能够不断加深对客户公司各方面情况的了解，从而提升专业能力，进而提高审计质量；而频繁更换审计师或者审计师任期较短的上市公司，其财务报表的审计质量均比较低。

有鉴于更换审计师的复杂性，更换审计师的要求最好在审计报告的年度时点日前18个月提出。这样安排有两个必要性。第一个必要性是更换审计师是重要的公司治理事件，需要6个月时间的启动、选拔和决策周期。第二个必要性是这样做使新任审计师在审计报告的年度时点日的前一个年度（12个月），可以作为“影子审计师”，以观察员的身份参与关键会计问题和审计发现的讨论，保证在承接新的审计业务后，新任审计师的判断有基础，不会推翻前任审计师的观点。尽管审计报告是对包括一张资产负债表、一张利润表和一张现金流量表的财务报表发表意见，但它必然涵盖两个会计年度的财务报表，这意味着新任审计师对其接手的审计工作的年初资产负债表——公司的起始账目是否符合会计准则，是要出具隐形的审计意见的。

另外，这样做的话，市场对企业更换审计师有正确的预期，不会认为企业是为了购买审计意见或其他不可告人的目的而匆匆忙忙更换审计师，也不会对企业的公司治理安排做过多的猜测。

在更换审计师的过程中，企业一定要做好前后两任审计师的交接工作。前后两任审计师在交接工作时既要遵循专业规则的要求，也要以服务客户为基本指导原则，尽量减少对客户工作的干扰。企业要组织三方会谈，即安排前后两任审计师与企业有关部门负责人的会议，商谈交接方案。

毫无疑问，更换审计师要以保障和提高审计质量为第一要务。一般而言，在更换审计师时，企业没有充分的理由千万不要轻易“赶走”现任的审计师。审计师是企业治理文化的一部分，对企业的经营管理和会计处理的历史问题知根知底，企业只要加强与会计师事务所的沟通并与其领导层有直接的对话，会计师事务所是愿意做出投资及改进服务态度的。除非双方文化不合，会计师事务所不能认同企业采取的激进的会计做法，或者是由于企业管理层与治理层的沟通方式遮遮掩掩，这个时候对自己的声誉看得很重的会计师事务所就会适时表明尽快解约的意愿。但要注意，注册会计师受专业规则要求的限制，即使辞任审计师，仍然有责任做好聘约函约定的各项工作。无论在哪个时点上发表审计意见，注册会计师对自会计报表日至审计意见发表日之间发生的期后事项必须给予关注并执行审计程序。企业客户有义务就截至审计报告发布日之前发生的所有重要会计事项与审计师沟通。

如前所述，变更审计师是一项重要的公司治理安排。外部审计师变更如果缺乏明确的信息披露，缺少透明度，则会损害投资者对财务报告的信心；反之，则可以促使审计委员会更严密地进行外部审计师的选聘决策工作，有助于增强审计市场的竞争。

美国证交会要求上市公司披露有关外部审计师变更的信息，包括外部审计师辞聘或解聘前两年对有关财务信息披露是否持有不同意见，外部审计师是否因为无法依赖管理层陈述等事项可能导致财务信息披露的可靠性受到质疑等内容。我国证监会应该要求上市公司的审计师在更换审计师时，就其是否同意被审计上市公司的财务信息的编制和披露向证监会进行说明。

对于未上市的银行、保险公司等与公众利益相关的金融企业，其变更外部审计师的信息披露也必须向相关监管部门报备；国有企业关于变更外部审计师的披露必须向国资委等主管机关报备。为了加深监管部门和主管机关对企业变更审计师的做法的了解，重大审计项目的项目主管合伙人的非正常变更也必须上报主管机关，这有助于监管部门和主管机关评估财务报告的质量、审计师的服务质量，以及掌握进一步决策所需的信息。

◎ 案例：从“技术上破产”到经得起审计

一、“技术上破产”资不抵债的银行

20 世纪 80 年代，中国执行改革开放政策。到 90 年代初，中国的经济体制改革进入了一个新的阶段性变革历程，开始从“计划经济为主，市场调节为辅”向“社会主义市场经济”体制转变。1992 年，党的十四大提出要建立社会主义市场经济体制，中国的经济体系开始发生深刻的变革。与此相对应，在会计领域，中国企业执行的会计制度也出现了历史性的进步，财政部颁布了逐渐与国际会计准则接轨的中国会计准则。过去中国企业没有资本金的概念，它们按计划生产，根据国家的计划指标向银行贷款，生产出的产品如果没有销售出去也是可以记录为待实现利润挂账的。但按照新的会计准则，企业开始拥有自己的资本账户，要为未来发展积累资本金；企业生产要自负盈亏，没有卖出去的产品是库存，需要考虑计提减值准备，不能当成虚假利润的承载物。由此，工商企业中累积多年的虚盈实亏问题集中暴露出来。

由于中国经济改革和转型，原来许多经营效率较低的国有企业在市场经济发展的过程中纷纷被淘汰。在改革之前这些企业获得的资本金非常少，它们的经营活动大部分靠银行贷款来支撑，其中有些是计

划经济时代安排的各种资金划拨而形成的政策支持性贷款。所以当后来部分国有企业进入破产重组时，银行庞大的资产负债表上就累积了很多与这些企业相关的不良资产，银行直接承接了国有企业改革的一部分经济成本。

当然，银行资产质量没有管好，放贷过程受到中央和地方政府的干预也是不可否认的原因。中国的四大国有商业银行“脱胎”于政府的现金出纳功能，它们的分行体系是根据国家行政区划设置的，采用由上至下与地方政府平行管理相结合的权力管控架构体系，即省、市、区分行分别归省、市、区政府管理，县支行由县政府管理，各银行行长由地方党委组织部征求总行意见后任命。长期以来，银行业务工作的重心需要根据中央政府制定的经济计划和发展需求进行调整，银行开展业务不是以客户服务为中心的。银行在制定战略过程中，没有依据严格的调研工作或者针对不同的客户群体进行规划，也可以说银行根本没有自己的发展战略。

国有商业银行总行通过省级分行控制其下属支行的链条过长，导致总行政策及制度在分支行执行不力、效率不高。另外，国有商业银行的省级分行被赋予或争取到了相对自主的决策权的同时，它们在经营上又受到省级地方政府的干预。

可以说，当时，国有商业银行的管理模式是一盘散沙，难以问责。1997 年 11 月，在时任国务院总理朱镕基的推动下，中国召开了改革开放后的第一次中央金融工作会议，会议确定的重要改革措施之一就是成立中央金融工委，建立银行体系的系统党委，将银行系统的干部和人事管理权限收归中央，分行的干部由总行任免，改变了过去分行分别由省、市、区党委管理的做法。这在一定程度上减少了地方政府对金融管理的干预。中央金融工委直到 2003 年成立银监会后才被撤销。

这是中国银行业改革的大背景。

《巴塞尔协议》规定的银行最低资本充足率水平是 8%。根据当时公布的数据，四大国有商业银行的资本充足率在 2000 年左右刚刚能达到 8% 的最低要求。依照四家银行对自身不良资产的评估（未经外部机构复核）和监管机构有经验人士的估计，20 世纪 90 年代末，不良资产至少占银行总资产的 20%。银行必须对资产提取 20% 的不良资产减值准备，以消化不良资产。

由于是国有企业，当时银行的全部利润要上缴中央财政。这样，银行没有自身的资本积累，银行的所有者权益科目几乎没有任何余额。对四大国有商业银行进行改革，国家必须要承担的损失至少是其全部风险资产的 20%。按照简单的清盘算法，这些银行的资产负债状况是 80 元的资产对 92 元的负债。因此，这些银行被许多专家学者认定为“在技术层面上是破产的”，仅靠隐含的国家财政支持维持生计。回过头来看，我认为支持四大国有商业银行“技术上破产”的结论有两个比较重要的依据。

一是银监会前主席刘明康在 2009 年指出，截至 2002 年年底，四大国有商业银行向监管部门测算报告的不良贷款总额高达 1.7 万亿元，不良贷款比率为 21.4%；依据监管机构跟进检查测算，四大国有商业银行的实际贷款损失约 1.4 万亿元，占全部贷款的 16.3%，加上非信贷资产损失约 0.8 万亿元，资产损失总额达到 2.2 万亿元；平均资本充足率为 4.4%，如按照审慎监管标准，平均资本充足率实际为负数。二是中国工商银行、中国建设银行和中国农业银行在上市招股说明书中披露的上市会计报表的基础年均为资不抵债。其中，中国工商银行上市会计报表基准年 2003 年 12 月 31 日的所有者权益为 –5 371 亿元；2004 年 12 月 31 日，其所有者权益为 –5 082 亿元。同样，中国建设银行上市会计报表基准年 2002 年 12 月 31 日年所有者权益为 –1 332 亿元；中国农业银行上市会计报表基准年 2007 年 12 月 31 日所有者权益为 –7 276 亿元。四大国有商业银行中只有中国银行上市会计报表基准年 2003 年 12 月 31 日的所有者权益为正，其原因主要是中国银行出于其国际经营的战略考虑，为了避免国际监管机构就资本充足率问题不必要的问询及其带来的国际负面影响可能会给国有商业银行改革造成的阻碍，刻意选择了国家注资后的2003年12月31日为其上市财务报告披露的基准年。为此，中国银行相比于中国建设银行推迟一年在中国香港上市。

虽然有一部分同人对“技术上破产”这一论点不认同，在感情上不接受，但从以上论证看来，四大国有商业银行在20世纪90年代末确实处于“技术上破产”的状态。

二、排除万难艰苦卓绝的改革

为了协助中国银行业应对改革道路上的各种挑战，2002年年底，国家金融改革领导机构和专业人员为中国四大国有商业银行在两大关键领域的改革设计了“改革路线图”，为中国的银行改革工作提供了基准参考。

（一）营运重组

如上所述，四大国有商业银行成立之初还肩负着政府现金出纳的职能，因而其组织机构是根据国家行政区划设置的，权力架构上也是采用由上及下设立分行管理的模式。在这种情况下，四大国有商业银行的省级分行被赋予了高度的自主决策权力。在通过省级分行从总行到面对客户的分支行这种垂直运转模式下，由于省级分行的高度自主权，银行的控制链条会断裂，省级分行可能会切割总行对分行的控制，总行制定的统一的政策在分支机构推行的力度参差不齐，在分行的业务单位难以扎根，因此，许多重大舞弊案件都在地方分行发生。

对组织结构进行改造使各分支行同银行的战略和经营管理目标配套一致，这是国有商业银行管理层面对的一项最重要的改革。除此之外，企业组织结构改造还必须考虑建立内部审计和风险管理等独立的监督约束职能，以及独立地向董事会进行常规报告的工作机制。同时，应引入独立董事和聘用独立的审计师，通过建立和健全监督约束职能，提升银行的公司治理能力。总结而言，营运重组主要从以下五个方面展开。

第一，积极推进组织架构改革。设置"三会一层"的核心架构，规定了其各自的职责，管理层推行建立战略业务体，横跨零售业务、公司业务、资金业务和银行运营等业务重心，初步建立了现代化的企业制度。第二，进行业务流程的改造。股份制改革过程中，借鉴国际上大型银行机构以客户为中心制定组织架构的先进经验，把内部职责和功能按照前中后台进行分离，形成了银行内层次分明、紧密联系又相互制约的业务流程体系。第三，建立完善的风险管理体系。在董事会层面设立风险管理委员会，在管理层层面设立风险管理部，明确从首席风险官到各级风险主管、经理的职责，使风险管理功能相对独立。着重改善信贷流程，提高与信贷风险管理配套的治理水平。第四，进行人员考核评价和激励约束机制改革。引进专业的招聘和测评考核制度，完善招聘和选拔流程；制定奖惩分明的薪酬和绩效制度，实行按岗付薪和按绩付薪，同时考虑分配公平；针对员工设计和提供长期的专业培训。第五，提升信息技术支持能力。加大信息技术的开发投入，加快零售业务、信贷业务、资金业务等业务的数据集中，还完成了信息基础设施的整合、信息中心的合并、灾备系统的建设规划等任务。

（二）财务重整

国有商业银行在财务重组过程中，首先要对财务状况进行严格的尽职调查和审计，摸清家底，处理历史遗留问题，然后才能考虑进行注资重组，实现银行的初步资本化。在这一过程中，银行要解决历史上遗留的诸多悬而未决或不规范的资金关系及会计问题，使其财务报表夯实、真实，经得起外部投资者的检验。

在 2001 年年末，财政部制定并颁发了新的《金融企业会计制度》，该制度吸收了国际财务报告准则计提资产减值准备、公允价值会计处理及规范表外业务核算等概念。有鉴于 4 大国有商业银行沉重的历史财务包袱，财政部给予这些银行 4 年的过渡期，即在 2005 年 12 月 31 日以前它们必须全面执行新准则。透明和可靠的财务报告是公司治理的关键要素之一，通过它，可以逐步恢复社会各界对中国金融业的信心。

四大国有商业银行财务重组的每一个阶段都存在着大量具有挑战性的会计技术问题，这些问题的顺利解决源自中国政府的强力支持、银行管理层推进改革的决心和注册会计师的专业奉献。改革过程中出现了诸多结合中国国情的创新方法。在农业银行和工商银行的改革中，财政部启用了“共管基金”的创新模式。以农行为例，农行的发起人为财政部和中央汇金公司，当时各出资 1 300 亿元。汇金公司以等值美元现金出资，财政部的 1 300 亿元资本金并非现金出资，而是来自和农行共设的“共管基金”。“共管基金”的资金来源包括农行在“共管基金”存续期间内缴纳的企业所得税、农行向财政部派发的现金股利、财政部委托农行处置不良资产回收的净现金、财政部减持农行股份获得的收入、财政部等部门拨入的其他资金、“共管基金”产生的利息收入等。“共管基金”是一项会计创新，实质是国家利用其信誉和财政能力为银行改革争取时间。财政部没有动用现有的财政资源，没有涉及现金流，以在工行、农行的资产负债表上确认“应收财政部款项”，填补了不良资产造成的“资本窟窿”。这时，财政部扮演的是“股东（投资者）”和“国家财政”的双重角色。

如表 11.1 国有商业银行改革成本汇总所列示，按账面现金量统计（不包括银行用自身的经营利润消化的不良资产），国家为四大国有商业银行的改革所承担的成本累计达 3.6 万亿元。这些财务重组举措使得四大国有商业银行顺利解决了一系列历史遗留问题，成功引进战略投资者并上市，开始走入国际资本市场，进入企业发展的新阶段。

表 11.1　国有商业银行改革成本汇总　　　　（百万元）

项目	工商银行	中国银行	建设银行	农业银行	合计
资产管理公司债券（剥离不良资产）	312 996	160 000	247 000	345 800	1 065 796
中国人民银行专项票据（出售不良贷款）	430 465	73 430	63 354	150 020	717 269
中国人民银行专项票据(置换政策性资产)	—	18 100	21 000	—	39 100
财政部特别国债（补充资本金）	85 000	42 500	49 200	93 300	270 000
应收财政部款项（处置不良资产）	246 000	—	—	665 093	911 093
小计	1 074 461	294 030	380 554	1 254 213	3 003 258
资本金——汇金公司	124 000	174 129	181 580	130 000	609 709
小计（含资本金）	1 198 461	468 159	562 134	1 384 213	3 612 967
减：资本金——退回财政部	—	17 362	—	—	17 362
合计	1 198 461	450 797	562 134	1 384 213	3 595 605

三、经得起严格审计的银行

为什么四大国有商业银行的财务报表是经得起审计的？首先从会计报表的编制和审计流程上看，我认为有以下四点能够给会计报表的使用者带来信心。

第一，四大国有商业银行编制的财务报表所采用的是先进的国际会计准则。

第二，在四大商业银行股改上市后建立的公司治理模式下，管理层编制的财务报表是经由独立董事组成的审计委员会的审阅，再报董事会批准的，由独立董事把关。

第三，四大国有商业银行的会计报表都是经由国际四大会计师事务所审计的，并且每 8 年轮换一次审计师以保证独立性和审计质量。

第四，四大国有商业银行的会计报表是受证监会对上市企业财务报表的质量监管，受中国人民银行和银保监会对商业银行要求的行业监管，同时还受财政部和汇金公司的股东监管，在监管上都要符合各方要求。

可以说，四大国有商业银行管理层编制的会计报表，经过由独立董事组成的审计委员会的审阅和外部独立审计机构的审计，同时还受到资本市场、银行业和股东的监管，在这一过程中，从内部到外部的利益相关者都对四大国有商业银行的财务报表进行了监督，对其质量进行了把关。

到 2017 年年底，历经营运重组和财务重整后上市的四大国有商业银行，经过 10 多年的发展，已如凤凰涅槃，在资产规模、资本规模、盈利能力、抗风险能力等方面都有了长足的进步，并位于国际同行前列。

资产规模上，四大国有商业银行的资产总额达到 88.7 万亿元，4 家银行的总资产分别超过或接近 20 万亿元大关，总资产规模全部位于全球大型商业银行前 10 名。资本规模上，四大国有商业银行的权益科目总额由改革前的“技术上破产”（即负数）发展到如今超过 6.9 万亿元的水平。四大国有商业银行的资本充足率均超过 10%。股权结构上也由股份制改造前单一的政府持股改为如今的国有股东控股、社会投资者多元化持股。银行从资本市场上融入资本的渠道被打通。

盈利能力上，四大国有商业银行也取得了长足的进步，国家注资后四大国有商业银行创造的利润总额接近 7.5 万亿元，其中 2017 年四大国有商业银行合计净利润为9 092亿元，这是在计提了4 415亿元资产减值损失之后的利润规模。除此之外，到2017年12月31日，四大国有商业银行注资后累计向国家上缴所得税2万亿元，营业税1万亿元。

抗风险能力上，2017年12月31日四大国有商业银行在其资产负债表上计提的不良资产减值准备共计1.4万亿元，加上股东权益6.9万亿元，列于存款人前的抗风险资本和储备共计8.3万亿元。另外，2017年四大国有商业银行扣除资产减值损失4 415亿元后实现净利润9 092亿元，每一年的净利润能够覆盖2倍以上的不良资产减值损失。具体地说，四大国有商业银行有充足的财务能力抵御不良资产带来的冲击，维持正常有序的经营。

我相信，较高的利润水平和拨备覆盖都证明了四大国有商业银行自身的盈利能力和资产负债表的稳健性在股份制改革后得到了显著提升，它们成为真正经得起审计的银行。四大国有商业银行的资本金水平、不良贷款拨备金水平和盈利能力，能够有效地缓冲不良资产减值带来的损失，这为银行的持续经营奠定了坚实的基础。

第十二章　会计师事务所的分类

根据《中国注册会计师行业发展报告（2017）》，截至 2017 年 12 月 31 日，中国共有 7 434 家会计师事务所。怎样可以比较科学地将这 7 434 家会计师事务所进行分类，使会计师事务所与审计客户目标市场相贴近，同时也便于客户选择会计师事务所，便于监管部门对会计师事务所进行有重点的监管呢？

定量分类

规模指标是一个比较客观的对会计师事务所进行分类的定量标准。一般而言，人们对规模较大的会计师事务所所提供的产品或服务会表现出更多的信任与好感，因为规模较大的会计师事务所“犯错”的成本较高，相对而言会更加重视产品质量和声誉。另外，规模较大的会计师事务所能更好地抵制客户提出的不当要求，因为大型事务所的收入来源比较分散，它们不依赖于某一特定客户，因此在坚持审计独立性方面往往更有自信、做得更好。

中国注册会计师协会每年向社会公开发布《会计师事务所综合评价前百家信息》，这份排名榜单是由中注协根据会计师事务所上报的业务收入、注册会计师人数、受到惩戒的情况等进行综合评价后确定的。从会计师事务所的收入规模和注册会计师人数这两个规模指标来看，这是有关中国会计师事务所最权威的分类排名表。因此，中国会计师事务所的分类应该从中国百强所排名开始。

1. 中国百强会计师事务所

2017年，中国注册会计师行业的总收入是711.53亿元人民币，排名靠前的100家会计师事务所的收入总额约463亿元人民币，占比约65%。从会计师事务所平均注册会计师人数来看，截至2017年12月31日，这100家会计师事务所的平均注册会计师人数达到332人，而其他所的平均注册会计师人数仅为10人，前者是后者的33倍。这些上榜的事务所在规模、业务范围和能力以及执业质量上名列前茅，为客户所信任，所以这100家会计师事务所被人们称为“百强所”。百强所的执业质量直接关系到注册会计师行业的整体质量水平，相应的，监管机构应将这100家事务所列为监管重点，更加有的放矢地使用监管资源。

2. 证券资格会计师事务所

证券资格会计师事务所（简称“证券所”）是指经财政部和证监会批准，允许从事企业上市，以及上市公司年报审计、并购重组服务、发行债券审计等证券业务的会计师事务所。目前，这类事务所一共有40家，它们在行业中具有举足轻重的市场地位。2017年，证券所收入总额约为423亿元，占全行业总收入的59.45%。百强所中除40家证券所以外，剩下60家非证券所的总收入只占全行业总收入的5.62%。另外，2017年证券所平均注册会计师人数为712人。百强所中的非证券所平均注册会计师人数约为79人，同样存在巨大差距。这40家证券所（见表12.1）直接服务于资本市场，承担着保障中国资本市场会计信息质量的责任，是监管的重中之重。

表 12.1　40 家证券资格会计师事务所

序号	事务所名称	工商注册地
1	普华永道中天会计师事务所（特殊普通合伙）	上海
2	德勤华永会计师事务所（特殊普通合伙）	上海
3	安永华明会计师事务所（特殊普通合伙）	北京
4	毕马威华振会计师事务所（特殊普通合伙）	北京
5	瑞华会计师事务所（特殊普通合伙）	北京
6	立信会计师事务所（特殊普通合伙）	上海
7	天健会计师事务所（特殊普通合伙）	浙江杭州
8	信永中和会计师事务所（特殊普通合伙）	北京
9	致同会计师事务所（特殊普通合伙）	北京
10	大华会计师事务所（特殊普通合伙）	北京
11	天职国际会计师事务所（特殊普通合伙）	北京
12	大信会计师事务所（特殊普通合伙）	北京
13	中准会计师事务所（特殊普通合伙）	北京
14	中喜会计师事务所（特殊普通合伙）	北京
15	中勤万信会计师事务所（特殊普通合伙）	北京
16	北京永拓会计师事务所（特殊普通合伙）	北京
17	北京兴华会计师事务所（特殊普通合伙）	北京
18	利安达会计师事务所（特殊普通合伙）	北京
19	华普天健会计师事务所（特殊普通合伙）	北京
20	北京天圆全会计师事务所（特殊普通合伙）	北京
21	北京中证天通会计师事务所（特殊普通合伙）	北京
22	中审亚太会计师事务所（特殊普通合伙）	北京
23	中兴华会计师事务所（特殊普通合伙）	北京
24	中天运会计师事务所（特殊普通合伙）	北京
25	中兴财光华会计师事务所（特殊普通合伙）	北京

续表

序号	事务所名称	工商注册地
26	亚太（集团）会计师事务所（特殊普通合伙）	北京
27	中审华寅五洲会计师事务所（特殊普通合伙）	天津
28	立信中联会计师事务所（特殊普通合伙）	天津
29	上海上会会计师事务所（特殊普通合伙）	上海
30	众华会计师事务所（特殊普通合伙）	上海
31	江苏公证天业会计师事务所（特殊普通合伙）	江苏无锡
32	天衡会计师事务所（特殊普通合伙）	江苏南京
33	江苏苏亚金诚会计师事务所（特殊普通合伙）	江苏南京
34	中汇会计师事务所（特殊普通合伙）	浙江杭州
35	福建华兴会计师事务所（特殊普通合伙）	福建福州
36	山东和信会计师事务所（特殊普通合伙）	山东济南
37	希格玛会计师事务所（特殊普通合伙）	陕西西安
38	众环海华会计师事务所（特殊普通合伙）	湖北武汉
39	四川华信（集团）会计师事务所（特殊普通合伙）	四川成都
40	广东正中珠江会计师事务所（特殊普通合伙）	广东广州

资料来源：财政部、中国证券监督管理委员会 2014 年第 13 号公告。

3. H股审计资格会计师事务所

H股审计资格会计师事务所的认定有其特殊性。

在我国香港上市的内地企业（H 股企业），根据内地和香港两地上市规则和监管的要求，一直以来需要按照中国企业会计准则和香港财务报告准则编制两套财务报表，并聘请两地会计师事务所进行审计，出具两套审计报告。

2007 年 12 月，内地与香港签署了会计、审计准则等效联合声明。2009 年 8 月，内地与香港又进一步签署了关于内地与香港在对方上市的公司可选择公布以本地会计准则编制并由本地会计师事务所审计的财务报表的建议架构，从此确立了在香港上市的内地企业，可以选择公布由内地会计师事务所出具按内地会计准则编制财务报表的审计报告的工作机制安排，即在中国公布的法定报表可以直接用于香港上市和信息公开。

2010 年，财政部与证监会联合成立“内地会计师事务所从事 H 股企业审计业务审核推荐委员会”，从符合条件的证券所中择优挑选一部分会计师事务所作为 H 股审计资格会计师事务所，并向香港资本市场的五大监管和服务机构（包括财经事务及库务局、香港证监会、香港联交所、香港财务汇报局以及香港会计师公会）进行推荐。

截至 2016 年 12 月 31 日，这类被推荐的会计师事务所共有 11 家，见表 12.2。

表 12.2　H 股审计资格会计师事务所

序号	事务所名称	工商注册地
1	普华永道中天会计师事务所（特殊普通合伙）	上海
2	德勤华永会计师事务所（特殊普通合伙）	上海
3	安永华明会计师事务所（特殊普通合伙）	北京
4	毕马威华振会计师事务所（特殊普通合伙）	北京
5	瑞华会计师事务所（特殊普通合伙）	北京
6	立信会计师事务所（特殊普通合伙）	上海
7	天健会计师事务所（特殊普通合伙）	浙江杭州
8	信永中和会计师事务所（特殊普通合伙）	北京
9	致同会计师事务所（特殊普通合伙）	北京
10	大华会计师事务所（特殊普通合伙）	北京
11	大信会计师事务所（特殊普通合伙）	北京

H 股审计资格与前面提到的证券资格有所不同。更准确地讲，H

股审计资格是一种“推荐资格”，在内地与香港两地会计准则互认的基础上，财政部和证监会向香港资本市场的监管和服务机构推荐了这11家内地会计师事务所从事H股审计业务。推荐H股审计资格会计师事务所达到的政策效果是除“四大”外，财政部和证监会进一步着力培养了其他7家会计师事务所，为它们走出去，特别是走到香港资本市场，提供政策支持。但根据市场的统计数据，H股企业主要还是选择“四大”的中国成员所为其提供服务。

从促进中国注册会计师行业发展的角度看，进入H股审计资格名单的会计师事务所必须要努力投入资源提高审计工作质量，要对得起财政部和证监会的推荐，要对得起香港资本市场监管和服务机构的信任。

2012年，中注协发布了《关于支持会计师事务所进一步做强做大的若干政策措施》，鼓励会计师事务所合并。2013年，中瑞岳华与国富浩华合并为瑞华，收入总额达到24.37亿元人民币，超越了安永和毕马威当年的收入，在百强所中排名第3。中国百强所的前4名专属于国际“四大”在中国的成员所的格局被首次打破。

根据《2017年度业务收入前100家会计师事务所信息》的数据，中国有6家会计师事务所的业务收入规模接近或超过30亿元人民币，它们分别是普华永道中天、德勤华永、立信、安永华明、毕马威华振、瑞华。2017年，这11家具备H股审计资格的会计师事务所的总收入达294亿元，占到了40家证券所总收入的69%以上。

在注册会计师指标上，这11家会计师事务所拥有的注册会计师平均人数为1 339名，剩余29家证券所的平均注册会计师人数为475名，两者也存在较大差距。

4. 加入“四大”国际网络的中国会计师事务所

按照会计师事务所国际网络2017年度全球营业收入指标（见表12.3），可以将会计师事务所的国际网络分为三个梯队：第一梯队是收入在 250 亿美元以上的，包括德勤、普华永道、安永、毕马威这 4 家超大型会计师事务所国际网络；第二梯队是收入为 30 亿 ~ 100 亿美元的，包括德豪、罗申美、致同、国富浩华、尼克夏、天职 6 家会计师事务所国际网络；第三梯队的收入为 10 亿 ~ 30 亿美元，包括马施云、浩信、克瑞斯顿、玛泽、鹏歌富达、恩哈扬等。

表 12.3　国际会计网络 2017 年度全球营业收入

排名	国际网络名称	2017 年度业务收入总额（百万美元）
1	德勤（Deloitte）	38 800
2	普华永道（PwC）	37 680
3	安永（EY）	31 404
4	毕马威（KPMG）	26 400
5	德豪国际（BDO International）	8 132.8
6	罗申美国际（RSM International）	5 095.5
7	致同国际（Grant Thornton International）	5 004.7
8	国富浩华国际（Crowe Horwath International）	3 813.5
9	尼克夏国际（Nexia International）	3 620.3
10	天职国际（Baker Tilly International）	3 400.3
11	马施云国际（Moore Stephens International）	2 908.6
12	浩信国际（HLB International）	2 369.2
13	克瑞斯顿国际（Kreston International）	2 261.7
14	玛泽（Mazars）	1 679.8
15	鹏歌富达国际（PKF International）	1 298.4
16	恩哈扬国际（UHY International）	539.5

资料来源：国际会计公报《2017 年全球调查报告》，中注协译。

从上述数据可以看出，会计师事务所国际网络在第一梯队和第二梯队之间是断层的，其间没有收入为 100 亿 ~ 250 亿美元的会计师事务所国际网络。排在第 4 名的毕马威与第 5 名的德豪国际的收入总额相差约 183 亿美元，落差巨大。如果将排名第 5 ~ 10 名的 6 家会计师事务所国际网络的收入加总大约为 291 亿美元，仅略高于毕马威一家的国际网络收入。

大型会计师事务所的竞争主要是在“四大”会计师事务所之间展开的。在许多行业，企业对大型会计师事务所的选择不多。因此，监管机构不再允许“四大”会计师事务所之间的合并，同时也希望看到这些会计师事务所注重提升审计质量，减少“大而不倒”给市场带来的弊端。

2012 年年底，“四大”在中国的中外合作会计师事务所在合作期限到期时，自主选择将其业务转入新设立的特殊普通合伙制会计师事务所。从出资性质、首席合伙人设置到合伙人及员工结构，完成了本土化转制的“四大”国际网络在中国的成员所都成为与其他事务所等同的中国会计师事务所。

从实质上讲，普华永道中天、德勤华永、安永华明以及毕马威华振不是“四大”会计师事务所国际网络在中国的子公司，而是加盟成员，它们与国际网络中的其他成员所之间不是隶属关系，而是平等合作的关系。

业界将这一类会计师事务所称为四大国际网络在中国的成员所。但从另一个角度来看，就是 4 家中国的本土会计师事务所加入了“四大”的国际网络。这与瑞华加入罗申美国际、立信加入德豪国际的做法是一样的。因此，“四大”国际网络在中国的成员所，就是加入“四大”国际网络的 4 家中国本土会计师事务所。

延续市场接受的通俗叫法，在本书里“四大”仍然是统指德勤、普华永道、安永和毕马威品牌下的会计师事务所国际网络在各本土市场的成员所。

定性分类

会计师事务所是专业服务公司的一种，本身是没有什么定性类型可以区分的。我多次强调，因为中国 7 434 家会计师事务所全部都由注册会计师私人出资设立，它们都是私人企业，所以其属性都是统一的，其执业地位都是平等的。

从会计师事务所组织形式定性角度划分，中国的会计师事务所可以划分为合伙制会计师事务所和有限责任公司制会计师事务所两类。《注册会计师法》规定，中国注册会计师必须以“会计师事务所”为单位执业。中国审计市场上的会计师事务所只可以采取两种组织形式——合伙制和有限责任公司制。

与有限责任公司制会计师事务所相比，合伙制会计师事务所最大的不同是，合伙人不能像有限责任公司中的股东那样，用“有限责任”来限定其经济责任、以股东投入的资本为限对公司债务承担责任。合伙制会计师事务所的合伙人除了对自己执行的专业工作要负无限责任外，还要对与他搭档的合伙人执业所犯的过错承担无限连带责任。这种安排是从机制上对审计服务的质量提供底线保障，用注册会计师自身的全部经济实力作为抵押品，最大限度地保护信息使用者的利益；这种制度安排也时刻提醒那些选择注册会计师作为职业的专业人士必须坚守诚信和职业道德。因此，在同等条件下，企业应该选择合伙制的会计师事务所，它具有更好的审计服务质量保障机制、更强的审计责任担当能力。

采取合伙制的会计师事务所又可以选择特殊的普通合伙制或者普通合伙制作为组织形式。截至 2017 年 12 月 31 日，我国有限责任公司制会计师事务所共 3 950 家，合伙制会计师事务所共 3 484 家，其中特殊普通合伙制会计师事务所 62 家，普通合伙制会计师事务所 3 422 家。

采用特殊普通合伙制的会计师事务所主要是大中型会计师事务

所。在我国百强会计师事务所中，40 家证券资格会计师事务所已全部采用了特殊普通合伙制。

我国会计师事务所的中文名称为会计师事务所的定性分类提供了另外一个视角。会计师事务所的名字是向内与员工、向外与客户建立情感联结的品牌纽带。在西方，会计师事务所一般以创始合伙人的姓氏命名。在中国，我们极少拿个人名字作为公司的品牌。一方面，这样做容易被扣上个人主义或者利己主义的帽子；另一方面，在中国人的文化中，企业品牌不仅要为自身发展图个好兆头，还应尽可能地传递公共价值。在中文语境下，会计师事务所的名字应当维护专业主义的尊严，体现德才兼备、勤奋厚道和审慎谦卑的文化，而不是激进、张扬或者追逐名利的文化。

由于中国注册会计师制度发展历史进程的特殊性，中国的会计师事务所在品牌命名上，反映了经济制度改革和意识形态转变的特征，其中包括体现挂靠国家机关、强调地方出身和市场覆盖，以及传承历史和文化等。

改革开放后，中国的注册会计师制度得以恢复。政府机构牵头设立了一批有政府背景的会计师事务所，其中具有代表性的见表 12–4。

表 12.4　历史上的一批官办会计师事务所

序号	前身挂靠机关	前身	现在的中文名
1	国家税务总局	中瑞会计师事务所	瑞华会计师事务所
2	国家外汇管理局	中汇会计师事务所	中汇会计师事务所
3	审计署	中国审计事务所	中审国际会计师事务所

以中汇所为例，它是 1993 年由国家外汇管理局创办的。“中汇”的“汇”字体现了其与国家外汇管理局在历史上的隶属关系。

另一个例子是瑞华，瑞华的前身是二十世纪八九十年代国税总局设立的中瑞会计师事务所。“瑞”字有“好收成”的寓意，是税务系统下辖机构起名时的常用字。后来，中瑞所与国税总局脱钩，再与岳华会计师事务所合并，最终发展成为中瑞岳华。2013 年，中瑞岳华与国富浩华合并为瑞华。虽然瑞华所的经营主体不断发生变化，但“瑞”字却被一直保留了下来，显示了事务所珍惜与国税总局的渊源关系。

会计师事务所在创办初期提供专业服务的属地性质比较明显。改革开放初期，中国出现过很多由地方财政部门设立并以所在市场的地名作为品牌名称的会计师事务所，见表 12.5。

表 12.5 强调地方出身和市场覆盖的会计师事务所

序号	前身	现在的中文名
1	北京会计师事务所	致同会计师事务所
2	上海会计师事务所	上会会计师事务所
3	江苏会计师事务所	天衡会计师事务所
4	羊城会计师事务所	立信会计师事务所广东分所

进入 20 世纪 90 年代，中国注册会计师协会开始采取改革措施，规范事务所不得直接使用地名作为品牌名称。为此，上海会计师事务所更名为“上会”，江苏会计师事务所改名为“天衡”，北京会计师事务所和北京市财政局下辖的北京京都会计师事务所合并，不再以“北京”命名，并在加入 Grant Thornton 国际网络后启用了新的名字——“致同”。以广州的别名“羊城”命名的羊城会计师事务所并入立信会计师事务所，羊城会计师事务所的名字也不复存在。

在中国的会计师事务所中，“立信”和“大信”这两个品牌继承了历史传统与文化经典。

1927 年，中国“现代会计之父”潘序伦先生创办了用他自己名字命名的会计师事务所——潘序伦会计师事务所。1928 年，潘序伦取《论语》中“民无信不立”一句，将事务所改名为“立信”。潘序伦先生放弃自己的名字，用寓意深刻的“立信”二字为事务所重新命名，这件事反映了中西方文化的巨大差异。西方的会计师事务所全部以合伙人的个人名字命名，说明西方文化看重个人主义，而中国文化强调集体主义。

立信的起名与普华永道国际网络在中国台湾的成员所——资诚会计师事务所的起名有异曲同工之处。从上海移居到我国台湾地区的两位大学教授朱国璋先生和陈振铣先生于1970年共同创办了“朱陈会计师事务所”。为了事业的传承，这两位前辈采用“朱陈”在上海话中的谐音“资诚”来重新命名自己创办的会计师事务所。“资”代表以人才为本，秉持专业理念，培育专业资质，“资”也可以代表资金、资本；“诚”代表会计师职业是守护社会诚信价值的基石；“资诚”合在一起，也是会计师服务资本市场、维系诚信制度的职责体现。

1945年，中国注册会计师行业先行者之一的吴英豪先生在武汉创立了大信会计师事务所。1985年，吴益格先生作为对恩师吴英豪创办的大信会计师事务所的继承，也是为了完成老师的遗愿，在创办自己的会计师事务所时，沿用了“大信”这一历史品牌。立信会计师事务所和大信会计师事务所的中文名字都强调了诚信两字，符合中国人追求寓意的起名传统。

40家证券资格会计师事务所的注册地也是会计师事务所定性分类的一个指标。在40家证券资格会计师事务所中，如表12.1所列，注册地在北京的有22家，上海有5家，江苏有3家，浙江有2家，天津有2家，福建、山东、陕西、湖北、四川和广东各有1家。证券资格会计师事务所集中在北京，说明会计师事务所与政府和监管机构建立关系的重要性及政府和监管机构（包括股东监督）在审计市场建设中的影响力。

对会计师事务所分类的认识

表 12.6 列示了百强所、11 家具有 H 股审计资格的会计师事务所、40 家证券所以及“四大”国际网络在中国的成员所的市场份额情况，按 2017 年收入规模和 2017 年 12 月 31 日注册会计师人数分类统计。

表 12.6　中国会计师事务所分类情况

序号	事务所类型	业务收入总额（亿元）	所均业务收入（亿元）	市场占比（%）	注册会计师（人数）	所均注册会计师（人数）
1	“国际四大”在中国的成员所	156	39.1	22	3 825	956
2	H 股所	294	26.7	41	14 728	1 339
3	证券所	423	10.6	59	28 462	712
4	百强所	463	4.6	65	33 211	332

注：2017 年度中国注册会计师行业业务收入总额 711.53 亿元人民币。

资料来源：《2017 年度业务收入前 100 家会计师事务所信息》。

在思考会计师事务所分类的问题上，我认为有下列几个观点值得行业监管者和市场参与者关注与重视。

第一，所有的会计师事务所都是私人企业。每家会计师事务所都必须严格看待专业主义和工匠精神对于我们这个正在崛起的国家的意义。中国的 7 434 家会计师事务所只有坚持专业主义精神，坚持审计质量，才能营造社会和市场的诚信，为国家经济发展做出贡献。自由的市场竞争永远都是行业自我更新和不断进步的动力所在。加入国际“四大”网络的中国会计师事务所首先是中国本土的会计师事务所，它们的使命和其他会计师事务所一样是服务国家经济发展。在中国经济改革转型升级的时代，中国审计市场需要的是基于服务质量和服务能力的竞争。

迄今为止，包括“四大”国际网络在中国的成员所在内的所有会计师事务所在中国的发展不过短短二三十年，许多事务所在管理权限分配和经济利益分配上，还没有完成从创始合伙人到下一代合伙人的传承与交接。有些创始合伙人舍不得放弃自己的经济利益。在促进注册会计师行业发展的政策制定方面，政策制定者尤其要强调行业整体水平的提升，要兼顾对各类会计师事务所的支持、扶持和引导。

第二，“四大”的人才也是中国的人才。这是财政部领导提出的人才观。要关注和支持“四大”在中国的成员所中一批正在崛起的中国合伙人群体。他们是中国人，在中国接受教育，并接受了“四大”合伙人晋升路线的培养（12 年及以上的工作训练），他们是一群优秀的具有国际经验和视野的中国注册会计师。他们会与其他会计师事务所的合伙人一道成为中国注册会计师行业未来的领导者，也最有可能通过“四大”国际网络代表中国注册会计师行业在国际舞台上发出中国声音。

第三，让企业自由选择会计师事务所。“让市场在资源配置中起决定作用”是引导中国经济改革方向的根本政策。选择外聘审计师也是一种资源配置，从长期来看，应由市场决定，企业在保障股东利益和遵从公司治理规章的前提下，应该有选择会计师事务所的自主权。

有些业务主管部门设定几家会计师事务所负责一类业务，事实上这是政府为这几家会计师事务所提供的审计服务质量承担责任，而且市场会依靠政府落实监管措施来对审计质量提供保障，这降低了市场选择优秀会计师事务所的动力。就会计师事务所而言，拿到了政府的资格批文，就等同于拿到了政府监管机构对其服务质量的背书。这样做可能会导致以这些会计师事务所的专业质量的最低标准作为评价全行业质量的最小公约数，从而无法推动行业审计质量的整体提升。

向政府主管部门登记注册、接受监管是会计师事务所的义务，这与鼓励市场选择的政策并不矛盾。财政部和证监会应该重点监管大型的全国性会计师事务所。在审计市场尚需培育的中国，一定要积极推动市场选择，让市场淘汰质量不好的会计师事务所，形成一定的行业集中度。

第四，解决"大而不强"问题。注册会计师行业需要"做强"政策，这是因为一个国家的经济体质量的提高，离不开高质量审计。"做强"政策的落脚点在于质量，而质量的落脚点在于会计师事务所重视人才培养、质量控制和风险管理。支持会计师事务所不断"做强"，就等于抓住了行业发展的根本，这也是本书弘扬的观点及宗旨。对"大而不强"问题，需加以认真和细致的思考。过去10年，会计师事务所的合并还包括联合或者项目挂靠的方式。有的事务所合并是为了逃避监管处罚，解散出事的事务所，原班人马加入新的事务所，但他们还是用原来的审计方法服务客户。这样的合并可以说是"资合人不合，人合心不合"，没有促进事务所关注内部管理，没有实质性的举措促进审计质量的提升。

中国的会计师事务所的牌照发放是严格分类的，最值钱的牌照是"证券类"会计师事务所，不同类型牌照的会计师事务所合并可能会造成牌照套利的机会。如果是同类会计师事务所的合并，那么市场秩序基本固定。但是，允许一家具有证券资格的事务所去兼并一家不具备证券资格的事务所，等同于让一家具有证券资格的事务所向另外一家不具备证券资格的事务所发出"证券资格"的牌照。这样的兼并是要经过监管机构严格的审批的。

ooo0ooo

中国的经济体量庞大，拥有足够多的业务机会和足够广阔的市场空间。我希望占市场规模近60% 的40家具有证券业服务资格的会计师事务所利用好自身的竞争优势，在人力资本、技术开发、质量控制和风险管理上进行更大力度和更富远见的投资，在服务质量和专业能力上展开竞争。以“四大”为例，根据“四大”会计师事务所国际网络成员所必须遵守的“成员所标准”规定，每家成员所必须拨出其业务收入的一定比例，作为投资来投资市场、投资人才和投资风险管理，只有这样，会计师事务所才能做到一代比一代强。

现在中国多家会计师事务所的营业收入已经接近或超过30亿元人民币。一家会计师事务所如果拥有30亿元人民币的年度营业收入，那么能够分配和动用的投资金额就已经比较多了，而且会产生规模效应。这些可动用的投资金额应该用在提高审计质量及其技术手段应用上。这些投资将会为未来中国审计市场带来积极改变。

第三部分 建立基业长青的会计师事务所

第十三章　特殊的普通合伙

会计师事务所在英国法律体制下的国家或地区最早都是以“个体户”（proprietor）的方式起家的，属于小本经营，后来这些个体户随着业务扩张的需要发展合伙人，成为合伙企业。合伙企业实质上是个体企业的汇总，因为合伙，合伙人之间需要承担无限连带责任，并以此成为一个法律体，而同时合伙人自身的单个法律体的责任依然存在，英文称为“Joint & Several”，它具有个体分别承担责任且彼此之间互相连带的法律义务。在19世纪会计师职业产生的初期，会计师事务所中的合伙人非常少，人们一般都能从事务所的名称中找到它的所有者，即它的执业者。随着现代跨国企业的形成、发展和壮大，会计师事务所的规模也日益扩大，以满足服务客户的需要。但为什么会计师事务所没有像其服务的客户企业那样，在组织形式上选择从“个体户”、“合伙企业”发展到“有限责任公司”，而是一直停留在合伙企业这种组织形式上呢？

会计师事务所为什么坚持采用合伙制

大家都知道，“有限责任公司”这种制度将股东做生意过程中的经济风险限制在了股东投入的资本金之内。但对于会计师、律师这样的专业人士组建的公司，如果采用有限责任公司这种企业组织形式，为股东（即为专业人士自身）赚钱，允许公司追求无限的利润，而只需要承担有限的赔偿责任（即如果公司财产不足以清偿债务，股东就可以申请破产保护），那么人们对这种组织形式的会计师事务所的信任度肯定会降低。简单来讲，有限责任公司可以一本万利，但会计师事务所不可以。一直以来，在发达的经济体中，会计师事务所都沿用需要承担无限责任的“普通合伙制”这种企业组织形式。这种组织形式使得每一位专业人士的专业责任所对应的经济责任成了“无限”，即如果会计师故意犯错，那么他就要把自己的私人财产也赔进去，直到诉讼方接受为止。

合伙企业中的合伙人因而不能像有限责任公司中的股东那样，用“有限责任”来限定股东的经济责任，仅以股东投入的资本为限对公司的债务承担责任。另外，因为是合伙企业，所以合伙人除了对自己执行的专业工作要负无限责任外，还要对与他搭档的合伙人执业所犯的过错承担“无限连带责任”。这种制度安排不仅要求那些选择会计师作为职业的专业人士坚守诚信和职业道德，而且要求作为合伙人的他们互相监督并谨慎选择合伙人。

概括地说，就是由于注册会计师组成的合伙企业是提供诚信服务的，因此，会计师执业是在对自己的行为操守和知识能力负责的基础上“出售”供人们信赖的专业意见。要让别人信任自己提供诚信服务是很不容易的一件事，所以注册会计师以合伙企业这种组织形式向客户做出承诺，即如果注册会计师不诚实做事，就要把自己的个人财产也赔进去。这样的安排是要求注册会计师用个人的全部财务资产做担保，向客户保证注册会计师会坚守诚信和履行专业职责。可以说，合伙企业这种组织形式给注册会计师在市场上提供了信誉担保的经济落脚点，即他用自己的全部资产为自己的诚信提供担保。

在中国，“合伙制”是一个新概念。中国的《合伙企业法》直到1997年才颁布。中国的会计师事务所在20世纪80年代初期成立时，都是像咨询公司那样采取有限责任公司制。在引入会计师事务所国际网络对中国进行投资后，各家会计师事务所国际网络投资组建的国际会计公司与中国政府授权的会计师事务所共同出资、出人，组建了“中外合作会计师事务所”。中外合作会计师事务所具有两方面的重要特征：一是中外合作形式的会计师事务所是承担有限责任的；二是其出资比例和利润分配由公司章程规定，具有灵活性。由于要显示国家对于注册会计师行业的控制，即对签发审计意见进行主权管理，因此，中方在中外合作会计师事务所中的控制权在51%及以上，但在资本投入和利润分配上则由中外双方协商确定。这种组织形式为世界著名的几家会计师事务所国际网络进入中国投资和发展业务提供了制度便利，也为中国注册会计师行业的发展奠定了基础，但它与国际惯例有差异，所以具有过渡性的特点。

2012年，第一批中外合作会计师事务所的合作期限届满。为了加强专业服务机构的公信力并与国际做法接轨，财政部选择在处理中外合作会计师事务所期满解散的时点，要求会计师事务所的组织形式从“有限责任公司”转为“合伙制企业”。这是为了推动注册会计师对其故意或重大过失引发的专业责任承担经济赔偿的无限责任，以便提升执业的质量，建设对审计结果提供经济约束的保障机制。这一转变，使中国的会计师事务所组织形式的选择更加符合市场规范，并与国际惯例接轨。现在，在中国的大型会计师事务所和部分中型会计师事务所均已完成从“有限责任公司”到“合伙制企业”的转制工作。

特殊的普通合伙特殊在哪里

《合伙企业法》规定，合伙企业是指自然人、法人和其他组织在中国境内设立的普通合伙企业和有限合伙企业。普通合伙企业由普通合伙人组成，合伙人对合伙企业债务承担无限连带责任。有限合伙企业由普通合伙人和有限合伙人组成，其普通合伙人对合伙企业债务承担无限连带责任，有限合伙人以其认缴的出资额为限对合伙企业债务承担责任。但国有独资公司、国有企业、上市公司、公益性的事业单位以及社会团体不得成为普通合伙人，理由不言自明，它们不会承担无限责任。

需要强调的是，“有限合伙”（limited partnership）中的有限合伙人在订立合伙协议时就已经明确了其所承担的责任是有限的这一基本规则，即承担有限责任的合伙人与承担无限责任的合伙人在合伙企业成立时就确定了他们作为合伙人的法律义务。承担有限责任的合伙人只是财务投资的合伙人，不参与合伙企业的管理。“有限合伙”实际上讲的是“合伙有限”。

《合伙企业法》还规定，以专业知识和专门技能为客户提供有偿服务的专业服务机构，可以设立为特殊的普通合伙企业。一个合伙人或者数个合伙人在执业活动中因故意或者重大过失造成合伙企业债务的，应当承担无限责任或者无限连带责任，其他合伙人以其在合伙企业中的财产份额为限承担责任。

“特殊普通合伙”企业的前提是所有合伙人都是普通合伙人，承担无限责任。因一个或数个合伙人故意或重大过失造成合伙企业债务时，需要确定是哪一个或者哪几个合伙人对“故意”或“重大过失”负责任，其余的合伙人则被归类为无过错合伙人。那些有责任的合伙人必须对合伙企业财产不足以清偿的债务承担无限责任或者无限连带责任，而无过错的合伙人则仅以其在合伙企业的出资金额为限承担有限责任。

因此，特殊普通合伙企业，首先是一个普通合伙企业，它按普通合伙的一般规则经营，只是在应对执业失误造成的合伙企业债务时，法律对没有过错的合伙人给予责任限制的保护。所以，它是普通合伙的一种特殊形式，也被称为“特殊的普通合伙”。《合伙企业法》第五十六条规定，“特殊的普通合伙”应当标明“特殊普通合伙”字样。

特殊普通合伙在国际上对应的是有限责任合伙（limited liability partnership）。财政部鼓励事务所在英文名的翻译上用“LLP”来表示，以让国际同行理解。但在实际工作中，特殊的普通合伙（special general partnership）的表达，比英文缩写表示能更加准确地反映这一企业组织形式在中国法律框架下的含义和地位。

“特殊普通合伙”制的精髓是合伙人之间的法律责任在一定情况下可以隔离，即在保留有过错的合伙人需要对因为自己的不当行为造成合伙企业财产不足以清偿损失而承担无限责任这一重要规则的同时，切断合伙人之间的连带责任，避免无过错的合伙人因个别合伙人的过错或违法行径而遭受灭顶之灾。在“特殊普通合伙”制下，每一位注册会计师在审计报告书上签署自己名字的时候都必须掂量好，是否能够对自己的工作质量负起责任。因为如果他有意参与做假账，并发表不真实的审计意见来误导股东，他就要赔上全部的家当。而在法律上没有过失的注册会计师可以“脱责”，他们仍然保有专业工作的前途。这也是保护认真执业的注册会计师的最重要的法律体现。

规模较大的会计师事务所合伙人人数达数百人，未来发展甚至会超过千人。如果因为某个合伙人的过错就让全体合伙人对合伙企业债务承担无限责任，这显然有失公平，也没有人会愿意加入如此高风险的行业，这样的制度安排势必会降低行业的人才吸引力。所以，财政部建议直接采用“有过错的合伙人承担无限责任，无过错的合伙人承担有限责任”的合伙企业组织形式，即以“特殊的普通合伙企业”作为中国会计师事务所的组织形式，这种做法吸取了国际同行的经验教训，避免了其他国家在专业服务机构组织形式立法上走过的弯路。

在合伙企业当中，企业的治理和经营决策权通常采用的是全体合伙人“一人一票”的制度，即合伙人在选举首席合伙人或者对重大的经营决策进行表决时，由全体合伙人平等投票，一人一票汇总产生。这一点非常重要，因为“特殊普通合伙”赋予了每一位合伙人平等享有参与会计师事务所的经营管理的股东代表权利，让合伙人之间的平等合作成为会计师事务所的第一属性（即“人合”属性）；它规避了大股东在企业重大决策过程中利用资本的优势地位控制企业的局面，转而平等尊重和珍视每一位合伙人的意愿。还有，在“特殊普通合伙”制中，合伙人的人数没有上限，上述安排为巩固合伙人彼此间的信任关系，推动会计师事务所的规模发展，起到了决定性的作用。

从另外一个角度看，每一位合伙人都有成为首席合伙人的机会，这是将“任人唯贤”的原则在合伙人层面落到实处的体现。“特殊普通合伙”保障了每一位合伙人施展才华的权利，并在精英治理架构下勾画出一条平等、公开的上升通道。如果一名合伙人的才干和德行得到了大多数合伙人的认可、信任，那么他就有机会成为事务所的首席合伙人，进而代表其他合伙人行使对事务所的管理权。

业内人士可能会说，在不同的合伙企业，合伙人的选举权存在很大的不同。这是由以下两个方面的安排造成的：一个是在“权益合伙人”和“授薪合伙人”的安排中，“授薪合伙人”没有选举权和投票权；另一个是出于“论资排辈”的安排，比如担任合伙人未满一定年限的年轻合伙人，他们的投票权只算半票。这样的安排并不是股权多少的投票权分配，而是考虑了合伙人资历的影响，即资历较深的合伙人将会为企业做出更务实、更稳妥的决策。当然，也有人可能会说，这是防止年轻合伙人“造反”的条款。

ooo0ooo

“特殊的普通合伙”制让每一位注册会计师真正了解到，注册会计师职业是一份事业，而不是一门生意。注册会计师遵守自身专业的规则永远高于遵守资本的规则。会计师事务所除了要求合伙人严格遵守专业规则外，还应注重建设合伙人之间的信任关系，这种信任关系是建立在“对彼此负责、为彼此承担”的合伙文化的基础之上的。

尽管注册会计师愿意承担专业责任，但在中国的审计市场，对注册会计师行业不宜提倡诉讼文化，更不宜效仿美国那样的诉讼文化，因为这会给社会带来不必要的经济负担。当然，诉讼不可避免。在特殊普通合伙的企业组织形式下，每一位合伙人虽然需要面对追责而承担执业无限责任的风险，但只要他们坚持了职业道德、遵守了专业准则，他们面对的法律责任就是有限责任。这种制度鼓励每位合伙人可以安心和踏实地做好自己，可以相互自豪地称自己为“特殊的普通合伙制度下的合伙人”。这也是建设团结合作的合伙企业文化的一种机制保障。

第十四章　会计师事务所的业务运作模式

审计服务的产品定位

审计服务是专业服务的一种。一般来说，专业服务可以划分为以下三种类型。

一是专家型服务。对客户来说，他们不掌握这方面的管理知识，需要会计师事务所来提供。简单而言，会计师事务所与客户的关系是，“我是专家，我懂，而且只有我懂。”这样的服务自然可以卖个好价钱。

二是经验型服务。对客户来说，他们自己能找到问题的症结，但怎样下手解决这些问题需要外人帮助。具体来说，会计师事务所做过这样的案例，而且做过不止一个这样的案例，能很快地帮助客户解决问题，物有所值。

三是效率型服务。这是程序性的工作、合规性的工作，也可能是临时性的或针对突发事件需要开展的工作。对客户而言，他们雇用专业服务公司，只需要支付专业服务的边际成本，而不需承担或配置永久性的固定费用。具体来说，由会计师事务所来做，速战速决，质量可靠，客户支付的价钱也不会太高。

上述三种类型专业服务的相关特征可以用图 14.1 来进一步解释。

审计师需要对客户的会计报表和内部控制进行严密诊断，为客户量身定制审计方案。注册会计师是个高风险的行业，从事这个行业的人不多，而且需要执照管制。理论上说，审计服务应该是专家型服务，但审计工作和产品的特性趋于程序性和商品化，是合规要求的产品，因为审计服务的综合性特征，审计报告高度抽象化、同质化，会计师事务所很难对其服务进行差异化定义。所以，在当今市场上大多数的审计服务只能归类于“效率型”和“经验型”。审计又是一项公司治理安排的要求，客户一定要购买，也可以说审计服务是一种法定消费品。如果不是成熟的买家，消费者很难将审计服务的具体内容和价值与“专家型服务”联系起来。因此，会计师事务所要发展，就有必要向客户解释清楚审计服务的特征和价值，巩固自己的服务地位。

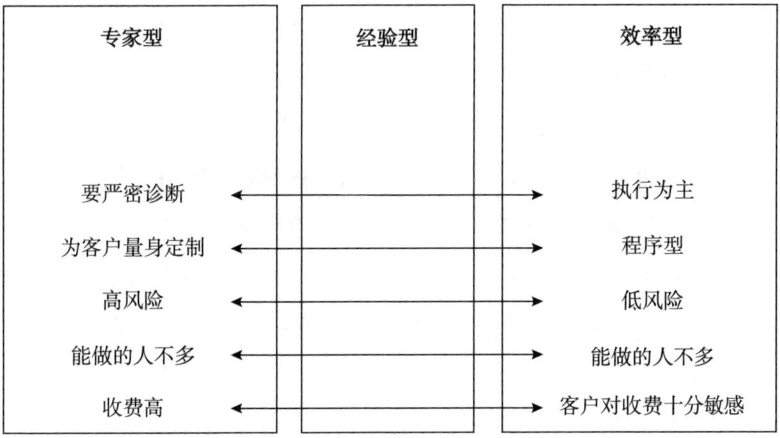

图 14.1　市场上三种类型专业服务的相关特征

审计服务的价值最终体现为一张纸的报告，涉及会计报表是否公允，与会计报告相关的内部控制体系是否健全、执行是否有效。但是，为了这一纸报告，客户要为审计师打开大门，审计师有权检查其所有经营活动的会计凭证，对业务循环及相关的内部控制和风险点进行梳理、检查，与不同层级的管理层约谈。在审计工作过程中，审计师的接触面很广，也有深度。而且审计师的任期比较长，可以累积丰富的专业服务经验。客户期待审计师通过查账发现自己的问题并提出管理建议。客户对审计师的这种期待包含在审计师的基本服务和增值服务中。

审计服务包括两种交付产品：一是审计报告，是一种合规产品；二是关于内部控制、风险管理和公司治理的建议，是增值服务的内容。对这两种交付产品，审计报告越来越商品化。在客户眼里，其价值的体现已经从专家型更倾向于经验型和效率型，所以审计师的议价能力很低。但客户应该能从增值服务的报告里看到审计师的价值，因为客户能够感到这类报告对企业发展的重要性，其产品特性倾向于经验型和专家型。

在执行审计项目中对自己的定位是为客户提供专家型的服务，即从审计计划开始，对客户的业务开展严密诊断，为客户量身定制审计方案，在执行审计程序、出具审计报告的同时，为客户提出具有商业价值的管理建议，与企业分享行业洞见，并为股东创造价值。

注册会计师必须要利用一切机会，如在向审计客户的治理层和管理层提供有关审计服务的培训会议上，认真地与被审计单位的管理层和治理层沟通讲解审计的价值。检查一家会计师事务所的质量和水平，不能只看审计人员出具的审计报告，因为这是一份对外发布的报告，其措辞标准一致，不会有太大的差异。最主要的是，治理层和管理层要认真检查和对待审计师提供的除审计报告之外的两项副产品——审计委员会报告和内部管理建议书。

审计委员会报告总结了审计师全年服务客户的工作，包括审计计划的制订、在审计工作中与管理层展开的讨论、对关键会计问题和审计问题的判断，审计师和管理层达成的一致意见或提出的不同意见、发现和记录入账的审计调整、发现但没有记录入账的审计调整、审计师对自身独立性的检查等。这份报告在很大程度上会反映审计师工作质量的差别。

内部管理建议书也称为内部控制建议书，是审计师在审计工作中针对他们所观察到的问题，给管理层提出的加强内部控制或提升管理效率及效果的建议。这些建议会对提高企业的管理水平发挥积极作用。例如，2003 年，我曾参与一家重要客户的首次审计项目。当时我们向客户提出的内部控制建议多达 300 余条。这家企业的管理层十分重视我们的内控建议，专门成立了一个落实内控建议的工作小组，在全公司督促落实和检查整改方案。经过公司管理层的努力，公司内部控制水平不断提升。5 年后，审计师提出来的内控建议约在 50 条左右，它从一个侧面表明了被审计企业管理水平的提升。可以说，这是在审计服务产品内附加的管理咨询服务，是专家型服务。

我的一位大学同学担任一家大型科技企业的财务董事，他上任财务董事后不久就启动了公司更换审计师的工作。我对公司匆忙更换审计师的行为通常是反对的，所以在收到这家公司审计师招聘的通知时，与这位财务董事推心置腹地深谈了一次，质问他为什么上任不久就要更换审计师。这位财务董事说，公司的现任审计师在财务报表审计上是称职的，但审计师要求这家公司执行严格的会计准则，具体来说，这家上市公司连续五六年为其固定资产及存货计提资产减值准备，金额常常超过 8 位数。可是，审计师什么时候提出过建议，要求管理层重新审阅和建设公司的采购流程呢？审计师有没有问过一家企业为什么要连续五六年为固定资产和存货计提资产减值准备？

分析会计师事务所的利润表

会计师事务所是一家营利机构，但它不可能是一家超级营利机构。

会计师事务所的股东，即合伙人，其收入是受限制的，因为这是一个以人的智力为基础（主要生产要素并非资本或机器），出售专业服务时间的行业，其产品与公共信任相关，它不可以无限扩大、无限创利。一个人的时间和管理幅度都是有限的，所以，会计师事务所合伙人能领导的审计服务团队的成员数即杠杆率也是有限的。在会计师事务所，每个合伙人都是“班长”，领导 15 ~ 20 名专业人才。会计师事务所不提倡也不可能实现利润最大化。但与任何商业组织一样，会计师事务所需要研究组织生产的机制，以实现要素产出最优化。

具体而言，事务所要实现合伙人的利润指标，就必须管理好以下 3 个变量：客户的利润率、员工的生产率和组织服务的杠杆率。这 3 个变量之间的关系具体可表示为：

$$\frac{\text{利润}}{\text{合伙人}} = \underset{(1)}{\frac{\text{利润}}{\text{收费}}} \times \underset{(2)}{\frac{\text{收费}}{\text{员工}}} \times \underset{(3)}{\frac{\text{员工}}{\text{合伙人}}}$$

在管理这 3 个变量时，对会计师事务所而言最重要的是要认识到这 3 个变量受到的限制，而重点是关注会计师事务所“长期发展”这个重要问题，但不能走“杀鸡取卵”式的只关心当代合伙人利润分配的生存路线。

（1）在利润率的管理上，如果毛利率低，那么要维持合伙人的利润指标，会计师事务所就只有靠提升员工生产率或加大员工 / 合伙人的杠杆比率来调节。这样，员工工作量加大，且得不到合伙人的足够指导，会很容易出现服务质量问题，最后形成低价低质的市场局面。所以，会计师事务所之间的低价竞争，是一种极为短视的行为，只会破坏行业发展的规矩，无益于行业的长远发展。

另外，如果收费水平低，而要维持比较高的毛利率，会计师事务所能够控制或减少的成本就是员工工资、租金、设备和技术培训投入的费用。这些是会计师事务所的生存要素。会计师事务所当然要对这些成本及开支进行控制以避免浪费，但成本降低到一定程度，到了“生存”水平线再度减少就是不明智的做法了。所以，靠减少运营成本提升毛利率的做法只能是短期的管理行为。

（2）员工的生产率，即员工为事务所投入专业服务时间挣取专业服务费收入，它等于每小时收费标准乘以员工的总工作小时数。

$$
\begin{aligned}
\text{员工的生产率} &= \frac{\text{收费}}{\text{员工}} \\
&= \frac{\text{收费}}{\text{小时}} \times \frac{\text{小时}}{\text{员工}} \\
&= \text{收费价格} \times \text{员工使用量}
\end{aligned}
$$

员工的使用量达到一定水平后，我们不可能再提高他们对合伙人利润的贡献率。虽然他们可以在周末加班，但这不是长久之计。会计师事务所的出路只能是通过提供更有价值的服务来提高审计团队员工组合的收费标准。当然，一家会计师事务所不能仅为提高合伙人的收入而提高收费标准，它必须为客户创造价值，如提供行业经验和专业见解等，让客户愿意支付更高的专业服务费。只有这样做，会计师事务所才会把工作的重心放到对客户的价值创造和未来的发展上来，进而形成“双赢”的局面。而要这样做的前提是投资员工培训，提高员工服务客户的专业服务能力。

（3）最后一个变量是杠杆率。在会计师事务所管理这个问题上，会计师事务所的合伙人绝对不能不关注杠杆率这一要素。管理好这一变量或许是会计师事务所成功的根本所在，因为杠杆率除了是对会计师事务所合伙人的利润贡献的重要变量外，它还是为员工提供晋升机会、提高员工对工作的满意度，以及为员工提供足够的合伙人辅导时间的指标。而对于客户，正是因为会计师事务所理解了客户的服务需求，能够配置不同数量、不同层级的员工，有足够的合伙人时间的投入，才能让客户对会计师事务所提供的专业服务感到真正的满意。因此，要保障服务质量，会计师事务所必须维护一定的员工使用杠杆率的上限。

会计师事务所的利润表的盈余有两种用途。一种是供合伙人分配。合伙人全身心地投入专业工作，出售自己的时间，是个手艺人。同时，他对审计团队提供的专业服务要承担无限责任的专业风险，且为会计师事务所的运营和管理提供资本金，因此社会给予合伙人的合理报酬是鼓励注册会计师行业发展的基本出发点。另一种是为了会计师事务所和注册会计师行业的进一步发展而拨出一定的资金，投资服务创新、产品开发、员工培训和新科技手段应用等。会计师事务所必须有稳健和较好的盈余，这样才有能力为事务所的未来拨款投资。

在此分析影响会计师事务所利润的 3 个变量，目的不是要说明如何把这 3 个变量利用到极致，实现利润最大化，而是要强调这 3 个变量受到的限制，重点关注会计师事务所的长期健康发展这个问题。会计师事务所追求利润的增长，绝不能通过无限地加杠杆、增加员工工作负荷量、减少对员工的投入来实现，正确的做法是凭借声誉和质量获得客户的认可，让客户乐于支付物有所值的专业服务费，实现“一分货，一分价钱”的定价原则。

另外，要正确看待会计师事务所的收入。注册会计师对专业风险零容忍，依照风险与报酬率之间的正相关关系，注册会计师不能获得超额报酬。这一点区别于企业家、金融家，他们可以利用资本以及对未来收入的预期大幅加杠杆，风险高，获得的报酬也高。而注册会计师的收入只能是勤奋工作和诚实守信的回报。可以说，注册会计师是一个安贫乐道的职业。当然，对注册会计师而言，除收取专业服务费之外，更重要的是获得社会公众对其专业价值的认可。客户在与审计师合作的过程中，要适时表达对审计价值的肯定，这对审计师提供更好的服务是有积极作用的。

管理会计师事务所的资产负债表

会计师事务所是“以人为资产”的公司，主要靠合伙人和员工的知识及技能创造价值。在会计师事务所的利润公式拆分中，我们可以清楚地看到，会计师事务所的员工和合伙人相当于生产型企业的机器设备，是企业生产能力的载体。

如果硬要用会计的语言来说明，把会计师事务所的人力资源放在资产负债表的资产方，那么对应的负债和权益是什么？有一种比较直接的解释是：向员工支付工资等同于向债权方支付固定利息，员工就像债权持有人；合伙人承担经营风险，在支付员工工资（即利息）后，才能给自己分配经济利益，这些合伙人就是股权的持有人。但每个员工都有“债转股”的机会，他们只要在公司兢兢业业，就有机会升为合伙人，而且他们并不需要为债转股的职业期权支付额外的现金。

不过，会计师事务所的合伙人虽然是股权持有人，但这种持有权是暂时性的。只要合伙人到了退休年龄，他就没有资格做股东了，他必须离开，而且他必须把股权交给下一代合伙人。另外，合伙人在企业中投入的财务资本是非常有限的，并且主要用于流动资金。对于会计师事务所而言，资本不是一个重要的生产要素，如上所述，它最重要的资产并不反映在资产负债表内。

合伙企业的延续会涉及合伙人的“入伙”和“退伙”。这种入伙、退伙的行为会要求公司清算其会计账目。大型会计师事务所至少每年有一次入伙（新合伙人的加入）和一次退伙（合伙人退休）的安排。所以，“亲兄弟，明算账”，合伙企业的会计账目至少每年都是要以“清算”为目的来编制一次的。要使企业的会计账目时刻接近清算价值，但又不真正地展开清算，那么这个账本上最好没有长期投资或房产类等不易估值的资产，在科目上集中于现金及现金等价物。所以，大型会计师事务所的资产负债表的主要科目就是现金和应收账款及部分正常商业活动的应付账款。应付员工的工资，包括他们的未休假期所产生的负债可能是最大的应付款。

或许有人会说，会计师事务所的另外一项重要资产是商誉。但是，商誉有没有记录在会计师事务所的会计报表上呢？答案是没有。即使会计师事务所的品牌估值很高，通常也不会记录在会计报表上，而是作为无形资产传给下一代合伙人。除了品牌价值没有被列入资产负债表，会计师事务所对人力资源、审计软件、新产品开发、开拓新市场和新领域等的投资，一般也都没有被列为资产。

会计师事务所在会计上传承的智慧是以经营专业服务现金流、管理专业服务现金流为商业运营模式的，既不对外投资，也不对外举债，一般情况下也不购置房产，资本化项目很少，以减少合伙人隔代分配的矛盾。因为合伙人的收入期是有限的、确定的，即入伙时的年龄至退休年龄这一段时间。如果在“服役”期结束后，退休的合伙人不能“裸退”，那么新的合伙人就会背负历史包袱，而且可能会越背越重。如果新、旧两代合伙人之间存在这样的矛盾，那么这种矛盾会撕裂合伙企业。会计师事务所在资产负债表上的简单安排，都是为了合伙人之间的利润分配能更加透明和直接。可以说，对复杂会计问题理解越深入的会计师事务所，选择的越是基本、简单的资产负债表的架构和会计核算方式。而且其业务模式要求合伙人多留一点给下一代合伙人，形成传承和长远的发展。

卢卡·帕乔利在《簿记论》中说：“每一年都结清账簿是一个好办法，当你与他人合伙经营时尤为如此。正如谚语所说的那样，‘账目常清，友谊长存。’”

会计师事务所业务管理的 3 个重点

理解审计服务的产品定位和会计师事务所的业务运作模式，对找到促进注册会计师行业发展的着力点是很有帮助的。取得良好的营业收入当然是会计师事务所成功的前提条件，但仅仅靠营业收入这一指标来衡量事务所的成功是不够的。一家会计师事务所的成功，不仅需要实现营业收入和利润的目标，更重要的是看它在会计师事务所的技能、人才和知识，以及客户关系和声誉度优势等方面是否进行了足额的投资。这种投资是会计师事务所发展的领先指标。

会计师事务所要定期检查是否投资建立其资产负债表的强项。比如，接受的审计项目是否对提升事务所的技能有帮助？是否是新兴行业客户，是否能为事务所带来新的行业经验？是否能为事务所培训员工提供机会？通过承接新项目，事务所是否可以开发出新的审计方法？

会计师事务所对合伙人的考核机制中应当包含一个简单的问题，即合伙人做了什么可以让事务所在未来更加成功？是培养人才、投入研发，还是改善了企业的市场形象？

在中国注册会计师行业的发展过程中，会计师事务所存在的问题主要包括：员工使用的杠杆率比国际水平高，会计师事务所的合伙人对员工的关怀和爱护及培训和辅导时间不足；行业辛苦，加班加点，员工使用量达到极限，对人才没有吸引力。而造成这两个行业发展痛点的根本因素是，注册会计师行业的价值尚不被社会所认识，行业平均收费水平比较低。因此，会计师事务所要发展，注册会计师行业要发展，就必须提高专业服务的收费水平，而要能收取较高水平的专业服务费，会计师事务所就必须提供有价值内涵的专业服务，因而注册会计师首先要练内功，提升自己的专业水平。

注册会计师行业的发展是国家经济质量的晴雨表。注册会计师行业是对社会诚信进行监督检查的纪律部队，需要得到社会的尊重和激励。推动会计师事务所的发展，让其专注于服务社会的诚信建设是社会必须支付的运行成本，是对社会诚信制度建设的一项投资。目前，中国经济处于调整结构、追求效益的发展上升期，对注册会计师提供专业服务的需求越来越大。会计师事务所如何把握好这样的历史机遇来做强做大并服务国家经济建设？一个十分浅显的道理是，审计市场中的每个参与者都对行业的长期发展负有责任，因此要推动行业走出“劣币驱逐良币”的困境，形成行业良性发展的局面。而作为审计市场的最重要的主体，会计师事务所必须认清其发展的基本规律。

首先，会计师事务所要强调审计工作的质量，专注于提升审计服务的内涵，这是会计师事务所发展的根本所在。如果会计师事务所不提高工作质量，客户得不到有价值的服务，专业人员在社会诚信建设中就发挥不出应有的作用，就不配占用社会资源。而审计质量最重要的立足点，就是坚持独立性，遵守职业道德，做好注册会计师的本分。

其次，注重行业人才的投资。会计师事务所对员工的投资包括以下三个方面：一是为员工提供丰富的技能培训课程；二是让年轻的注册会计师人才获得导师的详细指导，保证合理的杠杆率；三是促进员工保持工作和生活的平衡。员工是会计师事务所发展的根本动力，是未来合伙人和在企业中担任重要财会工作岗位的人才的主要来源。

最后，在与客户建立商业关系时，应避免短视行为，强调合理收费。没有合理的收费就不会有行业吸引力，不会有行业发展的物质基础。收费问题看上去是在为会计师事务所自己争取利益，但从社会制度建设的角度来看，尊重“工匠精神”，让专业人员获得合理的工作回报，让其心无旁骛地做好专业工作，这种做法给社会带来的效率提升、体系完善等利益，肯定大于社会为其支付的成本。

会计师事务所发展的基本规律也是注册会计师行业发展的制胜之道，无论从战略角度还是从战术角度来看都不复杂。它基本遵循这样一条规律，即手艺人要以工匠精神为先，注重质量，精益求精，做好自己的产品，在社会上形成被大众信任的口碑；带好自己的徒弟，使事业后继有人；收取合理的专业服务费，反映社会对手艺人勤奋且专注于工作的回报，并吸引优秀的人才到社会运作所依赖的行业中来。

概括起来说，管理会计师事务所只有 3 个重点：加强质量控制、加强人才培养、强调合理收费。只有这 3 个重点具有长远影响，任何不遵从这 3 个原则的做法都犹如杀鸡取卵，只能获取短期利益，对行业的长期健康发展会产生破坏性的影响。

◎ 案例：阅读会计师事务所会计报表带给我的启示

会计师事务所一般以合伙企业为组织形式开展业务，是私营企业，不需要对外公开财务报表。在英国的会计师事务所为加强公众对注册会计师行业的信心，定期编制并公开其财务报表。现以普华永道英国集团截至 2015 年 6 月 30 日的年度会计报表为例，谈谈我阅读这份会计报表的几点体会。

一、合伙制

（一）合伙人出资和权益

根据普华永道英国公布的集团合并会计报表，普华永道英国的资金来源包括合伙人缴付的资本、未分配利润和各种借入资金。

（1）截至 2015 年 6 月 30 日，合伙人缴付的资本总额约为 2 亿英镑。合伙企业执行委员会在监督委员会批准并考虑会计师事务所业务活动对营运资金需求的基础上确定向合伙人收取资本金的金额。单个合伙人的出资金额根据每个合伙人的权益单位利润占比确定，在合伙人退出后将予以返还。注意，这些资本金在合伙人退出后要返还给合伙人。从会计准则的角度看，一个企业融入要返还给合伙人（即股东）的资金不是资本金，而是债务，所以合伙人出资在普华永道英国的资产负债表上，是按金融负债进行确认的。对于归属于即将在一年内退休的合伙人的出资额，是被划为流动负债的，因为该部分资金将在报告日之后的 12 个月内退还。还有一点在普华永道英国的会计报表中没有具体说明，即合伙企业的通常做法是：合伙人退休后，合伙企业仍然会扣留其部分资本金，时间通常为 3 年，以保证其对合伙企业和其他合伙人履职。在普华永道英国，合伙人退出合伙企业须提前一年向其他合伙人发出退伙通知。

（2）截至 2015 年 6 月 30 日，在“合伙人储备金”这个科目列示普华永道英国公司的“未分配利润”，余额约 5 亿英镑，相当于普华永道英国公司（扣除合伙人提供的股本后）的净资产，是英国合伙人缴付的资本金的 2.5 倍。合伙人储备金科目的余额是读者需要特别关注的。即虽然合伙企业的利润分配要走“合伙人储备金”这一科目，但这一科目的余额是不属于现在的合伙人的，而属于未来的合伙人，在永续经营的假设下代代传下去。可以说，普华永道英国不仅给下一代合伙人提供了会计师事务所国际网络的企业架构、商誉（普华永道本身的商誉没有在资产负债表里反映），而且提供了经营需要的部分资本金。合伙人退伙的时候，他们只能要求参与退伙当年的利润分配，而不能要求分配“合伙人储备金”，合伙人储备金是留给未来的合伙人的礼物。当然，有的合伙人也会觊觎这块“肥肉”。举例来说，当合伙人把自己所在的公司卖给另外的公司时，这些合伙人就有机会兑现这些储备金和商誉，进而把储备金和商誉的金额分配给自己（因为上几代、上几十代合伙人都去世了）。如果不出售自己的企业，那么合伙人储备金和商誉的余额就会代代传下去。现实中，如果合伙人出卖合伙企业的话，自己的企业没有了，品牌没有了，他们就可能会被看成是“败家子”。

可以说，会计师事务所是一家永远在路上的企业，因为现任的合伙人要把企业传给下一代合伙人。一般而言，一个合伙人退休，在他退休前，他能让出的给新任合伙人的利润占比权益单位会超过一个新任合伙人的利润占比权益单位。这说明，一个退休的合伙人能发展超过一个新任合伙人到合伙企业来，合伙企业也因此一路不断发展壮大。

（3）借入资金。会计师事务所一向不举债经营，它们不靠资金，而靠智力服务来发展，可以说是“小本生意”。这与会计师事务所从事的是“手艺人”的工作性质有关。会计师事务所不会利用财务杠杆来经营。普华永道英国截至 2015 年 6 月 30 日的总资产为 15 亿英镑，借入资金约为 4 500 万英镑，负债比率约 3%，而且全部是流动负债。从这些数据中可以看得出来，会计师事务所的合伙人是多么保守。

（二）合伙人的利润分配及提现

合伙人的报酬仅从合伙企业在扣除应付特定前任合伙人年金和进行其他权益调整后的可分配利润中分配。合伙人的利润分配和派发由执行委员会在评估每位合伙人的绩效贡献和在年度财务报表获得批准后最终决定。监督委员会负责对此流程进行审核，并对具体执行工作进行监督。

普华永道英国每个合伙人分得的利润由 3 部分组成，这 3 部分相互关联且与企业的利润挂钩：

- 责任收入——与合伙人的持续贡献及常规责任挂钩，类似于基本工资。
- 绩效收入——与每个合伙人及其团队的业绩挂钩，类似于奖金。
- 权益收入——与企业的整体盈利挂钩，与合伙人在企业的资历累积相关联，类似于分红和多年投入的“资本”的回报。

2015 年度，普华永道英国每位合伙人的绩效收入（含权益收入）在其利润份额中的平均占比约为 37%（2014 年度为 39%），这一比例参考具体合伙人的责任以及根据适用具体合伙人的平衡计分卡中设定的各项目标的实现情况来决定。平衡计分卡中设定的考核目标包括：完成高质量的客户服务、保持独立性和职业道德操守等。

普华永道英国合伙企业的利润分配方案在年终财务报表审批通过后最终确定，每位合伙人的收入分配在所有合伙人之间保持公开透明，即每位合伙人都知道隔壁办公室的合伙人每年挣多少钱。不言而喻，公司主席是获得最大份额利润的合伙人。

如何向外界披露会计师事务所管理层的收入是一个挑战。在会计师事务所，每位合伙人的职责不同，但均享有一定的自主权和管理责任。为了财务报表披露目的，普华永道英国指定其执行委员会为公司的主要管理机构。在财务报表中，披露执行委员会的总收入，等同于披露主要管理人员的收入。在普华永道英国，公司主席的收入约为执行委员会平均收入的两倍。我认为，这是很公平的安排，作为会计师事务所的一把手，他要承担的责任和压力是巨大的。

普华永道英国的可分配利润份额按合伙人分现所得的税前数额列报，这是出于更好地反映集团盈利情况的考虑。合伙人分得其收入后还需要缴纳税金（约 48% 的税率），他们要承担的应付税款包括每位合伙人的个人所得税及英国国民保险供款。

执行委员会根据集团对营运资金的需求制定合伙人月度提现，即每个月发给合伙人多少现金的临时性现金提取方案。如果利润分配总额超过合伙人的临时性现金提取总额，则超出的利润计入资产负债表的应付账款；而如果合伙人的临时性现金提取总额超过可分配利润，则超出部分计入应收账款。这一会计处理方法也适用于在当年退伙的合伙人。当年年度未分配利润的结余归入合伙人的权益金中，为下一代多创造些机会，这也属于对合伙企业的投资。

（三）退休福利

普华永道英国的部分合伙人退休后还享受退休福利金设定受益计划，这是历史形成的。与设定受益计划相关的精算损益在发生期间全额确认，计入其他综合收入科目内，其他与设定受益计划相关的收入和支出则在利润表内确认。这是非常典型但无趣的披露，比较有意思的是，普华永道英国合伙人执行的精算假设的寿命约为 90 岁——会计师看上去还是比较长寿的一群人，他们在精算假设中的寿命比社会平均寿命要高出 1.5 岁或 2 岁。

30 年前，普华永道英国合伙人的寿命比当时社会其他各行业群体的平均寿命短好几年，主要是因为合伙人的工作强度太大，根本无暇进行锻炼，饮食也不健康，因此，与其他行业群体相比，普华永道英国的合伙人会提前进入衰老期甚至是直接进入死亡期。针对这一触目惊心的现实，普华永道英国聘请了一位高中体育老师来督促合伙人进行锻炼，同时还聘请了一位营养师来帮助合伙人培养“山顶洞人”的饮食习惯，多吃水果、蔬菜、肉类等原生态的食物。除此之外，普华永道英国还聘请了一位心理医生帮助合伙人疏解心理压力。心理医生发现，大部分合伙人的心理问题都来自服务客户的压力。终于，经过 30 年的努力，普华永道英国合伙人的健康得到了彻底的改善。

现在，加入普华永道英国的合伙人已经不再享受退休福利金设定受益计划了。

二、公司治理和审计报告

普华永道英国的合伙企业的治理架构由下列委员会组成：

- 执行委员会——负责有限责任合伙企业的政策及战略的制定和贯彻执行，并负责对公司进行领导和管理。
- 监督委员会——负责对合伙企业的经营管理层即执行委员会进行监督，并代表所有合伙人的利益。监督委员会下设审计和风险管理委员会，负责监督和审核集团财务报表的真实性、完整性及可靠性。

• 公共利益委员会——负责提升社会各方对合伙企业在决策制定、利益相关方信息沟通及声誉风险管理等领域与公众利益相关的政策和做法的信心。

上述三个委员会中，第一个委员会代表管理层，负责经营；第二个委员会是合伙人委员会，与管理层保持一定的独立性，一般由合伙人选举产生，对管理层进行监督。这两个委员会与我国会计师事务所的管理和治理架构的设计差别不大。

第三个委员会值得中国的会计师事务所学习。会计师事务所提供与公众利益密切相关的专业服务，是资本市场和诚信社会运作的中坚力量，其经营必须以公众利益为先。所以，普华永道英国聘请外部人士担任合伙企业的公共利益委员会的委员，负责提升社会各方对普华永道及其提供的专业服务的信心。

普华永道英国聘请了 Crowe Clark Whitehill 公司对其会计报表进行审计。2015 年度，这项审计服务的费用总计 50 万英镑，按照 2015 年 6 月 30 日的汇率，折合人民币约 480 万元。

尽管普华永道英国的账目风险很低，而且大部分工作底稿可以由普华永道英国的注册会计师自己做好，但为了尊重同行、尊重专业，普华永道英国向其同行 Crowe Clark Whitehill 公司支付了合理的专业费用。

Crowe Clark Whitehill 公司在审计报告中陈述，对普华永道英国会计报表的审计重点及关注领域有两个，即收入确认及对尚未发出账单的客户工作的估值，以及客户索赔备付金的计提。

以客户索赔备付金计提是否合理的审计为例，审计师会就重大索赔事项与普华永道英国管理层沟通，并在必要时同普华永道英国雇用的律师进行会晤和讨论。审计师会对这些事项进行审查，并对未入账索赔的风险评估流程进行考量。审计师还将复核普华永道英国做出的各项保险安排，并在考虑各项保险条款的影响及自身计提的拨备水平后，最终认定普华永道英国是否在确定客户索赔备付金方面做出了合理的判断。

三、社会责任

在普华永道英国的会计报表上，有一家由其合伙人 100% 控股的子公司，名为消防站营运有限公司（Fire Station Operating Company Limited）。看到这个公司的名字，读者一定会感到不解，因为单从字面意思来看，普华永道英国竟然管理着一家消防站。事实上，这家曾经的消防站已经被改造为一家餐厅了，它是一家由普华永道英国资助的“社会企业”。餐厅接纳社会上无家可归的流浪人员做厨师的学徒，帮助他们获得再就业的技能并帮助他们重新融入社会，因为心理学家说：有好厨艺的人一般不会在街上流浪。

普华永道英国参与对这家餐厅管理所得的分红全部投入慈善事业。现在，这家餐厅已是普华永道英国员工和合伙人经常光顾的地方，他们在这里就餐、约客户谈事情，而客户也为能到这家餐厅用餐感到兴奋，因为通过到这家餐厅就餐，他们能够更了解普华永道英国是一家什么样的公司。

第十五章　会计师事务所人力资本的投资和价值开发

人力资本管理的理念和重要性可以从会计师事务所人力资源部的名字改动上来体现。1990 年之前，会计师事务所中管理员工事务的部门普遍叫人事部（personnel department），到了 20 世纪 90 年代中期，人事部的名字更改为人力资源部（human resources department），现在又被更改为人力资本部(human capital department)。从人事到人力资源，再到人力资本，反映了“人才”这个要素在会计师事务所的产生与发展中的地位越来越重要，对人才管理工作的科学性认识也越来越深刻。传统工业时代以“事”为中心的人事管理模式，逐渐被知识经济时代的“以人为本”的人力资本管理模式所取代。人力资本管理模式强调人才投身于其所服务的企业的事业，是贡献其才干和能力，但他们也需要得到合理的回报，而这种回报不再简单地指每月支取薪酬，而是人才自身的发展、自身价值的提高。

人力资本价值链是指将企业的人力资本作为最重要的一项资源来统筹规划和管理，形成一个从人才引进到人才输出的循环运行链条，让参与其中的每一位员工与其服务的企业共同实现人力资本价值的循环上升。

本章将以我在注册会计师行业近30年的工作经验为基础，分4个环节（见图15.1）谈谈会计师事务所应该如何管理其人力资本价值链。

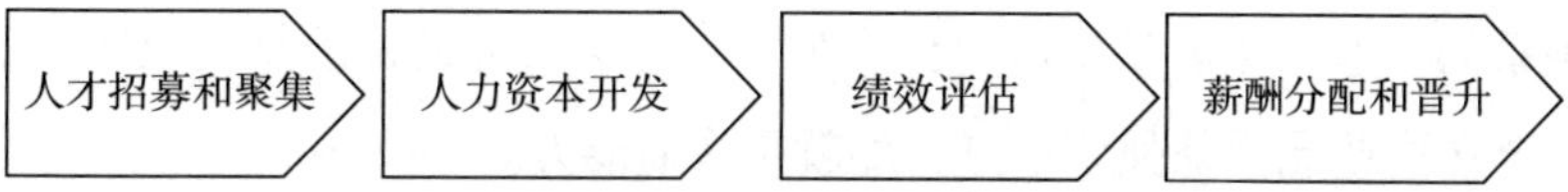

图15.1 会计师事务所人力资本价值链

人才招募和聚集

人才招募和聚集用朴素的话来解释就是指会计师事务所“招兵买马”的过程，包括人才吸引、人才选拔和员工入职3个环节。

如果说会计师事务所是一个聚宝盆，那么它聚集的宝贝就是人才。不同于土地、从事简单体力工作的劳动力和财务资本这3个有形的传统生产要素，掌握复杂技能的知识型员工的本质特征是拥有知识资本这一无形的生产资料。知识型员工一般具备较高的学历、个人素质和专业能力。他们是一个富有主观能动性的群体，在充满挑战和不确定性的工作中充分发挥个人的创新性思维和才干，同时他们的劳动成果也依赖于很多因素，包括团队协作和信任等。知识型员工对职业发展的需求一般处于比较高的层次上，他们往往更渴望在工作中通过自己提供的专业服务获得认可和实现自我价值。

会计师事务所靠什么吸引知识型人才、聚集智力资本？会计师事务所吸引最优秀的人才靠的是其人才价值主张，即会计师事务所提供的不是一份工作，而是一个值得为之奋斗的事业，一个可以成就一生的机会。会计师事务所应能为员工提供明晰的职业发展路径、多元化的培训资源、业界资深人士亲自指导的导师制度、为各种不同类型企业提供服务的项目机会等。到这里工作，无论在什么时候离开，员工自身的价值都会得到提升。

会计师事务所需要拥有全面的领导能力、敏锐的商业头脑、精湛的技术能力、国际视野，并能够与客户建立和维护互信及双赢的合作关系的专业人士。从实习生到合伙人，选拔人才的标准是一致的。如果要在这些能力外强调一点，那就是沟通能力。

在人才选拔上，我一直坚持的人才观是，重视精英的作用，要招聘和培养“佼佼者”（the best and brightest），留住最优秀的人才。在实际工作中，佼佼者的绩效远远高于员工的平均绩效，尤其是在处理复杂度高的客户项目时，两者之间的差距会更加明显。

对于从事简单工作（比如操控流水线）的人来说，一个“明星”员工的生产力只比一个普通员工高 40%，呈正态分布，标准方差约为 20%。在这种分布中，大多数人接近平均值，只有极少数人的绩效远远高于或低于平均值。然而高绩效员工和普通员工之间的绩效差距随工作的复杂度呈指数增长。

根据朗沃德大学的欧内斯特·奥博伊尔（Ernest O’Boyle）与印第安纳大学的赫尔曼·阿吉斯（Herman Aguinis）教授发表的《佼佼者与其他人：重新审视个人绩效的正态分布性》研究报告，在几乎所有被研究的行业中，作者都发现了高绩效员工和普通员工之间存在的巨大绩效差异。同时他们还发现，在知识企业，员工的绩效并不符合正态曲线分布，而是呈长尾曲线分布（统计学家称作帕雷托分布或幂律分布）。迈克尔·曼金斯（Michael Mankins）教授等在《哈佛商业评论》（2013 年 2 月）上发表的文章《明星成员打造明星团队》给出了有力例证：苹果公司王牌研发者的绩效是其他科技公司普通软件工程师的 9 倍，一流的医疗诊所中最好的器官移植医生的手术成功率是普通医生的 6 倍。图 15.2 为两种分布的对照。

注册会计师行业在中国是个弱势行业，人才吸引力不强，明星员工数量很少，极为宝贵。如果会计师事务所录用的人才不适合其岗位要求，而经培训的优秀人才又都离开了会计师事务所，那么会计师事务所就很难在竞争激烈的商业环境中获得成功。所以，会计师事务所要成功，必须花时间、精力去发现、培养和留住优秀人才。

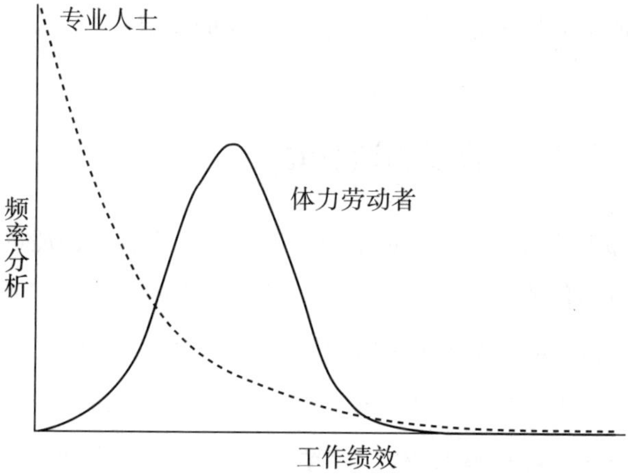

图 15.2　高绩效员工与普通员工——长尾分布与钟形分布

在人才选拔上，会计师事务所应秉承程序公正的原则。对于知识型专业服务公司，程序的公平和公正将深刻影响知识型员工在工作上的态度和行为表现。会计师事务所的员工不仅仅关注选拔结果，他们更加注重产生最终结果的程序是否公正，因为公正的程序会让知识型员工感受到自己的价值获得了珍视和尊重。他们会说，“我们就是这样走过来的。”会计师事务所应始终坚持公平、公正和公开的原则，任人唯贤，为有意愿加入的人才提供平等的竞争机会。这一原则应贯穿会计师事务所的整个人力资本价值链。

人才聚集的最后一个环节是给人才提供便捷、顺畅的入职体验，帮助他们更好地融入新的工作环境和企业文化。在入职第一天，会计师事务所应为新同事提供入职指导，帮助他们完成入职手续。在入职的第一个月，会计师事务所通常会为新员工创造认识新同事的活动机会，指导员工完成相关在线及课堂培训课程，了解行为准则、合规及独立性原则等。在接下来的几个月中，职业导师将指导新员工制定短期及长期的职业发展目标，评估新员工在其职业开端上的工作表现。正可谓“良好的开端是成功的一半”，第一年对于新员工的进步而言是很重要的，而这对会计师事务所来说也是其定义人才文化的关键一步。

人力资本开发：为员工创造价值

会计师事务所是为客户创造价值的公司，为客户创造价值也是会计师事务所的价值观和生意经。会计师事务所的另一个重要的价值观是为员工创造价值，而这个价值的衡量绝不仅仅是以工资多少为标准。人力资本开发就是要为员工创造价值。为员工创造价值主要指会计师事务所通过对人才培养的投资，提高员工的专业水平和可雇用能力，并推动其在职业发展路径上不断前行。因此，许多人认为，到会计师事务所工作，特别是大学毕业生到会计师事务所做“学徒工”，等于是又上了一所“会计师大学”。在这所大学里，我们将员工的专业知识转变为专业技能。

通常，会计师事务所的人力资本开发模式大约遵循 70 ∶ 20 ∶ 10 的原则，即在职业发展过程中，员工的进步和提升有 70% 来自自我学习、在职锻炼及经验的累积，20% 来自导师辅导及反馈，10% 来自结构化的培训。具体而言，在职锻炼包括参与具有挑战性的服务客户的项目，参与海外成员机构的交流及客户借调项目，在实际工作中应用在学校和在会计师事务所的培训课程中学习到的新知识和新技能。导师辅导除了在项目上切磋技艺外，还包括有针对性地接受导师在职业发展和解决职业发展困境的实际问题上给予的指导。导师和被辅导者的互动沟通很重要，被辅导者应该积极参与，坦诚地表达自己的职业发展需求。我们应鼓励被辅导者对自己的职业发展规划掌握主动权，因为被辅导者是“传道、授业、解惑”这一过程的直接受益者。

在为员工创造价值这个环节，大家可以看到，在职锻炼和经验累积占比最大，因为专业服务的真正价值在于能做什么，而不是知道什么。在会计师事务所里各项工作都强调动手能力，反对眼高手低。专业知识可以通过书本来学习，并且容易分享，但是专业服务的技能却只能通过实践来提升和感悟。同所有技术工种一样，专业服务领域的各项技能也是通过不断实践、经过日积月累而练就的。在实际工作中，会计师事务所员工所接触的各种行业的客户管理人员以及同他们合作的资深专业人士能够不断帮助他们积累实践经验，提升行业专门化水平和专家才干。

注册会计师人才培养非常关键的一点是，提高他们针对专业问题做出正确判断的能力。在这方面，项目技能导师会引导员工制订工作计划，系统分析工作中遇到的问题，提出解决方案。导师不仅要教会员工怎么做，更重要的是教会他们怎么想。在专业沟通和交流会议中，我们鼓励员工表达自己的观点。

作为知识型专业服务公司，会计师事务所必须注重提高所有员工的整体技能和知识水平，这就要求它们必须通过结构化的培训方案（包括在线培训和课堂培训）来更新员工的现有知识结构和技术水平。培训是一个关键绩效考核指标，会计师事务所通常会在这方面投入大量的人力和财力。而且，综合来看，无论是对学徒工的培训，还是对合伙人的培训，这方面的投入都是为了让他们在职业发展的下一个阶段做得更好。可见，对于员工的培训投资是会计师事务所的发展动力。

员工也清楚地认识到，他们在会计师事务所工作是发掘自己的潜能，参加培训是投资自身的人力资本开发。

有客户认为会计师事务所的员工太年轻，与其说他们是为客户服务，倒不如说是到客户的公司参加在职培训。对于这一点，我希望能为会计师事务所做个解释。

会计师事务所好比是中世纪手工匠人的作坊，由学徒、工人和师傅组成。在作坊里工作前几年的年轻人一般都是学徒工，他们辛苦地跟着师傅干活，给师傅打下手，而师傅则以向学徒传授技艺作为对学徒的回报。在会计师事务所中，初级员工与资深员工之间的关系就是如此，所有合伙人、经理都是从学徒工做起，经过5年、10年成为“工人”和“师傅”。学徒出师后，可以凭借自己的手艺获得更好的发展机会，这时他们会选择离开师傅和学艺的单位，因此会计师事务所的人员流动性大。由于“手工匠人作坊”的性质，会计师事务所每年都会招收大量学徒来补充“出师”的人才，这也使得会计师事务所整体人员结构呈金字塔型、年轻化。

审计工作的步骤包括查账、判断、得出结论，基础工作量大，需要较多的学徒。位于金字塔顶端及上部的资深员工（即合伙人、总监、高级经理）毕竟是少数，会计师事务所的项目因其具体工作的技术难度不同，不可能全部靠顶端及上部的这部分人才去完成。位于金字塔顶端及上部的资深人员必须具备“带人”的能力，即带领位于金字塔下部的初级人员来执行具体的项目任务。因此，在服务客户时，位于金字塔顶端及上部的资深人士负责把控判断和得出结论的工作，复核审查工作质量，而项目中查账阶段的技术性工作的具体操作则由初级人员在资深人员的监督下完成。这符合经济规律，而且为年轻人提供工作机会、提供基础专业技能的培训也是社会所需要的。

绩效评估：满足职位期望的要求

绩效评估环节强调的是对人力资本价值的评价考核，通过自我评价和外部评价相结合，审视和评估人才是否达到了会计师事务所对其的角色定位和价值要求，这是在人力资本价值链上非常重要的一个环节。

会计师事务所的绩效评估体系除了传统的“师傅对徒弟”的考核评价（通过“绩效反馈表”来反映）外，还可采用包括向上反馈（下级对上级工作表现的评估）、同级反馈和自我评估等程序，目的是通过全面评估，确定各个职位上的员工的人力资本价值在多大程度上得到了实现，为薪酬分配方案的制定提供可靠依据。

会计师事务所的绩效管理体系应该是一个循环运行的体系，员工首先要了解绩效评估的基准——职位期望和关键绩效指标，按照职位期望完成关键绩效指标的要求是年末评估及确定员工整体薪酬和奖励的关键因素。在个人年度绩效评估中，绩效反馈表中记录的工作表现的总评分和关键绩效指标的完成情况占同样权重。从薪酬管理原理上讲，会计师事务所一般基于员工的职位胜任能力进行薪酬水平审核，而完成关键绩效指标的表现将对薪酬浮动产生较大的影响。

会计师事务所为每个级别的员工设定的关键绩效指标通常包括员工（people）、客户（client）和事务所（firm）3个维度。就不同级别而言，每个维度下所包括的具体指标及每个指标所占的权重均不同。例如，以审计部门的经理为例，员工维度下的绩效指标可能包括收到的所有由下级员工完成的对上级领导的反馈评价的平均分值，以及在规定期限内完成所有被辅导员工的绩效反馈表这一重要的人才培养任务；客户维度下的绩效指标包括时间利用率达到或超过设定的范围，以及经理所负责的所有项目的客户服务投资周期达到公司的要求；事务所维度下的绩效指标包括业务拓展能力和项目利润率。这些关键绩效指标的占比加总为一定比例，而剩下的就是被考核的经理在项目上由他的上级给予的绩效反馈表中记录的工作表现评估。每完成一个超过一定数量的工作项目，他的上级就有责任和义务给予绩效反馈。这种绩效评估文化是非常开放和坦诚的，旨在提高员工个人能力和集体绩效。

通常来说，绩效评估流程的第一步是员工在每个财年开始时就根据职位期望制订个人发展计划。第二步是员工在每个财年中期及年末结合职位期望综合填写个人表现绩效反馈表，与导师进行面对面的交流，导师对员工在哪些地方做得好，哪些地方有待提高做出详细、合理的交代，并对员工的整体工作表现进行打分。第三步，即最后一步是根据职位期望指南，开展年度评审会议，对每位员工进行集体考评，打分排队。

年度评审会议就是网络上流传的所谓的“小黑会”。“四大”会计师事务所都有类似的员工绩效评价机制，由较高级别的员工聚集在一起给下一个级别的员工打分，决定他们的绩效评价、岗位升迁和工资涨幅。在会计师事务所，一般而言，有合伙人层面的年度评审会议，负责给高级经理和经理打分；也有高级经理和经理层面的年度评审会议，主要负责给高级职员和初级职员打分。

年度评审会议的参会者仅限于有权决定综合排序和打分的合伙人和员工。例如，给高级经理和经理打分的年度评审会议，仅限于合伙人参加；给高级职员打分的年度评审会议，仅限于高级经理和经理参加；而给初级职员打分的年度评审会议，仅限于经理和高级职员参加。换句话说，被排序和打分的人是不能参与会议的。或许正因为如此，有的员工把这种重要的闭门会议戏称为“小黑会”。但事实上，年度评审会议这个机制的设立是为了最大限度地保证有一个公平和透明的评分环境。

薪酬分配和晋升

人力资本价值链的第 4 个环节是薪酬分配和人才的晋升及继任规划。

员工一旦缺乏动力，就很难为公司创造价值，这是以知识型人才为基石的专业服务公司面临的最大挑战。会计师事务所需要激励员工的主动性和积极性，因为专业服务公司不能像传统型生产企业那样通过对固定的作业流程和生产步骤实施监督来控制劳动生产率和产品质量。对于专业工作而言，效率和质量同员工的动力和热情成正比，两者之间有紧密的联系。激励员工、鼓舞员工的士气对会计师事务所管理提出的一个主要要求就是做好公允的薪酬分配和晋升工作。

会计师事务所应考虑采用“个人能力决定基本薪资范围，公司业绩及个人绩效决定奖金”的薪酬分配和奖励体系，以保证企业内部价值分配的公平性。在这个体系下，公司不再以职务的高低和工作年限的长短为依据来决定员工的薪酬，而是为每个级别的岗位设定统一的基本薪酬水平，然后依据每位员工的项目工作量及表现、职位胜任能力和关键绩效指标表现来确定绩效薪酬，以实现公平起步、多劳多得的价值分配原则。

在知识型专业服务公司，专业人才对自己的职业发展道路都有清醒的认识，而且雄心勃勃。任何职位晋升制度不明朗的情况都有可能对员工激励效果产生重大的负面影响。因此，晋升机制和薪酬分配机制一样，也是人力资本价值链的重要组成部分。

会计师事务所在晋升机制设计与管理上坚持公平、公正和公开的原则，遵循既定的晋升评估程序，对每位员工的专业能力、项目经验及工作表现等进行综合评估，为评估结果合格的员工提供晋升机会。

员工心里都有一杆秤，会衡量公司的每一个决定是否都是公平的。一般来说，衡量程序公正的因素有三个。第一个因素是员工认为他们在决策过程中的话语权有多少，即他们的意见和想法是否得到了足够重视。第二个因素是员工对决策的制定及执行的看法，比如决策的制定和执行是否始终一致？决策的制定是否基于准确的信息？如果出现错误，是否能及时改正？决策者的个人主观性影响是否降到最低？是否提前告知员工？决策过程是否公开透明？第三个因素是公司的管理层如何表现，即他们会解释做此决策的原因吗？他们会尊重员工吗？会积极聆听员工的心声并设身处地地为员工着想吗？

值得注意的一点是，程序公正和结果公正是有区别的。程序公正并不能确保员工总是获得他们期待的结果，但能让员工有机会表达自己的心声。举个例子，一名员工晋升失败，如果他认为晋升成功的候选人确实够资格，如果他的上级能坦诚地告诉他如何更好地为下次晋升做准备，那么他的工作积极性就会更高，也会更好地融入团队。相反，如果他认为晋升成功的候选人是走后门、靠关系，或者他没有获得上级的开导与帮助，那么他的积极性以及与同事的相处就会受影响。

在制定人才政策上，许多管理人员首先想到的是用钱解决问题。但殊不知，在会计师事务所只要合伙人始终坚持程序公正，就能减少开支。合伙人问问员工对公司管理的看法，或者向员工解释一下为什么把一个优质项目分配给了他的同事，做这些事情不需要花费多少成本，但能大幅提升员工的满意度。

大多数会计师事务所目前所面临的一个现实困境是晋升为合伙人的机会越来越少，这种不确定性在中高层的员工晋升问题上表现得日益突出。为应对这一挑战，会计师事务所除尽力开发业务为员工创造和提供晋升机会之外，还更加注重提高员工的可雇用能力，帮助员工做好职业规划，以便他们在离开后自身的价值也可以得到实现。

离开会计师事务所到商业单位工作是许多专业人员的职业选择，因为经过在会计师事务所的培训和工作锻炼后，员工成为市场上非常抢手的人才资源，而且他们通常能够在下一个外部工作岗位上获得更加丰厚的薪水。在员工准备离职时，我对他们的辅导是，外出找工作必须看到 3 年后自己的价值，要自信地与未来的雇主沟通，体现他们因受益于会计师事务所对人力资本的投资和开发而体现出的价值。如果继续留下，那他们 3 年后就能从经理升为高级经理，能够在职业阶梯上更进一步。因此，在新公司，他们也要寻找这条晋升通道，而且要与新雇主坦诚讨论相匹配的薪酬安排和对晋升的期许，不要低估了自己的潜能。

人力资本管理的挑战和对策

会计师事务所在人力资本管理方面面临的最大挑战是较高的人才流失率。人才的流失意味着事务所失去了对人力资本的投资收益，而为补充新的人力资本事务所还要花费招聘开支，并且还可能带来试错成本。所以，会计师事务所重视培养在其内部成长的人才，降低人才流失率。

会计师事务所面临较高人才流失率的主要原因如下：

（1）工作量大，工作时间要配合客户的需求，在时间安排上以客户的要求为主，掌握自己日程的自主性和灵活性低，员工很难保持生活与工作之间的平衡。

（2）各级师徒关系不融洽，员工的工作成绩在团队中未得到足够的重视和认可。在实践中，对专业人才的大多数激励都是通过专业人才与他的直接上司之间的互动来完成的。在会计师事务所，员工都很珍视与他们上司的关系，当他们没有获得上司的足够指导或者无法与上级建立并维护良好的工作关系时，他们就有可能选择离开。

（3）升职及个人发展空间有限。初级员工和高级员工的工作重复性高，他们不愿意长时间等待下一个级别的有技术含量的工作机会，早些离开比留下对他们来说看上去更容易获得学习和发展的机会。

（4）事务所认可与奖励未达预期。事务所对员工的付出认可不足，合伙人高高在上。初级员工与高级员工无法获得与其工作量及对事务所贡献相匹配的奖励，而且员工福利不多，缺乏物质奖励措施。有时，他们不被重视，特别是事务所的高级员工，他们是项目开展的中坚力量，但可能很少得到合伙人的关注和辅导。

为实现人力资本的保值和增值，会计师事务所必须认清形势，改变做法，加强沟通，留住人才。如今，80 后和 90 后已经成为事务所的主力军，他们强调在工作中寻求满足感和成就感，并且勇于表达自己对个人事业和事务所的期望。他们更加了解和关注世界上发生的一切，善于利用新技术来帮助自己更加灵活地工作和生活。在互联网科技发展日新月异、金融服务业创新节节推进的社会环境下，互联网企业和金融企业对专业人才的吸引力相当大，因为无论是从经济报酬上还是从职位晋升上，这些岗位都不需要他们花费10多年才能到达下一个较满意的职业台阶。

针对上述人才流失的原因，在对80后、90后人才进行管理的过程中，会计师事务所可参考以下措施来提高留住人才的能力：

（1）认同80后、90后期望拥有转换职业发展方向的选择自由这一想法和态度，而且不希望他们只有通过离开公司才能实现自己转型发展的想法，为他们提供在公司内部转型发展的不同机会。消除公司内转型发展和调换岗位的各种障碍，专门制定人力资本发展相关政策，当员工在公司工作到一定年限后，公司主动为他们提供尝试不同职业发展选择的机会。

（2）努力提升员工在工作和生活之间安排的灵活性，确保员工即使在最繁忙的工作期间也能拥有可自由支配的个人时间。同时，鼓励项目组成员采取包括远程工作等在内的有效工作方式。

（3）建立有效的奖励机制，并定期按贡献大小对员工进行表彰和奖励，对员工的优异表现和发展潜力予以认可。除经济或物质上的奖励之外，会计师事务所要更注重提供能让他们的职业发展长期受益的奖励，比如为员工提供海外工作和学习的机会。对于优秀员工，提供机会让他们去会计师事务所国际网络在美国、英国等发达国家的成员所参加领导力培训课程。派遣有发展潜力的员工到行业主管和监管机构中进行短期工作，如借调有潜力的员工至财政部、证监会、银监会、国资委监事会等行业主管及监管机构工作。

（4）推出“与领导层对话”等活动，让所有员工都能积极参与公司管理，更好地了解公司在做什么和为什么要这样做，让员工能有机会和渠道就公司的发展表达心声。鼓励职业发展导师投入时间和精力来倾听被辅导者的心声，鼓励员工在工作中发挥最佳状态，维系上级与下属、企业与员工之间的情感纽带。

许多会计师事务所还通过建立“校友”网络建设“校友”之间相互合作、相互照应的文化，为公司的人才创造发展机会，实现人力资本的增值；即使有的优秀员工离开会计师事务所一段时间，但如果他们在新的工作单位找不到符合自己发展的环境，他们重返会计师事务所也会受到欢迎。从这个角度看，会计师事务所是一家名副其实的会计师人才培养的大学。

ooo0ooo

注册会计师行业是知识密集型行业，这个行业最重要的资产是人才，因此，会计师事务所能否保持竞争优势的关键在于能否最大限度地集聚和培养最优秀的人才，并利用这些人才的专业知识和创造力不间断地为客户提供高质量的专业服务。在知识经济社会，能否集聚最优秀的人才，不再是简单地取决于薪酬的吸引力，而是能否对人力资本价值链上的各个环节进行最有效的管理。

传统的人事管理部门强调的主要是参与事务性管理，在企业中的地位较低，其目的是做好人力资源的后勤保障工作，为提高企业劳动生产率服务。人力资源管理比人事管理更具系统性和战略性，它主要着眼于企业的长远发展，将人才视为重要的资源，注重员工的技能开发，为企业创造价值。而人力资本管理与前两者的主要区别是视员工为投资者，综合考虑企业利益和员工利益，形成利益共同体，达到企业和员工共赢的结果。

在实践中，要实现员工和会计师事务所的双赢，做好人力资本管理工作必须遵循以下3个简单原则：

- 选贤纳才，择优录取。
- 从选拔人才到绩效评估，始终坚持程序公正。
- 尽一切努力激励员工的主动性和积极性。

以上3个原则是激发人力资本活力与潜能的基础，也是会计师事务所想要获得成功的最大保障。

◎ 案例：年轻人不愿意等12年才当合伙人怎么办

专业顾问的成长，通常需要经历5个阶段：1~3年开始做学徒工，4~6年是高级学徒工，6~9年晋升为经理，10~12年担当高级经理，12年以上就可以成为合伙人。

一、专业人士如何显示自己的“差异化优势”

成长过程中，在还没有完全准备好的情况下，专业顾问要怎么赢得客户的信任、帮助客户解决问题？现实中，我们永远不可能完全准备好，也不可能帮客户解决所有问题。作为一名专业顾问，面对客户的问题，如果能和客户平等而自信地交流，给他带去新的思想和视野，那么就是在帮他解决问题。所以不要纠结于什么是最好的解决方案，重要的是，你有没有在解决问题的过程中帮助客户不断提升、不断学习。如果做到了，那么你就已经成为一名值得信赖的专业顾问。对于专业顾问来说，没有什么比当你的客户遇到问题，第一个想到你这一事实和感觉更加重要。为此，我们要好好努力和准备。

专业顾问需要有打通“政、学、商”这三界的能力。政学商这三界在国外是相对独立和分离的，在国内专业人士的优势是将这三界打通。政是说你要了解政策，学代表你的专业研究能力，商是你能带来的利益。在政面前你就要做好学和商，在学面前你就要做好政和商，在商面前你就要做好学和政。能建立起三者的关系，就是你在问题解决方面的差异化优势。

服务年限、专业职能、行业专门化和工作地域是专业顾问成长的过程中最被关心和拿捏的4个因素，其中专业职能和行业专门化是最为重要的两个条件。作为专业顾问，一定要不断强化自己的专业能力和行业属性。同样是审计专业，面对一个IT（互联网技术）公司和一个制药厂，专业人士要解决的问题就完全不一样。行业专门化是专业顾问成功的必要条件。有的专业顾问选择通用顾问领域（general consulting），无可厚非，这也是一种专门化，市场有需要。

二、晋升合伙人需要考量的3项技能是什么

当然，解决问题只是专业顾问的基础角色。在成长为合伙人后，专业顾问还要承担管理者和股东两个角色。管理者是说专业人士不再只是简单的提供专业意见，他还要管理项目和客户关系，股东则意味着他同时也成为公司的拥有者，享有经济利益的分配权。但要认识到，专业服务公司的股东，是典型的事业合伙人，他们虽然拥有公司的股票，但这种拥有、这种所有权只是暂时的，一旦退休，合伙人的股票不能带走，不能传给自己的后代，没有了专业顾问的“民工”角色作为基础，股东的权利也不复存在。这些股票留给了谁？留给了下一代优秀的专业顾问，他们通过自己的努力进入了合伙人的序列。这样一代一代的传承，就是专业服务公司合伙制度的真谛。

是不是只有技术能力强，帮客户解决问题才能成为合伙人？事实上，技术（technical）、销售（sales）、管理（people）能力是我们常见的合伙人所具有的3个特征。我认为3个特征都具备的人是几乎不存在的。专业能力强、客户服务能力好，但臭脾气的合伙人不在少数；对团队很和蔼，能够带来项目，但技术一般的合伙人也同样存在；也有些合伙人技术好、人缘好，但他们就是不会“做生意”。在专业服

务公司，只要具备上述技能其中之二就可以成为合伙人，即使不具备技术、销售和管理中的某一项能力，但通过“合伙”、通过团队之间的精诚合作与合理搭配，便能够帮助客户解决问题，为合伙企业共同创造更大价值。

三、年轻人不愿意等 12 年才当合伙人怎么办

专业服务公司的职业晋升和发展机制，对于年轻人来说虽然是一种成长的指引，但现在愿意完完整整地走完这 12 年的人却越来越少。互联网时代的冲击、事务所工作内容的枯燥、新生代更加强调工作生活平衡的价值观，让年轻人在成长过程中面临更多的诱惑。即使在我成长的时代，专业发展和晋升过程中也会面临各种迷惑。成为专业人士后是否还要继续走专业服务这条路？成为经理后我要什么时候升合伙人？这些都是我当时感到困惑的问题。

而在当下，该如何辅导年轻人做好准备，让他们更好、更稳健地成长起来？一方面我会鼓励他们在事务所的晋升和发展机制下，从基层快速地成长为中层管理者，再成为高层管理者，要知道在哪些节点上快速突破自己，走上更高岗位。但同时，要认同年轻人自己的追求。因为专业服务本质上是服务企业和企业家的，专业顾问的工作和企业家的工作在一定程度上是对立互补的。企业家去打仗，专业顾问在打扫战场。所以我也常常会鼓励年轻人，如果看到自己的企业家精神，那他们要勇敢地去追寻自己的内心，加入企业家的队伍。

毫无疑问，专业服务公司也要在年轻人成长的过程中为他们提供更加丰富的工作内容和有一定吸引力的薪酬，帮他们做好职业发展的支持工作。如果员工在成长的过程中没能坚持下来，中途离开了，专业服务公司拦也拦不住，让他们去外面看一看、闯一闯吧。但同时，专业服务公司也非常欢迎专业顾问离开之后再回归。这和过去的单行线交通规则不一样，现在的专业顾问离开专业服务公司后，再回归的

路径仍然是畅通的。

社会对专业服务公司要有更高的支持度，鼓励年轻人成长为专业人士，因为专业人士和专业服务公司的水平比较多地代表了一个国家的经济发展水平和质量。专业服务公司的贡献不仅是帮助企业解决问题，引领和推动各行各业的发展，它们对社会的另外一个重要贡献是培养人才，专业服务公司是另一类的教育机构。

年轻人按照走向合伙人的路径去成长是很好的选择，我相信，合伙人的岗位是值得努力和奋斗的。专业服务公司也为年轻人提供了一个比较安全的工作环境。这里讲的安全是有道德底线，把守手艺人的尊严和面子的坚持。我们从事的专业工作能够帮助企业解决问题，但从更大的层面来讲，我们推动了经济的高效发展，为社会贡献了专业价值。但同时，年轻人也要时刻问问自己的内心，永远不要忘记自己内心的企业家精神。

第十六章　合伙人后的成长路径

合伙人是做什么的

在会计师事务所，合伙人既是生产者，又是管理者，而他们作为股东的地位是相对次要的。在哈佛学派中，会计师事务所的合伙人被定义为“生产型管理者”（producing manager）。

合伙人在会计师事务所中主要承担 3 项相互交替的职能。

（1）作为生产者，合伙人主要负责项目的执行、服务客户。“合伙人”这一称谓体现了对其作为生产者的技术能力的肯定。合伙人首先是专业会计师，他们是能够解决客户复杂商业问题以及处理资本市场复杂交易事务的技术专家。他们需要参加客户公司召开的董事会审计委员会，与董事长和首席执行官直接进行沟通，因此，他们是具有较强技术能力、能解决复杂问题的生产者。

（2）会计师事务所的经营也是一盘生意，作为管理者，合伙人要对企业的收益和员工的生计负责。他们要参与企业的管理和决策，并负责制定市场开发策略、财务管理与成本控制策略及企业的运营策略等。除此之外，合伙人还要积极维护和扩大企业的品牌影响力，为公司的业务发展招聘和培养人才。

（3）合伙人还是会计师事务所的在职股东，在任职合伙人期间拥有股权，分享事务所的业绩增长和盈利。合伙人在审计业务中承担无限责任，如果会计师事务所因协同或帮助客户做假账被起诉，那么除合伙人缴纳的公司资本金之外，作为股东的合伙人在必要时还需使用个人财产进行赔偿，以承担无限责任和无限连带责任。不过，会计师事务所合伙人的“股东”身份有其特殊性，即合伙人在退休或离开会计师事务所时，不能保留他的股权或将股权传给自己的孩子，而是把全部的股权无偿退还给事务所，重新分配给从员工中提升的符合资格的新合伙人，代代传承。从这个意义上看，作为股东的合伙人仅仅是他服务的会计师事务所品牌的临时守护者。

什么样的合伙人才算是一个合格的合伙人？回答这个问题可以从考核合伙人绩效（performance）的5个维度的P来观察，它们是：人才（people）、产品（product）、平台（platform）、流程（process）和公司政治（politics）。本书对于合伙人培养人才、通过不断提高产品质量服务客户和投资大众着墨不少，这些都是会计师事务所前台（front office）的衡量要素，现在要讨论的是合伙人支撑会计师事务所长期发展的中后台（middle and back office）的重要因素。从上述5个维度看，注册会计师行业必定是个长久的事业，不能用短期的绩效考核指标来核定。

平台建设包括投资行业专门化、投资思想领导力产品、投资以客户为中心的创新服务模式。比如，在最近5年，我曾共事的几位来自不同业务领域的合伙人认识到中国私募基金客户的发展，他们成立了一个虚拟的私募基金服务团队，从尽职调查、组合公司的审计服务、税务规划等不同领域为客户提供一站式服务。这个虚拟的私募基金服务团队在客户眼中就像是私募基金服务公司，客户得到的是打破部门间壁垒的服务团队的贴心服务。同时这个平台也为员工提供了发展的机会，这个虚拟公司的员工工作满意度在公司内部名列前茅。

流程包括财务流程、人事流程、IT 技术流程和行政支持流程等。有的合伙企业是搭伙吃饭，所以合伙人不关心这些中后台的重要流程。但要实现合伙企业的永续发展，理顺这些流程的重要性不言而喻。一个合格的合伙人必须为流程建设和改善做出自己的贡献，要日思夜想地问自己：我走进事务所的大门，这家事务所是我所拥有的，事务所的运作在哪些方面能做得更好?

公司政治在这里不是一个负面词，它是公司文化的代名词。在合伙企业讲政治就是要贯彻合伙企业的和谐文化，要落实为下一代留下一个更强大的事务所的奉献精神，要坚持稳健的专业主义精神。每个合伙人都是事务所发展的政治任务的落实者。合伙人必须对事务所的长远利益负责，而且要把合伙企业的整体利益放在合伙人的个体利益之上。合伙人要自信而不自负，联系他们的纽带是信任和合作。

现在，合伙人的概念也在不是合伙企业的企业管理和治理理念中不断涌现。合伙人有两种，一种是法律意义上的，即合伙企业中的合伙人；另一种是管理意义上的，比如事业合伙人。事业合伙人虽然不需要像合伙企业的合伙人那样承担无限连带责任，却在事实上营造出了一种对合伙人彼此、对企业以及对股东有所担当的文化。每位合伙人的行为都会影响其他合伙人的利益。任何舞弊、疏忽、渎职或者碌碌无为都将对全体合伙人的利益造成伤害。因此，事业合伙人不仅关心自己的工作，他们之间还有信赖感，会相互提醒、相互帮忙，是互相救场而不是互相拆台。

万科公司总裁郁亮先生曾这样总结：事业合伙人就是掌握自己的命运，形成背靠背的信任，把事业做大并分享成就。在这一制度下形成的管理团队将是极具战斗力的，因为这群人抱有共同的理念、共同的价值观以及共同的追求，为了一个共同的目标而努力，荣辱与共，利害相依。

如何培养合伙人

在会计师事务所里，新升任的合伙人被归类为当年的毕业生。从这一点可以看出，合伙人在升任合伙人前都被当成学生，在工作岗位上需要不断接受培训和累积实践经验。一名合伙人如果22岁大学毕业，13年后晋升为合伙人，60岁退休，那么在他成为合伙人之后，他还有25年左右的发展时间。在晋升为合伙人后的25年里，这些毕业生在会计师事务所又是如何成长的？

注册会计师升任合伙人后的职业发展大致可以分为4个阶段。

第1～3年为“基础阶段”，亦称“小Par”阶段。在这一阶段，新晋合伙人的发展目标是：再次启程，对自己的职业生涯负责，打好基础，逐步适应合伙人这一新角色，做好合伙人成长和开局之年的工作衔接，成为一名合格的合伙人。而会计师事务所对合伙人的期望是，树立“这家事务所是合伙人自己的事务所”的主人翁意识，并通过丰富自己的专业知识和拓展客户关系成为值得信赖的合伙人。

例如，上市公司的审计报告是资本市场信息披露机制的重要组成部分，与公众利益相关，但涉及的审计风险比较高，必须由有经验的合伙人带着年轻的合伙人来负责签发。依据这一传统做法，上一代合伙人带着新一代合伙人进步，从而使那些新晋合伙人在“小Par”阶段接受辅导，进而获得成长。

第4～10年是“快速成长阶段”，亦称“大爬”阶段。合伙人在这一阶段的发展目标是：全面承担合伙人的职责。会计师事务所对合伙人的期望是，利用事务所为合伙人提供的各种机会，包括服务重大项目的机会和借调等，让合伙人努力做出成绩，在职业通道上迅速地往上“爬”，为合伙企业承担更重要的职责。这里的“爬”也有在报酬上快速增长的意思。在“级级锁定、同步上升”的薪酬分配制度下，合伙人的收入依照其资历被限定在不同的格子里，所以合伙人每年的收入和职位的上升也被称为“爬”格子。

第 10 ~ 15 年为“掌门人”阶段。这一阶段合伙人的发展目标是：承担管理责任，在不断提升自我的同时，引导、鼓励和帮助其他合伙人获得成功。从会计师事务所管理的角度出发，各个业务条线或区域的负责人往往都是由处于“掌门人”阶段的合伙人担任的。

第 15 年之后为“祖师爷”阶段。合伙人在这一阶段的发展目标是：把自己的经验、见解传授给下一代合伙人，即在公司留下自己的“遗产”。合伙人的终极目标是把一个更强大的会计师事务所留给下一代。

每个合伙人都有初当合伙人的经历，他们的成长都要靠自己去领悟、去体验，但会计师事务所应该安排系统的培训课程和合伙人之间的传帮带及领导合伙人的阶梯培养。会计师事务所应在上述从“小 Par”、“大爬”、“掌门人”到“祖师爷”的每个阶段，都为合伙人设计和提供相应的培训计划。

培养合伙人的原则与培养学徒工的原则是一样的，因为从学徒工到合伙人都被视为专业人士。而对专业人士的要求在商业社会是一致的。所有专业人士均需遵循五大要求：拥有全面的领导能力、敏锐的商业头脑、精湛的技术能力、国际视野，并能够与客户建立和维护互信和双赢的合作关系。围绕对专业人士的上述五大要求，会计师事务所应为合伙人设计培训计划、提供发展机会，让合伙人在自己热爱的专业领域，实实在在地有所作为，在留下自己成长足迹的同时，为自己服务的客户和经济体做出专业贡献。

在工作中学习和成长是会计师事务所培养人才的一个基本路径，对合伙人更是如此。因此，合伙人最主要的培训机会还是在服务客户的项目上。做好客户服务对合伙人来说应该是宗教一样的信条。

会计师事务所通常会为合伙人开设了多种培训课程，包括核心课程，客户关系、业务洞察力和全球视野课程，以及领导力课程等内容。合伙人培训的核心课程主要围绕如何进行战略性思考来展开。会计师事务所的经营是一盘特殊的生意，既不能完全以盈利为目的，又不能不以盈利为基础。作为管理者，合伙人要参与事务所的管理和决策，负责制定市场开发策略及企业的运营策略，开发客户需要的产品。这就要求合伙人具备战略性的发展思维和眼光。这些核心课程帮助合伙人探索在决策过程中如何运用战略性的思维想问题，思考哪些手段和方法有助于强化公司的战略发展，用会计师的语言和工具武装合伙人。除此之外，核心课程还包括合伙人应做的基础功课，例如，如何与审计委员会打交道、如何与客户谈判等。

客户关系、业务洞察力和全球视野方面的课程包括维护公司品牌、打造个人品牌、理解全球趋势及其影响等，帮助合伙人与客户进行有意义的对话，为客户带来价值。强化客户关系是通过真诚地服务客户、为客户解决问题来实现的，合伙人要努力使自身的专业能力被客户认可和接受。另外，还应鼓励合伙人勇于表达自己的观点，用思想领导力成为行业领军人才。

在讨论培养下一代合伙人的计划时，我熟识的一位资深合伙人分享了自己的经验。他说，在他的层面，与企业家如李嘉诚、马化腾等会见的时候，很少会讨论具体的会计问题，而是主要关心和讨论经济和社会问题及趋势判断。合伙人要成为“掌门人”，不仅要在会计技术上有基本功，而且更重要的是，要在格局理念和趋势预判方面有自己的看法。

领导力方面的课程包括合伙人如何进行自我管理、如何管理好专业服务公司等。公司的高层管理人员常常面临工作压力大、身心疲惫、没有属于自己和家人的时间等问题。会计师事务所还应考虑开设相关培训课程，帮助合伙人进一步增强心理抗压和调适能力、提高身心素质。

担任合伙人 20 余年后，合伙人将面临退休问题。退休合伙人是事务所的一笔宝贵财富。会计师事务所通常希望他们在退休后与事务所积极保持联系，关注并支持合伙企业的发展。但更重要的是，会计师事务所有责任让合伙人退休后在财务上有保障，让他们生活得幸福并多做对社会有益的事情。有的会计师事务所在“祖师爷”阶段的培训安排专门设置课程，为临退休合伙人进行退休前的适应性准备培训，帮助他们做好临退休前和退休后的工作及财务规划，使他们能够适应退休生活。

合伙人的领导力分类

按照不同的领导力风格，会计师事务所的合伙人可以划分为事务型领导者（transactional leader）、流程型领导者（process leader）和战略型领导者（strategic leader）3 类。

在会计师事务所，有许多合伙人可以说是传统的事务型领导者，他们会全身心地投入客户期望他们承担的合伙人工作中。他们通常擅长带领团队开展各种客户服务项目，与客户发展并维护良好的业务关系。表现卓著的事务型领导者在服务客户及把控项目质量等方面所展现出来的能力首屈一指。他们亲自领导并参与项目工作，直接与客户打交道，发挥了重要的项目领导作用，是深受客户信赖的业务顾问。有些事务型领导者可能会受个人经历或经验所限，没有站在全局和战略的高度上考虑问题，但事务型领导者是事务所需要的基础合伙人人才。简单地说，事务型领导者业务娴熟，能带领团队做好项目、服务好客户，他们是“将才”，能在自己负责的“一亩三分地”里做出不错的成绩，即使遇到再难的专业问题，他们也能独当一面，做到令客户满意。但是，事务型领导者容易看不清大方向，应对系统性风险的能力相对薄弱，可能缺乏为事务所带来持久性改变的影响力。事务型领导者可能适合不太喜欢承担责任的下属，但不适合有创造力的下属，因为他们能为下属提供的发挥空间不大。

流程型领导者是“谋士”，他们主要通过建立和完善重复使用率高且便于传授和掌握的流程体系，以确保事务所中相似的业务活动或客户服务程序可以高效、有序地完成，进而提升事务所的运营效率和客户的满意度。他们做事有条理，逻辑思维强，能抓住重点，执行力强，办事效率高。当新建流程的优越性得到验证后，即便是在流程型领导者离开事务所后，这些流程依然会继续发挥影响力。流程型领导者在建立和完善事务所工作流程方面的积极意义主要在于：第一，对事务型领导者有引导和监督作用，因为各个项目中包含的同类业务活动可以通过相同的流程来完成；第二，流程的完善对事务所的发展具有战略意义，它有助于事务所大幅提升运营效率和客户服务工作的质量。

当流程建立好之后，流程型领导者就不需要亲自参与具体工作了。流程型领导者很让人羡慕，他们的个人生活方式也可以很潇洒，因为他们是时间的主人，可以把所有工作都下放给流程中的各个岗位的职员，而自己则可以执行“闲庭信步式管理法”（management by walking around），做一个“甩手掌柜”。一家专业的会计师事务所想要能够历经百年的发展而仍然保有强大的生命力，其中最重要的一条便是要有很多经过实践检验的工作流程和管理流程，发挥积极作用，来保障客户服务质量和高水平的客户体验。

战略型领导者是“帅才”，要为事务所的发展指方向、定目标。通常，战略型领导者会站在事务所全局的角度说服其他合伙人积极采取新的战略举措，并确保新战略在事务所中得到成功落实。事务所的战略性举措可大可小，既可以在短期内发挥作用，给事务所带来立竿见影的快速成效，也可以对事务所的发展产生长期影响。一般而言，重大的战略性举措会对会计师事务所的发展发挥持久性的影响力，它们可以改变会计师事务所的组织架构、客户服务工作的范围及会计师事务所对大型客户和优秀人才的吸引力。可以说，他们具有大局观、洞察力和鼓动性。但由于战略性领导者的工作效果一般要在三五年之后才能显现出来，所以一开始他们的观点很可能得不到其他合伙人的支持。简单地讲，战略型领导者（合伙人）的优点是领导力强，能把握好大方向，但缺点是强势，与同事的关系容易紧张。

当然，对合伙人领导力的分类并不能绝对化。综合来看，每位合伙人具备的领导力类型都会有多重交叉。一个将才型合伙人也会是一个很好的谋士，同时也会在培养接班人、关注企业长远发展上有所建树。而一个谋士型合伙人也会具有将才型合伙人的特质，完全有能力和水平带领团队做好一个大型项目。而一个帅才型合伙人，是所有合伙人的榜样，他要对其他合伙人给予指导，提升合伙企业的领导能力，所以他身上具备将才型合伙人和谋士型合伙人的全部特质。总体而言，上述 3 类领导力是每一个合伙人都需要学习和具备的，不过在工作中，有时是因为公司管理的分工，有时是因为个人成长的际遇，有时是因为个人的性格，具体到每个人，可能会突出地展现出某一方面的特质。

合伙人发挥领导力的3项基本技能是：会计审计专业能力（technical skill）、客户服务和赢取市场的能力（marketing skill），以及处理人际关系的能力（people skill）。这 3 项技能对发挥合伙人领导力起支撑作用。具备高水平的专业技能是合伙人赢得客户信赖和下属尊重的基础，也是合伙人发挥资本市场专家功能的必备素质。在会计师事务所，合伙人的一项主要职能是为公司争取和发展客户，这就需要合伙人具备客户服务和赢取市场的能力。另外，搭建良好人际关系的能力是合伙人获得追随者的信任和认同、带领团队开展工作的重要条件。

每个合伙人要在上述 3 方面都很优秀，十全十美，这不太现实。但是，合伙人必须在上述 3 方面中至少有两个方面的能力比较出众。有的合伙人专业技能很好，具有为客户服务尽心尽力的责任感，但在处理人际关系方面却比较弱，这样的合伙人能解决客户的重要商业问题，但要注意提高自己在人际关系处理方面的能力。还有的合伙人可能在倾听客户的需求和处理人际关系上独具能力，对员工也很照顾，他们能为公司凝聚最强劲的团队。而有的合伙人则专业技能很好，但与客户的沟通能力可能需要提升，这样的合伙人能在公司内部成为技术专家和最好的技术培训师。

所以，领导和管理好一家合伙企业，一定要有一颗包容的心，特别是合伙人之间要互相认同，不能以自我为中心，“吹嘘”自己的能力，忽视别人的强项。只有全体合伙人齐心协力，发挥每个合伙人的长处，合伙企业的优势才能充分显现出来。合伙人一起努力总比某一位合伙人单打独斗强。

有人说，首席合伙人应该是“战略型领导者”，但这远远不够。在合伙企业中，当领导的最高境界应该是拥有一颗服务全体合伙人的公仆心，即做一名公仆型领导者。公仆型领导者是会计师事务所中最伟大的领袖，他们内心谦卑，一门心思地想让会计师事务所的发展水平获得永久性的重大提升，能够把一个更强、更大的合伙企业留给下一代。公仆型领导者具备的最重要的道德品质是“无私”，他们在权衡个人与全体合伙人的利益时秉持公平、公正和公开的原则，始终把合伙人的集体利益摆在首位。

公仆型领导者能够包容并培养流程型领导者和事务型领导者，他们为战略型领导者提供支持，在制定及落实事务所的宏伟目标、重大理念及高标准发展质量等方面为其他领导者提供指引。他们会激励其他领导者在客户服务工作上进行变革，提升战略制定和执行能力，并通过开发、设计新流程完成更多高难度的专业服务工作。因此，公仆型领导者也是变革型领导者，他们在短期和中期内做的每一项工作、每一件事情，都是以是否有利于会计师事务所长远发展为判断标准的。同时，公仆型领导者还会毫无保留地为事务所培养未来的领导人。

公仆型领导者是会计师事务所中最宝贵的资产，能追随他们是合伙人最大的福气。为了合伙企业的成功，每位合伙人都要向“公仆型”领导者学习，都要在一定程度上做公仆，否则在合伙企业中他们就可能会被孤立。一些以自我利益为重的合伙人在会计师事务所中是没有“合伙人”朋友的。公仆型领导者的优点就是要为团队、为行业乃至整个社会留下价值。

对合伙人 3 种类型领导力的培养和提升均要以 3 项基本技能为支撑，以“公仆”精神为引领（见图 16.1）。

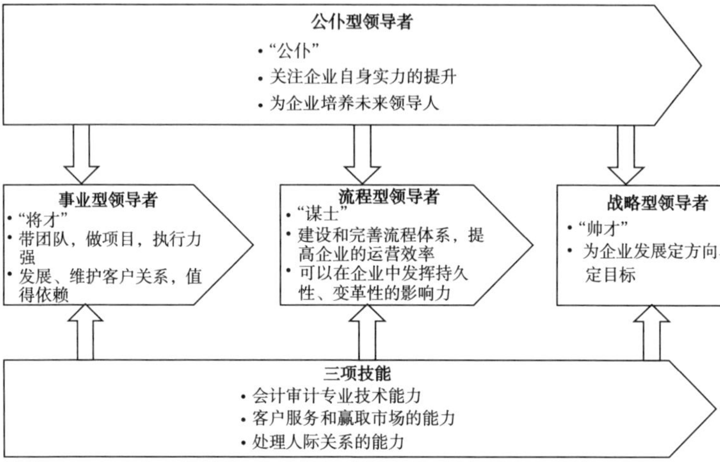

图 16.1　对合伙人 3 种类型领导力的培养和提升

在合伙制企业，因为和谐，无论合伙人具备哪种类型的领导力，他们都能发挥各自不同的优势，做好分内的管理和领导工作。因为信任，合伙人就有勇气走出自己的舒适区，挑战自己，为合伙企业带来更大的价值。

合伙人如何成为优秀的领导者

会计师事务所的每一位合伙人都是领导者。哈佛大学心理学教授丹尼尔·戈尔曼（Daniel Goleman）的研究表明，优秀的领导者都有一个关键的共同点：他们具备很高的情商。这并不是说聪明才智和专业技能与领导力无关，在成长为一名优秀的领导者之前，这些因素同样重要。只是从某种角度上来说，聪明才智和专业技能仅是成为一名优秀的领导者需要满足的基本能力要求。在合伙人需要具备的技术、客户和市场以及人际关系 3 项技能中，情商是定义这 3 项技能发挥水平的最重要的因素。随着合伙人在企业内领导职位层级的提高，在发挥合伙人领导力方面，情商起到的作用越来越大。优秀的合伙人与普通合伙人在专业技能上的差别可能是微不足道的，但情商的品质拉开了两者的差距。

丹尼尔·戈尔曼教授在 1995 年提出的关于工作中情商的 5 要素框架（见表 16.1）是帮助我们了解情商的具体内容及其表现特征的有效工具。这 5 个要素分别是：自我意识、自我控制、激情动力、感情投入和社交技能。虽然有科学研究证明情商具有一定的遗传因素，但后天的培养和教育同样起着重要作用。丹尼尔·戈尔曼的理论教会我们辨识自己与他人所处的情商水平，找到所需补齐的短板。

表 16.1　丹尼尔·戈尔曼的情商 5 要素

要素	定义	特征
自我意识	• 认识并理解自己的情绪、情感、动力以及它们对他人产生影响的能力	• 自信 • 贴近实际的自我评价 • 自嘲的幽默感
自我控制	• 控制并疏导破坏性冲动和情绪小的能力 • 不急于下结论、三思而后行	• 可靠、正直 • 从容面对不确定性 • 敢于接受改变
激情动力	• 超越金钱和地位的工作激情 • 精力充沛、坚持不懈地追求目标的动力	• 强大的取得成就的欲望 • 乐观，即使在面对失败的时候也能保持乐观 • 对组织忠诚
感情投入	• 理解他人的情感与性格的能力 • 根据他人情绪调整对待他人的技巧	• 具有培养和留住人才的能力 • 对跨文化的敏感性 • 对客户的服务意识
社交技能	• 管理人际关系，构建人际关系网络的能力 • 找到与他人的共同点、建立社交关系的能力	• 有效地领导变革 • 有说服力 • 具备组织和领导团队的技能

自我意识、自我控制和激情动力是管理自我的技能。自我意识是对自我的认知。自我意识强的人，对于自己的优点、缺点、性格特征、天资禀赋都有深刻的了解。他们懂得情绪在工作中会对自己和他人产生影响，因此往往能将消极的情绪转化为动力，从而更好地完成工作。

自我控制是人们对于冲动情绪的自我调节。能够自我控制的人，在愤怒时仍然会注意谨慎地措辞，并告诫自己要冷静思考，找到情绪波动的原因和责任的归属，然后提出有效的解决方案，是“三思而后行”的典型代表。善于控制情绪的人，通常是我们口中所说的“通情达理”的人。

激情动力是高效领导者的鲜明特征。他们拥有成就事业的强烈渴望，并且希望能超出自己以及他人的期待。有激情动力的人在困境面前更能保持乐观，克服挫折和失败带来的沮丧情绪，他们在事业上有着很高的忠诚度和投入度。

感情投入和社交技能是与他人合作的能力。丹尼尔·戈尔曼说，感情投入并不是一味地接受他人的情感，并试图取悦每个人，而是在做出明智的决策时，充分考虑他人的感受。丹尼尔·戈尔曼对社交技能的定义是值得大家牢记的，他说，社交技能是有目的的友善——引导人们向着你所期望的方向努力。没有一个领导者是孤立存在的，领导或者管理的任务就是通过他人来完成工作，而没有社交技能，即使领导者有再多的激情动力，他的这种动力也仅仅是一盏自燃的灯，无法照亮他人前行的路。

我曾有一位合伙人是爱尔兰人，在学习情商管理的过程中，他认识到自己易发脾气的缺点。在快要失控的紧要关头，他就会主动下楼沿着街道走几圈，让自己冷静下来后，再回到办公室继续工作。通过他自己的努力，这位合伙人改善了与他人合作的效果，他不仅到北京担任复杂的金融审计项目的质量复核合伙人，而且担任了合伙企业的管理委员会成员和财务总监。

这个案例中的合伙人改变的只是一小步，那就是他意识到自己情商中的一个缺点——易发脾气以及这种无端发脾气的行为会给团队合作和绩效造成不良影响。他用实际行动改正了自己的缺点，用沿街走几圈的方式来控制自己，让自己保持冷静。其结果是，作为合伙人，他的绩效大幅提升。大型项目质量复核合伙人是个“找茬”的角色，他在这个本身就比较有挑战性的角色中，通过分享专业见解、提出指导意见、制定质量标准，展现出他的领导力。质量复核合伙人的英文是“Quality Review Partner”，简称 QRP。有的同事私下戏称，QRP 就是“缺人品”的意思，但这位原本脾气暴躁、名声不太好的合伙人却通过自己的努力得到了团队的信任，改变了大家对他的看法。

他担任财务总监的工作在合伙企业中就更不容易了。试想他每天都要与公司的股东（就是他的合伙人）打交道，要控制成本，又要强调投资，每天都要在股东的眼皮底下做出各种平衡决策。在首席合伙人任命他为财务总监时，其他合伙人颇有非议，认为他不能胜任，但这位合伙人通过提升自己的情商成为会计师事务所的高管，并且做得很好。

担任合伙人、领导者，因为自己就是“老板”，没有上级给予监督，他们更加需要自我反省，避免自我膨胀，要经常听听批评的声音。做出“贴近实际的自我评价”会帮助自己明确当前的位置，展现超越金钱和地位的工作激情，成为一名卓越的领导者。

不同行业中的每一位有效的领导者对领导力的感悟都是不同的。我在卓智基金会担任荣誉顾问，由于卓智基金会是美国加州大学伯克利分校（伯克利大学）的捐款人，这使我有机会接触到世界顶尖大学的校长，并与他们一同探讨领导力。

2017 年 4 月，伯克利大学新任校长凯璐·克莱斯（Carol Christ）在与我的早餐会时介绍说，她的领导力导师——伯克利的前任校长、世界工程热物理学界鼎鼎有名的美国华裔科学家田长霖先生认为，有效的领导者必须是一名“热传递者”（heat transferor）。田长霖长年致力于热传递技术的研究，为航天飞机表层隔热做出了巨大贡献，他的研究成果直接推动了人类宇航事业的发展。在谈到对于领导力的看法时，他说，领导者在组织中要起到“传热”与“隔热”的作用。当组织失去动力，开始涣散时，领导者应当成为一名“传热者”，激发团队热情，凝聚向心力，推动组织目标的实现；当组织和客户或者组织内部产生矛盾，发生分歧时，领导者又要充当一块垫在对立因素之间起缓和作用的“隔热砖”。这一深刻的比喻反映了一个重要事实：伟大的领导者都是具备高水平情商的，他们不仅能把握自己的情绪，还能影响他人，并将自我管理的技能与他人合作的能力强有力地结合在一起。智商和专业技能是重要的，但情商是领导力的必要条件。

合伙人从一线业务人员成长为公司的管理者和领导者，对他们来说，这是一段充满了适应性挑战的过程，只有不断提高自己的情商品质，才有可能成长为一名优秀的领导者。情商是可以学习的，只是这个过程很不容易，需要时间、外部的指导，以及自身对于提高情商的渴望和执着的努力。

能称得上是优秀领导者的合伙人，应当具备成就事业的热情、发展人际关系的能力，善于激励他人，懂得倾听，能适时调节冲动情绪，化解冲突与矛盾，从容应对不确定性并冷静提出有效的解决方案。这些能力的获得与情商培养息息相关。如果合伙人能够重视这一点，那他们将从逐渐完善的情商品质中获益。如田长霖校长所说，领导者要努力成为组织的“传热者”和“隔热者”，无论是对合伙人个人还是对事务所，这种努力都是值得的。

◎ 案例：阿里巴巴和它的“湖畔合伙”制度

在阿里巴巴的上市招股书中，阿里巴巴的合伙人制度以马云的私人住宅、一间位于杭州湖畔花园风荷院 16 楼 1 单元的家庭公寓命名，叫“湖畔合伙”（Lake-side Partnership），颇带点神秘的色彩。而事实上，我觉得阿里巴巴应当光明正大地将这一制度称为“马云与他的合伙人”（Jack Ma & Partners），以示与阿里巴巴企业相区分，并能反映马云的个人品牌。阿里巴巴为什么要建立一个脱离于阿里巴巴企业的合伙人组织呢？

一、分配治理权力

在阿里巴巴，股东分为两个群体：一个群体是单纯的投资人股东，另一个群体则是有合伙人头衔的股东。拥有合伙人头衔的股东利用阿里巴巴合伙人组织（而不是投资人股东以其股权多少）控制着公司的经营和管理。读者应该注意的是，阿里巴巴合伙人组织不是一个独立的经营实体，它存在的最大意义是向阿里巴巴公司提名并派驻董事，它有点像阿里巴巴公司内部的核心管理层俱乐部，也有点像大家看不到但能影响公司治理的“党组织”。

首次公布的阿里巴巴的合伙人组织由30位合伙人组成。他们有权提名阿里巴巴上市公司董事会中半数以上的席位。虽然阿里巴巴公司董事会成员的任命仍然需要经过股东大会投票，但如果合伙人组织提名的董事会成员遭到股东大会否决，则合伙人组织将可以不经过股东大会同意直接任命“临时董事”来填补当前空缺，然后继续向股东大会提名董事人选，直到股东大会同意为止。这个机制使得阿里巴巴董事会被牢牢地掌控在合伙人组织的手中，形成了“合伙人组织领导董事会、董事会领导公司”的权力运行新架构，这也是阿里巴巴与其他上市公司在公司治理方面的最大区别。阿里巴巴公司如果要修订任何有关合伙人董事提名权以及公司章程的相关内容，都必须由95%以上的股东在股东大会上投票赞成才能通过。“95%的股东同意”的要求被写进了公司的“宪法”中。阿里巴巴通过构建一个平行于股东大会的合伙人组织，实现了合伙人对公司董事会的绝对控制。

当然，合伙人制度也能够帮助阿里巴巴更好地管理企业。合伙人制度体现出的合伙人之间互相平等的内涵，有助于公司的高级管理层在管理和落实公司事务的过程中，摒弃官僚主义和等级观念，开展密切合作。但相比于控制董事会而言，这些优点无疑只能算是衍生的。

二、提供职业期权

虽然现在阿里巴巴的合伙人均是阿里巴巴的股东，各自持有相当数量的阿里巴巴的股票，但从本质上看，阿里巴巴的合伙人其实也是一批在阿里巴巴打工的精英成员。合伙人的头衔只能通过努力奋斗来争取，而不是花钱能够买到的。在上市时，阿里巴巴称其合伙人组织中有超过 40% 的合伙人都是从普通职员做起的，通过 10 多年的奋斗一步步脱颖而出，最终成为合伙人。他们的经历像极了香港和记黄埔集团的总经理霍建宁，他领取的是工资和奖金，对基层深有感情，身上带着与生俱来的草根情怀和专业主义精神。不过，升为合伙人后，他们会更有安全感和归属感，因为除非自己提出离开公司，否则他们就是“生为阿里人，死为阿里鬼”。

在加入阿里巴巴后，每个年轻人通过自己的努力都有机会成为合伙人，成为“打工皇帝”。给年轻人提供的职业晋升机会就是给他们职业发展和晋升的期权。阿里巴巴的合伙人组织也因此成为一个有活力的机体，它通过每年吸纳新的合伙人来实现自我更新，进而对公司的卓越、创新和稳定提供保障。

阿里巴巴合伙人制度规定，每年由现任合伙人按照提名程序向合伙人委员会提名新合伙人候选人。选拔新合伙人的标准及流程都强调了新合伙人对全体合伙人、客户、员工及股东应担负的责任。合伙人委员会通过对候选人进行资格审核，决定是否呈报给全体合伙人表决。一名新合伙人的加入，需要获得全体合伙人中至少 75% 的支持。

合伙人候选人的资格包括：

- 具有高标准的个人德行及诚信。
- 服务于阿里巴巴集团及其关联单位、分支机构不少于 5 年。
- 对阿里巴巴事业的发展做出过突出贡献。
- 是阿里巴巴“企业文化的传承者”（culture carrier），并且践行和传承阿里巴巴公司的使命、愿景及核心价值。

在阿里巴巴，合伙人组织获得的经济利益是合伙人为阿里巴巴提供专业服务的相关收入。阿里巴巴公司每年都会计提一笔管理层奖金，然后将其分为三个部分进行分配。第一部分是分配给非合伙人管理层的现金奖金。这类管理人员是阿里巴巴的中高级管理层，主要负责公司的日常经营，但这类人员有机会成为合伙人，是合伙人组织的人才储备。第二部分是分配给合伙人管理层的现金奖金。这类管理人员是公司的高级管理层，通常在阿里巴巴集团或其分支或关联机构中担任重要的管理职务。第三部分用于未来分配给符合条件的合伙人。

分配给非合伙人管理层与合伙人管理层的奖金须获得公司董事会薪酬委员会的批准，以保持阿里巴巴公司收入分配的公平性和透明度，即由公司董事会薪酬委员会对他们为公司创造的价值与获得的收入之间是否匹配做好把关工作。

三、传承企业文化

合伙人制度是阿里巴巴企业文化的传承机制，它与公司的长远发展息息相关。

阿里巴巴的创始合伙人蔡崇信说：“我们坚持这种合伙人组织对企业的控制权，是要保证公司的文化传承。不少优秀的公司在创始人离开后迅速衰落。同样，也有不少成功的创始人后来犯下了致命的错误。我们最终设定这个机制，就是想用合伙人取代创始人，用合伙人组织的自我更新机制来解决未来接班人和企业发展‘富不过三代’的问题。道理非常简单——一群志同道合的合伙人比一两个创始人更有可能把优秀的企业文化持久地发扬和传承下去。”

“创始人”是一个时点的概念，但公司的长远发展不能只靠“创始人”。阿里巴巴提出用“合伙人”取代“创始人”，一方面是为当前创始团队继续留任在公司管理层和治理层中创造制度条件，另一方面是希望将合伙人组织建设成为一个精英化并能真正做到“传帮带”的文化传承机制。因此，合伙人组织不仅代表了阿里巴巴公司的最高权力，而且昭示着阿里巴巴企业文化传承下去的未来。

把企业文化传承下去是企业发展遇到的最大挑战。企业文化的建设和传承是为客户提供更优质的服务，为员工提供更好的发展平台，让企业从成功走向卓越的根本所在。为了实现企业文化的薪火相传，阿里巴巴期望合伙人都能够成为“布道者”（evangelist），像传递福音那样向他们的员工、客户传递阿里巴巴公司的使命、愿景及核心价值观。

阿里巴巴的创始合伙人，包括马云在内，一致认为：“我们只想建立并完善一套文化保障机制，让公司能够持久健康地发展，我们希望公司的未来远远超越任何一位创始人的寿命，我们是在寻求一种可以保障公司持续发展 102 年的机制。”“102 年”是一个什么概念？它由马云提出，具体指在 20 世纪末（1999 年）创立的阿里巴巴，要在 21 世纪成功经营，并健康稳步进入 22 世纪（即 2101 年），这前后加起来一共 102 年。人的寿命是有限的，但企业继承的主线是生机勃勃的企业文化。衷心祝愿阿里巴巴能够实现马云提出的这个目标，在 2101 年，我们还能够看到一个有活力的阿里巴巴。

ooo0ooo

奥斯卡·王尔德（Oscar Wilde）曾说过：“同情一个朋友的苦难是任何人都能做到的，但欣赏一个朋友的成功需要具有十分出色的素质。”

2010年秋季的一天，我从杭州乘飞机到香港出差，在机场巧遇马云。我们聊了杭州房价的走势、杭州师范学院[①]和杭州商学院[②]之间的文二街、杭州商学院和杭州电子工学院[③]间的那堵围墙。马云在杭州师范学院读大学，毕业后曾在杭州电子工学院工作。交谈间，马云问我现在做什么工作，我说我在普华永道担任合伙人。听到这里，他有感而发地说："你能做普华永道的合伙人是很不容易的。"

我希望在阿里巴巴和会计师事务所打工的年轻人都能为有机会成为公司的合伙人而感到振奋。在这里，合伙人头衔的获取只尊重专业的规则、勤奋的规则和任人唯贤的规则，它不是金钱能买到的。努力吧，奋斗中的年轻人，最能令我感到高兴的事，是未来有一天，我能称你们为我的合伙人。

---

① 现改名为杭州师范大学。

② 现改名为浙江工商大学。

③ 现改名为杭州电子科技大学。

第十七章　合伙人的薪酬分配制度

合伙人薪酬分配制度的分析和比较

会计师事务所合伙人薪酬分配制度比较典型的大致有两种：一种是级级锁定、同步上升的薪酬制度，倾向于平均分配的理念；另一种是以绩效为基础的薪酬分配制度，倾向于鼓励竞争，包括合伙人之间的竞争。事实上，不同的会计师事务所采用的合伙人薪酬制度可能都是这两种制度的混合体。

1. 以绩效为基础的薪酬分配制度

在以绩效为基础的薪酬分配制度下，会计师事务所以每位合伙人当年对企业利润的贡献为其分配基础。合伙人的利润分配与其绩效评估紧密挂钩。为了避免绩效评估的主观性，一些会计师事务所会采用客观评价指标，如合伙人收费小时、合伙人监督管理的员工工作小时、整体客户组合收费、利润率和未收账单余额等，对每位合伙人的利润贡献进行考核。这种分配基础需要对合伙人的业绩进行评价，而理论上每位合伙人都可能管理着自己的一张利润表，每一位合伙人都会十分介意相互之间的经济界限，他们常常会以“我”为中心。因此，这种分配方案可能会以牺牲合伙人之间的合作为代价。

另外，绩效分配最终要有人拍板定案，具体负责执行绩效分配方案决策的通常是会计师事务所的首席合伙人。因此，首席合伙人的品性很重要。一般而言，拥有包容和开放心态的首席合伙人会更加公平，他们的决策会得到其他合伙人的尊重。但这样的首席合伙人几乎是“超人”——他既能领导事务所，又能以全体合伙人的利益为先，而且还要对自己有约束。实事求是地说，这样的首席合伙人是不容易找得到的。

领导会计师事务所是一件非常不容易的差事。注册会计师选择在会计师事务所做合伙人，首先是因为他们可以拥有自主权，其次，做合伙人有生而平等的观念。在会计师事务所，从法律意义上讲，合伙人之间没有等级之分，但事实上，合伙人的等级之分在事务所内部因资历、管理职责和专业能力等不同而存在。因为合伙人是顶级专业人士，他们相信自己什么难题都能处理，因此，很多时候，每个合伙人对公司事务应当如何处理都各执一词，甚至要分出高下。在分配利润这一关键时候，一个强有力的首席合伙人就非常重要，合伙企业需要他秉持公平、公正，对所有合伙人的利益一视同仁。

有的会计师事务所在合伙人委员会下设薪酬分配委员会，这对首席合伙人的行为有所约束。但事实上，要影响首席合伙人的决策并不容易，因为合伙制会计师事务所合伙人赋予首席合伙人的权力是非常大的。各个合伙企业的文化不同，“以绩效为基础的薪酬分配制度”的执行会很不一样。简单地说，如果合伙企业的治理文化建设得好，会计师事务所就是一个好的由良善的“执政党”控制、实行民主集中制的合伙企业；如果做得不好，那就可能是一个“黑社会”模式，以绩效为基础的薪酬分配制度可能仅仅是个纸面上的摆设，会计师事务所的利润分配实际上完全由“黑老大”说了算。

以绩效为基础的薪酬分配制度在有些会计师事务所体现为，合伙人在赢取新的专业服务项目合同时，他们从合同金额中提取一定比例的收入，等同于营销佣金。这种分配制度不适合会计师事务所，因为如果这样做，客户会被视作合伙人个人的客户，而不是会计师事务所的客户，而且这种做法还会鼓励合伙人过于激进地营销，放宽承接客户的风险管理要求，其招揽的业务量可能超出会计师事务所的服务能力。

以绩效为基础的薪酬分配制度不能把单个审计项目的经济收入与负责该审计项目的合伙人的个人收入挂钩，因为审计项目负责合伙人必须保持超然独立的态度来对待审计工作。如果审计项目的负责合伙人的经济利益与其服务客户的收费直接挂钩，那么会计信息的使用者就会有理由相信，这些合伙人会因为经济关联而放松其审计要求的严格度，从而使审计师的独立性遭到侵蚀。

2. “级级锁定”的同步薪酬制度

“级级锁定”的同步薪酬制度指的是会计师事务所里所有合伙人的薪酬，每年都按照既定的薪酬增长率统一调增，每一位合伙人都知道另外一位合伙人挣多少钱。“级级锁定”的同步薪酬制度的最大好处就是可以避免合伙人之间在收入方面相互攀比。

有人的地方就有政治。当合伙人认为自己没有得到公平合理的待遇、公司的绩效评估机制没有如实地反映自己对公司的贡献时，他就会利用自己手中的权力来明争暗斗，为自己争取更多的利益。而在同步薪酬制度下，处于同一级别的合伙人的薪酬是统一、透明、预先设定的，因此合伙人没有必要去想方设法地从其他合伙人手里抢客户，或者是为了个人业绩而做出有损会计师事务所集体利益和声誉的事。这是减少“内斗”和保障客户服务质量最有效、最简单的制度。

同步薪酬制度有助于在不以自己的收入为中心的合伙企业氛围

中，激励合伙人去最大限度地发挥自己的潜能，适应为促进会计师事务所长远、健康发展而需扮演的各种合伙人角色。如果合伙人所能分得的一块馅饼的大小比例是事先确定好的，那么接下来他们需要做的就是为增大整块馅饼而努力工作。这正是一个对个人和公司双方都有利的结合点和出发点。在同步薪酬制度下，事务所既可以获得社会愿意为专业人士支付的不会让他们大富大贵，但足以维持与一般企业高级管理人员收入水平相当的收益，又可以培养一大批为注册会计师事业和专业地位而努力奋斗的工作“狂人”。所以，合伙人的满足感除了一份中等收入外，还来自社会地位和内部合伙人之间的相互认同。

在“级级锁定”的同步薪酬制度下，会计师事务所的首席合伙人更加能够调动各位合伙人的积极性，促进各位合伙人之间的协作，因为他们都把事务所的利益、把服务客户置于首位。比如，即使合伙人的项目工作已经被安排得满满当当了，但一旦其他项目有需要，他们还是会义不容辞地去帮忙，以满足客户的多元化需求，并以此为最高目标。所以，同步薪酬制度的重要意义不仅仅是针对会计师事务所和合伙人，还针对客户；客户永远是事务所的客户，不是某位合伙人的客户，在同步薪酬制度下，他们可以得到事务所提供的始终如一的高质量的服务。

不过，“级级锁定”的同步薪酬制度的最大问题是它会导致部分绩效产出不佳的合伙人缺乏责任感，这些合伙人可能会抱着搭乘同步薪酬制度顺风车的想法度过职业生涯。甚至有些合伙人长期处于“半退休”状态，不为事务所创造收益，却一分不少地领取薪酬。这会让其他处于同等级别的合伙人的积极性受挫，他们会问：“我为事务所带来的收益是别人的几倍，但获得的报酬却和别人一样，那么我为什么还要付出这么多呢？”这个问题会引发事务所在两个方面对这个薪酬体系进行完善：一是晋升什么样的人为合伙人很重要，在没有完成对候选合伙人的彻底考察前，不要轻易提拔合伙人，因为在同步薪酬制度下提拔合伙人的财务风险很大；二是同步薪酬体系应该设置一个“刹闸”机制，比如 3 年、5 年、7 年、9 年，在这几个关键的时间节点上，有些合伙人的薪酬就不应该再往上升了。

“级级锁定”的同步薪酬制度对创收能力超强或者是追求高回报的合伙人缺乏吸引力。在当今竞争激烈的商业环境中，合伙人的横向流动越来越普遍，尤其在其他事务所或客户所在的商业领域可以得到更高回报时，合伙人就可能在职业生涯的巅峰时离开原事务所，一并带走的还有他们在原事务所积累的丰富资源和专业能力。这可能会给事务所带来严重的后果：创收能力超强的合伙人离开了，剩下的都是绩效平平的合伙人，那么随之而来的是事务所业务量的减少，最终还有可能导致散伙。

对于有意向离开会计师事务所的创收能力超强的合伙人，资深合伙人要多关心，多和他们沟通，适当的时候要主动让出位置，培养他们，给他们机会。因为他们离开的真正原因除了收入外，往往是他们的上升通道被堵住了。一般而言，在合伙企业中要更加重视培养和关心精英合伙人。爱护和提拔精英合伙人带给合伙企业的整体利益，要大过维护平庸合伙人面子的成本。

合伙人薪酬分配制度与隔代公平问题

在合伙制下，刚入伙的年轻一代合伙人和即将退休的年长一代合伙人在利益分配上可能存在矛盾。临退休合伙人希望能够多分红、到手的钱越多越好，因为他们再参与分享会计师事务所利润的年限不多了。而新一代的合伙人则希望多投资，希望会计师事务所的业务和市场规模越大越好，因为他们大约还有 25 年的时间去参与分红。如果年轻一代合伙人是头 5 年的合伙人，年长一代合伙人是任期只剩 5 年的合伙人，那么这两代合伙人之间在任职期限上的时间差距是 15 年，这一时间差距足以让一个人的未来视线受阻。

会计师事务所合伙人在提现和投资之间应该如何实现平衡的问题，是最直截了当的隔代公平问题。真正的隔代公平问题从来都不是下一代合伙人责问上一代合伙人的问题，而是每一代、每一位合伙人都要责问自己：当我们把会计师事务所交给下一代合伙人的时候，我们所在的合伙企业是否比我们接手的时候更强、更大？如果每一代、每一位合伙人都能这样问自己，那么隔代公平问题就不再是问题了。

事实上，解决隔代公平问题没有什么灵丹妙药，或许这是一个永远无法解决的会计难题，既没有办法也没有必要把同代合伙人你挣多少、我挣多少，或隔代合伙人你挣多少、我挣多少，算得一清二楚。这个时候，合伙人就要“难得糊涂”，要把目光放长远些，算大账，算总账。

在会计师事务所，合伙人是合伙企业的临时看管者，而不是拥有者。会计师事务所的合伙人并不拥有法律意义上的会计师事务所的股份，他们拥有的是根据自己的工作时间和技能决定的利润分配份额，因此，一旦离开会计师事务所，他们的利润分配权也就没有了。这种安排体现了股东的临时性、事业的长久性。而且，新晋升的合伙人在“入伙”时，不需要为事务所的品牌、商誉支付任何现金，他们可以继承上一代合伙人为他们打下的事业基础，努力把事业做得更大、更强，然后传承给下一代合伙人。这就是薪火相传的合伙制文化的精髓。而晋升为合伙人的第一个条件就是对这种合伙文化的高度认同。这种制度的好处是唯才是用，有潜力、有志向的人才也不会因为没有资本而被排斥在合伙企业的门外。

会计师事务所中的年轻合伙人可能会强调“挣多少，拿多少”（make and take）的原则。他们会觉得自己做得这么辛苦，给合伙企业挣了那么多收入，为什么不能按劳分配拿到自己应得的份额？在这里，年轻合伙人要想到，合伙人的收入是未来25年收入的总和，每个合伙人都会有成长到年老合伙人的那一天，因此，在对待隔代公平的问题上，年轻合伙人要“尊师重道”。

而年长的合伙人则要像师长一样与年轻合伙人展开沟通，说明合伙制企业传承道路上每个人的角色。在制度上，最有激励意义的设计是，年老一代合伙人最后5年的分红基点要显著并且有序地降下来，比如，降到不超过合伙人平均收入的75%，给年轻合伙人树立一个好的榜样，即合伙人在临近退休的几年不是为了个人挣钱，而是为了事业的传承在工作。

合伙人多大年龄退休合适是隔代公平问题的另一个方面。目前，四大会计师事务所中有三家规定合伙人的退休年龄为60周岁，另外一家对合伙人退休年龄的规定是55周岁。中国注册会计师协会在《会计师事务所特殊普通合伙协议范本》中规定，在会计师事务所担任合伙人的年龄不能超过65周岁。

注册会计师的工作强度大，随着年龄的增加，合伙人可能会没有精力应对繁重的专业工作职责要求，另外，他们对工作的兴趣和热情也会降低。一般而言，65周岁后还担任会计师事务所的合伙人，对事务所的贡献会减少，他们更应该把机会让给年轻合伙人。所以，60～65周岁作为合伙人的退休年龄是合适的。

年长合伙人也是一群有兴趣和爱好的人才，退休后他们希望有机会去做自己感兴趣的工作。我熟知的一位合伙人说，由于长期跟随客户，经常出差，他不得不放弃自己的许多兴趣爱好，只有在退休后，他才会有充分的时间去做自己喜欢做的事情，比如当老师、当志愿者、当卡车司机等。从这个角度讲，延长合伙人的退休年龄对那些想拥有更多属于个人的时间去追求自己的兴趣爱好的合伙人是不公平的，这等同于剥夺他们享受人生的机会。当然，随着人口老龄化，社会对解决复杂商业问题的专业人士的需求增加，许多大型跨国机构对高管退休年龄不再设限，会计师事务所的合伙人退休年龄在推后，这是一种趋势。

合伙人退休必然会涉及的一个重要问题是退休金的安排。中国的合伙制会计师事务所大多采用的是中国香港合伙制的运作模式，即不向退休合伙人提供退休金。中国香港地区曾经是英国的租借地，香港会计师事务所的外籍合伙人并无长期在香港生活的打算，他们往往是挣够了钱就选择离开香港，回到他们自己的国家退休养老。所以，会计师事务所没有设置合伙人退休金的分配机制。但是，在美国和英国的一些合伙制会计师事务所，它们是向退休合伙人提供退休金的。

为了会计师事务所在中国的长期发展，一些合伙制会计师事务所可以考虑向退休合伙人提供退休金，这一做法有两大好处。

（1）对解决事务所的短期利益和长期利益之间的矛盾有一定的帮助。因为合伙人一辈子都可以从会计师事务所拿到钱，在这个前提下，合伙人会感觉更加踏实、更有保障，他们也会支持会计师事务所多投资、注重长期利益。这种安排就是用长期的激励机制来解决短期利益问题，减少隔代公平矛盾的产生。

（2）有助于发挥退休合伙人对会计师事务所发展的支持作用。退休合伙人是会计师事务所的宝贵资源，他们对老东家很有感情，会始终关注事务所的发展，为事务所推荐客户，为年轻合伙人提供咨询和辅导。

虽然为退休合伙人提供退休金可能在短期内会加重年轻合伙人及会计师事务所的负担，但是如果提前做好规划和准备，具体实施时不冒进，这样的安排利大于弊，还是可以实现的。另外，这种安排对于目前国内由创始合伙人掌控的合伙制事务所传承来说可能是一条出路。通俗地讲，就是根据这些合伙人在创立事务所及品牌方面做出的贡献，年轻的合伙人把他们当成“祖师爷”，供养他们一辈子，让他们的生活无忧无虑。同时，创始合伙人承诺不把事务所的股权 / 利益即时现金化、私有化，避免激化与下一代合伙人的矛盾，为事务所的事业传承让出一部分经济上的利益。这样做既不会隔离创始合伙人与事务所的情感，而且创始合伙人得到的还包括永世的光荣。

解决隔代公平的矛盾，同解决同代合伙人之间的矛盾是一样的，需要的是沟通和制度建设，以及一个比较包容、开放和有远见的首席合伙人。在许多会计师事务所，合伙人的收入分配总会有论资排辈、“级级锁定”的成分。虽然这个制度在年轻合伙人看来可能不太公平，但把它放在 20 多年的合伙人的年限总和上来看，这或许是一个比较公平的制度安排。年轻合伙人要看到自己的未来，用可以获得的未来比较稳定的现金流和职业满足感来增强自己对今天生活的信心。

薪酬分配制度与会计师事务所的文化

以绩效为基础的薪酬分配制度和“级级锁定”的同步薪酬制度孰优孰劣？为什么采用看上去平均主义色彩浓重的“级级锁定”的同步薪酬制度的一些合伙企业会拥有行业内最佳的声誉、最强的盈利能力和最出色的企业文化？在以绩效为基础的薪酬分配制度中，合伙人的薪酬直接与他们所做的业务以及为客户所做的工作挂钩。这似乎很公平，而且在经济上符合逻辑。在“级级锁定”的同步薪酬制度中，合伙人的薪酬与个人贡献无关，而是根据预先制定的与担任合伙人的时间长短有关的公式来计算确定。表面上，这种平均主义的分配制度不适合推动提升企业的绩效文化，一位合伙人的薪酬难道不应该反映出他为合伙企业所增加的价值吗？

以绩效为基础的薪酬分配制度和“级级锁定”的同步薪酬制度可以通过图 17.1 表达。图 17.1 中的对角线 P 代表以绩效为基础的薪酬分配情况：合伙人 C 的绩效为零，报酬也是零；合伙人 A 的绩效最佳，获得的报酬最高；合伙人 B 的绩效居于中间，获得平均报酬。水平线 L 代表在“级级锁定”的同步薪酬制度下，处于同一级别的合伙人不论绩效表现如何，对公司的贡献有多大，所有人获得的报酬都一样。

在“级级锁定”的同步薪酬分配框架下，可以预测到，合伙人 A 会反对和合伙人 C 获得一样的报酬。他会选择离开会计师事务所到以绩效为基础的薪酬分配制度的公司挣取更高的工资。而合伙人 C 永远不会选择离开，因为在以绩效为基础的薪酬分配制度的公司中，他什么也得不到，而留下来还能坐享其成。合伙人 B 会犹豫，他会不断地权衡自己的选择：是换到以绩效为基础来分配薪酬的公司中多干活多挣钱，还是留下来少干活。以此来看，采用“级级锁定”的同步薪酬制的会计师事务所，会失去所有绩效表现出色的合伙人，只剩下想“不劳而获”的合伙人。

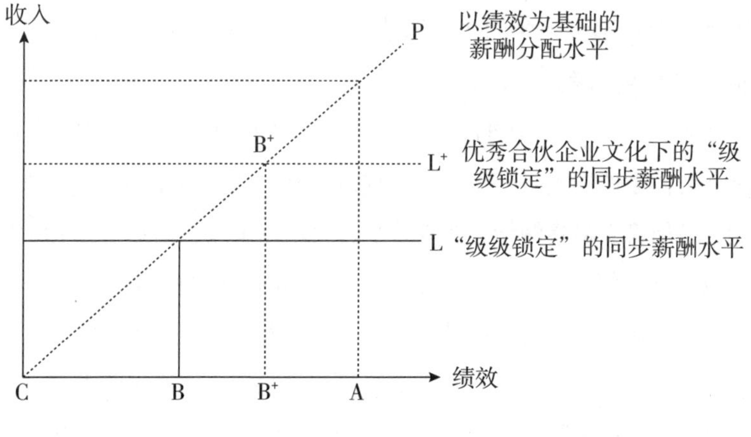

图 17.1　两种不同制度下的绩效及收入关系

破解这个问题的答案是：如果采用“级级锁定”的同步薪酬制度的会计师事务所，能够严格挑选和晋升最优秀的合伙人，那么事务所中合伙奋斗的就可能全部是 B 类及以上的合伙人。这样，合伙人的平均绩效会大幅提高（在图 17.1 中用 B^+ 表示），他们的平均薪酬也会大幅上涨（L^+）。我称之为优秀合伙企业文化下的同步薪酬水平。

当然，即便如此，绩效表现最佳的合伙人还是有可能会离开，主要原因是采用以绩效为基础的薪酬分配制度的公司还可以提供更高的报酬。但这种机会不多了，因为当合伙人互相信任、喜欢合作，大家就会毫无保留、坦诚地分享项目经验，互相帮忙解决项目难题，集思广益让会计师事务所的发展更上一层楼。一个好汉也需要三个帮，他留下来而获得的绩效会比到其他事务所要高得多。这样，合伙人的整体生产力提高了，同时为客户创造的价值也提高了，合伙人的平均薪酬水平也更高了。可以说，合伙人的薪酬分配制度最终决定的是会计师事务所的合伙企业文化。

会计师事务所执行的合伙企业制度在中国是个新生事物，产生的时间不长，积累的经验也不多。如何设计合伙企业的薪酬分配体系才能实现会计师事务所的长远发展目标是一个重要命题。为此，我曾访问了多家会计师事务所的多位退休合伙人，并总结出他们分享的一些经验，供大家参考。

（1）会计师事务所的合伙人在不同的阶段都有修正或改革合伙人薪酬分配体系的冲动。许多合伙人对修正薪酬分配体系的出发点是好的，他们一开始都会群情激昂，要求公平，要求以绩效为基础，但最终在合伙人投票选择何种薪酬分配制度最适合他们的企业的时候，他们都会选择同步薪酬制。说到底，以绩效为基础的分配机制，给予少数合伙人太大的权力，从长远来看，合伙人最终更相信制度，而不相信人。

（2）“如果没有破的话，就不要拆开来修补。”“不破不补”的意思是，讨论薪酬分配体系是个伤感情的事，合伙人之间最重要的是和谐，天底下没有绝对的公平。在市场竞争如此激烈的商业环境中，“以和为贵”是合伙企业文化建设的首要原则，所以要能忍则忍。

（3）有些事务所的合伙人分属两个阶层，即授薪合伙人和股权合伙人，这种将合伙人分层的制度安排面临着严峻的挑战，需要认真地管理。注册会计师职业是一个只追求适合的工作会有适当的回报、不追求商业收入最大化的职业。如果以自我为中心、自私自利，再能干的人才也不会做好以“公平至上”为价值观的专业工作。在某些会计师事务所，股权合伙人太过关心他们自身的经济利益，忽略了对合伙人集体利益的投资，影响了会计师事务所的长远发展。有的股权合伙人在一定程度上就像“黑社会”的头目，在退休后也没有得到下一代合伙人的尊重，与做注册会计师的专业身份不相符。对授薪合伙人的照顾、包容、提携带来的回报是合伙企业全体合伙人上下齐心协力，充满未来发展的动力。

（4）应该向全体合伙人公布合伙企业中收入名列前茅的合伙人名单和他们的收入，特别是首席合伙人的收入，这是建立合伙企业信任的基础。

◎ 案例：克拉瓦斯律师事务所的合伙人薪酬分配体系

克拉瓦斯（Cravath）律师事务所于1819年在美国纽约成立，至今拥有近200年历史，它在知识产权、并购、公司金融和诉讼领域享有盛誉，是美国合伙人收益最好的律师事务所之一。

克拉瓦斯采用的合伙人薪酬分配机制被世界上的许多专业服务机构奉为教科书。它有一点与众不同，那就是对合伙人百分之百地采用了依据资历而定的“级级锁定”的同步薪酬制度。“级级锁定”的同步薪酬制度，指的是律所里所有合伙人的薪酬每年都按照既定的薪酬增长率统一调增，每一位合伙人都知道另外一位合伙人挣多少钱。

“级级锁定”的同步薪酬制度当然不是事务所创始人保罗·克拉瓦斯（Paul Cravath）所独创的。事实上，他对合伙人之间的薪酬平等毫无兴趣。克拉瓦斯律师事务所是他的律所，律所的绝大部分业务均来自他的两家重要客户：一家是他担任董事的西屋电气（Westinghouse Electric）；另一家是昆罗银行（Kuhn Loeb），他同这家投资银行的首席合伙人奥托·库恩（Otto Kuhn）是好朋友。克拉瓦斯及律所后来的首席合伙人罗伯特·施维恩（Robert Swaine）和穆尔（Moore），都从律所的收入中分取高比例的大份额薪酬。克拉瓦斯对希望能够更加平均分配收益的年轻合伙人的想法不屑一顾，他曾对他们咆哮道："你们愿意怎么分都行——去分你自己赚的利润的那一半吧！"

在 20 世纪 40 年代，为了解决薪酬分配这个影响律所和谐融洽的业务环境的大问题，施维恩在律所推行了改良的同步薪酬制度，同时，他还在合伙人会议上建立了一人一票的民主投票制度。在 20 世纪 40 ~ 50 年代，老资格合伙人和年轻合伙人之间在薪酬分配上的巨大差异慢慢减少，但是这种不公平的局面仍然相当明显，直到 1975 年克拉瓦斯律师事务所开始采用纯粹的"级级锁定"的同步薪酬制度为止，才真正得到扭转。

在同步薪酬制度下，克拉瓦斯律师事务所合伙人的薪酬逐年有序增长，在 50 岁后达到最高水平。在第 1 年，新晋升的合伙人获得一份比高级律师（升任合伙人前的一个级别的员工）丰厚很多的薪水。次年，即升任合伙人的第 2 年，他会获得完整的一个利润分配积分，参与合伙人的利润分配，目前的收入水平可能超过 500 000 美元，对此我没有做过验证，仅举例说明，在表 17.1 中以 x 替代。在接下来的 10 年时间里，这些合伙人的利润分配积分每年递增 0.15 分，然后是每年递增 0.1 分，直到 16 年后其利润分配积分最高累计达到 3 分，也就是第 2 年合伙人利润分配比率的 3 倍。此后，合伙人将维持这个水平直到 62 周岁，每年递减 0.5 分，到退休（65 周岁）时，下降到 1.5 分（见表 17.1）。

表 17.1 合伙人的年限及收入

升任合伙人的年限	合伙人的年龄	利润分配积分	年薪
第 1 年	36 岁	0.75	0.75x
第 2 年	37 岁	1	1x
第 3 年	38 岁	1.15	1.15x
第 4 年	39 岁	1.3	1.3x
…	…	…	…
第 11 年	46 岁	2.35	2.35x
第 12 年	47 岁	2.5	2.5x
第 13 年	48 岁	2.6	2.6x
第 14 年	49 岁	2.7	2.7x
第 15 年	50 岁	2.8	2.8x
第 16 年	51 岁	2.9	2.9x
第 17 年	52 岁	3	3x
第 18 年	53 岁	3	3x
…	…	…	…
第 27 年	62 岁	3	3x
第 28 年	63 岁	2.5	2.5x
第 29 年	64 岁	2	2x
第 30 年	65 岁	1.5	1.5x
总和			70x

实施同步薪酬制度是为了支持克拉瓦斯律师事务所“人人为我，我为人人”的合伙文化建设，克拉瓦斯律师事务所的合伙人文化强调团队协作，合伙人之间能够相互替代，注重客户服务，注重建立长期客户关系。同步薪酬制度消除了收入分配在合伙人之间横向比较这一

主要矛盾，并且分散了合伙企业的领导权力，因为若合伙人的薪酬分配机制已经预先设定好，是透明的，那么合伙人就没有理由也没有必要再去利用权力来争取自身利益了。这种做法化解了合伙企业因为合伙人各自争取更多利益而产生的分裂隔阂、钩心斗角、伤害感情和浪费时间等纷争。

有的事务所为解决合伙人的利益公平合理分配问题，合伙人投入大量的本来可以创造高效益的时间进行内部协调，并且需要考虑合伙人工作职责的变化，以确保各位合伙人不光获得公平合理的待遇，而且能认同利益分配的公平合理性，或至少看上去利益分配是合理的。就像一位克拉瓦斯律师事务所合伙人所指出的："实行'级级锁定'的同步薪酬制度，合伙人之间就不会有愤愤不平、牢骚埋怨和费时劳心的薪酬讨论会。"

"级级锁定"的同步薪酬制度要求合伙人将事务所的利益置于首位。克拉瓦斯律师事务所的合伙人克里斯·海因则曼（Kris Heinzelman）说："同步薪酬制度对于事务所至关重要，它不光对合伙人如此，对于客户同样如此。这意味着客户永远是事务所的客户，这样能保证客户得到最优秀的律师提供的最佳的法律意见和服务，而合伙人之间也不会因为争功夺利而明争暗斗。"这种制度能够让合伙人之间更容易相互帮助，即便每个合伙人都异常勤奋地在工作，当有需要时，只要某位合伙人一张口，其他合伙人便愿意站出来帮忙。同时，这也让主管合伙人能够更轻松地协调安排各合伙人的工作和他们之间的合作。

克拉瓦斯律师事务所是市场上公认的一家"合伙人个个强势，人人争当领头羊"的事务所。如果采用另外一种薪酬分配制度，大家都怀疑这家事务所是否还能维系得住。就像合伙人丹·莫斯利（Dan Mosley）所说的，在克拉瓦斯律师事务所，"各位合伙人都有信心争取到足够的业务，因此没人感觉有任何'神通广大的人士'存在的必要。

在专业和商业的跷跷板上，大家从未觉得有必要‘现实一点’。”

“级级锁定”的同步薪酬制度从理论上看还有助于招聘年轻人才，但是加入克拉瓦斯律师事务所做初级律师的大部分年轻人，并没有成为合伙人的期望或计划，因此同步薪酬制度对于他们而言影响不是很大。对于合伙人而言，有关“级级锁定”的同步薪酬制度的问题，主要涉及创收能力最强的 10% ~ 20% 的合伙人以及最差的 10% ~ 20% 的合伙人。绩效超强的超级明星级合伙人可能不愿意接受正常水平的薪酬，因为他们可以在其他事务所或其他领域挣更多的钱，正因如此，有很多合伙人在职业生涯的巅峰时便离开了事务所。从理论上讲，绩效产出不高的合伙人可能会慢慢转向后台岗位，并且仍希望沿着同步薪酬制度的发展曲线度过职业生涯——这种情形充分提醒合伙企业，选拔合伙人是一个多么重要的抉择。在实际工作中，在克拉瓦斯律师事务所抱有搭便车想法的合伙人都会被规劝退休。

克拉瓦斯律师事务所摒弃了其他事务所为争取业务和市场的规模经济优势在组织机构发展方面所采用的各种手段，比如兼并其他事务所，或将不是最优秀的律师选拔为“合伙人”，但限制他们的薪水（即所谓的授薪合伙人）。通过兼并取得的分支机构经常会带来各种问题，比如，它们的地理位置可能比较偏远，和总分所统一的事务所相比，不利于培养合伙人之间的良好人际关系，这些分支机构经常会带来始料不及的总分所之间或分所与分所之间的冲突。另外，距离遥远和缺乏持续的沟通会使得事务所难以有效地分享最佳实务操作经验，也难以进行质量控制。

面对市场挑战，克拉瓦斯律师事务所指定部分律师为终身制的高级律师——他们相当于其他律所中“拿固定薪水的合伙人”。克拉瓦斯律师事务所目前有 25 位终身制的高级律师，并希望鼓励更多的可能无法成为合伙人的初级律师留在律所担任高级律师。克拉瓦斯认为有 10% 的律师担任终身制高级律师的安排不会对其核心竞争力造成影响。

第十八章　合伙企业的管理层级、权力架构和协作运营

在会计师事务所，员工晋升为合伙人之后，头衔都是“合伙人”，级别看起来都一样，在事务所工作的同事也都叫自己支持的合伙人为“老板”，所以，会计师事务所有很多“老板”。对于这一点，不少人心存疑问，因为大家并不清楚为什么一家公司会有这么多位“老板”，他们执行权力的基础又是什么。

要回答这个问题，就是要寻找“合伙人”的定义。

我认为，从管理层级和权力架构的维度来看，关于“合伙人”的最贴切的定义是，合伙人是“一个独立自主的决策单位”（a partner is an autonomous decision making unit）。正因为每位合伙人都是一个独立自主的决策单位，有权力和责任处理相关事务，所以他们都是老板。这是对会计师事务所合伙人的角色、企业的权力架构以及文化进行研究后得出的定义，有其广泛的适用性。

当然，要把事务所经营好、管理好，合伙人的团队不可以各自为政、一盘散沙、人人都是个体户，而是要在合伙企业嵌入一个有序的管理层级，形成合伙人之间的协力。那么，这个管理层级又是

什么？

通过两个管理层级，即“业务、功能和地区主管合伙人”以及“客户关系主管合伙人”，会计师事务所可以把个体经营变为合伙经营，把“搭伙吃饭”变为“共灶吃饭”。

业务、功能和地区交叉管理的矩阵架构

知识型公司通常采取矩阵式管理架构，以发挥员工和业务部门的主观能动性及创造力。会计师事务所通常采用以客户为中心、业务条线管理（line of services）为纵轴，以及市场功能管理和区域管理为横轴的交叉组织管理模式。这种管理模式以客户为中心，围绕客户寻求产品、行业及地域之间的最佳资源配置，目标是为不同区域、不同行业的客户提供最高质量的专业服务。

这种矩阵式管理既强调垂直领导关系，又十分重视横向的支持、协调、辅助和监督。一般而言，分支机构中每一个业务条线的负责人在重要业务或管理问题上都必须与其业务主管直接沟通、及时汇报、听取指示，同时也要向区域负责人和担负市场功能管理职责的主管合伙人汇报工作，从而形成纵横之间的紧密结合，以增强团队的合力。

客户常常会提出涉及不同业务条线的产品或服务需求。这就要求会计师事务所根据客户需要，抽调不同业务条线的专业人士组成服务团队为客户服务。这种团队作用的发挥，一般也是通过纵横交叉的管理模式来实现的。它既打破了条线与条线之间的阻隔，又加强了各部门之间的协作配合，还在不增加机构和人员编制的前提下将不同部门的专业人士汇聚在一起，为客户解决复杂的商业难题。

会计师事务所主要经营两类业务：一类是受严格监管的审计业务，这是本书论述的重点；另一类是不受监管的业务，如咨询和税

务业务。为了有效地管理这两类业务，降低监管成本，会计师事务所会设立不同的法人单位承接不同类型的业务。所以，会计师事务所会通过集团式的管理方式对其业务进行管理。但在传统上，会计师事务所并不吸收外部资本，而是强调由专业人员组成的合伙人的自主管理。因此，其合伙经营通常也有两个层次上的合伙安排：第一个是受监管业务的合伙安排，即狭义上的会计师事务所的合伙人安排；第二个是集团业务的合伙安排。在这一章节中论述的管理架构和权力分配指的是会计师事务所集团业务的合伙企业管理架构和权力分配。

会计师事务所集团业务的矩阵式管理要成功主要依赖两个方面：一是强有力的合伙企业领导力；二是和谐合作、以客户服务为中心的企业文化。合伙企业的领导力是由首席合伙人来定义的，他是合伙企业的一把手，通常由全体合伙人民主选举产生。首席合伙人组建并领导合伙企业的管理委员会，同时还担任管理委员会的主席，因此他也被称为主席。

管理委员会是会计师事务所集团业务的核心决策层，其成员一般包括审计、税务和咨询三大业务条线的主管合伙人。这三大业务条线的利润表组成了合伙企业的利润表，它们的主管合伙人因为要直接对利润表负责而成为集团业务的主要领导合伙人。另外，协助主席执行集团业务内部管理的功能管理合伙人，也是管理委员会的成员，这包括客户市场主管合伙人、运营主管合伙人、财务主管合伙人、人力资源主管合伙人、质量及风险控制主管合伙人。他们从各个不同的功能维度参与对会计师事务所集团业务的整体决策和管理，体现“民主集中制”的管理方式。

合伙企业的管理委员会与监督委员会是有区别的。在合伙人人数超过一定规模后，设立监督委员会是会计师事务所一项重要的公司治理安排。在大中型合伙企业中，合伙人至少有两项选举权：一是选举一把手，即首席合伙人；二是选举能代表合伙人利益的监督委员会成员。首席合伙人的职责是带领全体合伙人实施企业战略，为保障全体合伙人的利益及谋求合伙企业的长远发展而奋斗。监督委员会的职责是对首席合伙人和他领导的管理委员会进行监督，实现权力制衡，避免首席合伙人权力过于集中和以权谋私行为的发生。

和一般企业不同，在合伙制企业中，除了首席合伙人拥有权威外，很难说谁在领导谁，而是努力在“和为贵”、“任人唯贤”和“尊师重道”的企业文化下构建一个有序、扁平的矩阵式管理架构，为客户提供高质量的服务。在矩阵式的管理架构下，行政地位、管理职权会有很多界限不明的交叉地带，具有复杂性，这与传统的直线型管理架构不同。因此，如何提升矩阵式管理架构的有效性和经营业绩是合伙企业管理面临的挑战。

除了需要强有力的首席合伙人的领导外，合伙企业成功最重要的法宝是建设和谐、合作的合伙人文化，把企业战略和合伙人文化建设有机地结合起来，实现二者的融合。企业战略是合伙企业要做什么，合伙人文化是在没有外人看见的时候合伙人在做什么。当合伙人自觉成为合伙企业文化及精神的践行者时，他们就为以客户为中心的矩阵式的管理架构注入了活力。

会计师事务所集团业务管理势必涉及地区管理这一维度，但会计师事务所集团业务的地区管理层级这一维度并不是靠分所管理来实现的。例如，通过加强会计师事务所分所的管理，来提升会计师事务所整体质量控制水平的做法基本是个误区。会计师事务所以地区划分来设立分所，纯属是出于工商税务和注册会计师行业管理的需要，在法律责任上没有实际意义。会计师事务所作为合伙企业的法律责任首先是合伙人层面上的，需要合伙人个人承担；其次是合伙企业层面上的，需要合伙企业的全部合伙人共同承担。这种合伙企业承担法律责任的方式不会因为设立分所而被切断。

“四大”国际网络会计师事务所在中国的分所大部分是由在中国的总所来发展的。当有足够的业务需要时，“四大”的管理层会决定到外地去开设办公室（office），而不是分所（branch）。这里的办公室是一个综合性的概念，是为客户服务提供一个物理的场所。因为中国的审计执业执照和工商营业执照都是以地区为管辖单位的，所以“分所”的概念就出现了。但如上所述，分所只是在名义上承担法律责任，实质上的法律责任是由合伙人个人或者由全体合伙人集体承担的。

有些大型会计师事务所国内的业务网络起初是以地区经营为出发点创建的。这些规模较大的事务所通过合并发展其他事务所为其下属业务单位，这种安排实质上是原本独立的法人单位和管理单位加盟至一个品牌下，这与“四大”在国际上发展成员所相似，但因为是在一个国家的法律框架下运行，加盟的事务所转为“分所”，其地区经营权不变，因此，这种制度安排下的总分所的关系比较松散，属于网络合作关系。有的会计师事务所可能还没有要求全体合伙人签署合伙企业统一管理框架下的合伙人协议。它们的合伙人甚至不共用一本账，这样的经营模式可以说是比较独立自主的、共用一个品牌的“地区网络”联营会计师事务所。而加强总分所的管理实质上是要彻底打破地域的网络壁垒，实现一个合伙企业管理的框架，考核合伙人的经营绩效，而不是执行类似于湖南分所向上海总所或北京总所上缴管理费的合伙企业网络管理安排。

有一些会计师事务所在发展中还存在另外一个不可忽视的问题，即业务部的组织架构问题。这些业务部既是成本中心，又是利润中心，业务部承揽的客户就是业务部的资产。业务部员工和合伙人以完成业务量确定相应的分成报酬，合伙人的利益和员工的利益与他们服务的客户带来的利润挂钩，其结果是在会计师事务所内形成一个个割据的小山头。这种经营和分配体制造成了会计师事务所的业务部对客户的依赖，以致这些业务部主管合伙人对客户唯命是从，这不仅影响了他们保持独立性，而且促使他们变得更加商业化，放弃坚持审计质量和职业道德。这些也都是类似这样的会计师事务所常常发生审计失败案例的主要原因。

会计师事务所在一个国家或地区内的管理架构中，区域性的管理层级是居于第二位的，甚至可以说是居于第三位的，排在“行业管理汇报路径”之后，在矩阵式的管理架构中体现为“虚线型”的报告路径。

在中国，“四大”会计师事务所集团业务管理在地区上包括我国的香港市场。在这一点上，有眼光的行业领导会看到，随着中国内地审计市场的发展成熟，内地和香港审计市场的融合及事务所的紧密合作和经济共享，将是我国会计师事务所“走出去”的最好准备，而矩阵式管理是会计师事务所拓宽业务领域和扩展地区范围的集团化经营的架构支撑。

无冕之王：客户关系主管合伙人

会计师事务所的管理架构能保持商业活力的另外一个秘诀是：客户是最重要的“领导”，即以客户为中心。只要客户有需求，需要各条线或区域的合伙人为其服务，矩阵式管理架构的活力就必须完全被调动起来。

这就引申出合伙人管理权力架构中外人看不见的另外一个重心，即在会计师事务所里最有权力的另一类合伙人——客户关系主管合伙人，他们是为服务客户而调动矩阵式管理架构活力的负责人，在事务所中非常受人尊重。他们的收入与业务、功能和地区主管合伙人的收入相当，有时甚至会超过后者。因此，有不少合伙人的发展目标是做客户关系主管合伙人，而不是做业务、功能和地区主管合伙人。

我在本书中多次强调“国际会计师事务所”这个概念是根本不存在的，所谓的“国际会计师事务所”，它其实只是各个不同的国家和地区经营的本土事务所共同加入的一个国际网络或联盟。事实上，这个网络就像是由各成员机构组成的“联合国”，它们按照各自的经济利益自主运行。但是，会计师事务所的很多客户都是跨国经营、全球控制的大型企业，这些客户认为全世界的会计师事务所的成员机构都共同使用一个品牌，当他们在任何一个国家或地区有业务发展需求时，不同国家或地区所在地的成员机构都应该提供无缝衔接和水平一致的高质量服务。事实上，在会计师事务所国际网络的发展初期，各网络成员所“各自为政”“以自身利益为中心”的情况常常存在，会计师事务所无法满足客户“走出去”的要求。为了能够突破不同国家或地区的成员所或同一国家同一个地区内的、同一个成员所内各业务条线“各自为政”的限制，管理和协调好每家成员机构与客户的关系，满足跨国企业客户业务发展的需求，一些会计师事务所以重要客户为对象，创设了“客户关系主管合伙人”这一职位，为每一个重要客户都配设一名客户关系主管合伙人。

客户关系主管合伙人的核心职责是在服务这些重要客户时，整体管理会计师事务所各家成员机构及不同业务条线与客户的关系。虽然管理与维护客户关系是客户关系主管合伙人的核心任务，但更重要的是，他们需要挖掘会计师事务所内部的各种资源来完成客户服务工作，为客户提供最高质量的解决方案。对于具体的专业服务项目工作的执行和落实，客户关系主管合伙人与项目主管合伙人紧密合作、互相沟通，由项目主管合伙人负责监督项目经理团队和项目专家团队为客户提供服务的过程并交付成果。做一名称职的客户关系主管合伙人，关键是要能敏锐地预判客户的专业服务需求，仔细留意和摸清楚客户的“痛点”。

客户关系主管合伙人的职业发展目标是成为值得客户最高领导层信赖的商业顾问。一名成功的客户关系主管合伙人要具备对不确定性的包容能力、领袖气质、不断提升自我的内在动力、卓越的合作能力，以及对不同企业文化的适应能力。他喜欢与人交流，虽然看上去是在搞客户关系，但事实上他身上就像装了雷达一样能敏锐地发现客户与客户之间的细微差别，能用会计师事务所的服务能力和专业前沿知识赢取客户的信任，让客户的决策者主动说："你明天派个团队过来看看我们遇到的问题吧。"

客户关系主管合伙人在睡梦中可能都在想如何帮助客户的总裁解决令他们困扰的问题。他们通常会换位思考：如果我是客户的总裁或财务总监，我需要解决哪些问题才能提高企业的运行效率，才能为股东多创造价值？事实上，他们可被称为客户的影子总裁或影子财务总监，他们彻底地把客户的业务问题当成自己的业务问题，并以解决这些问题为己任。

为服务好重要客户，一些会计师事务所还针对客户关系主管合伙人这一独具特色的职位，开设了专门的培训课程，以选拔和培养未来的客户关系主管合伙人。这不是一个简单的培训项目，而是一段通过为候选合伙人个人量身定制职业规划和配备优秀导师指点迷津来实现职业发展目标的旅程。该项目的学员是会计师事务所全球网络中各地区负责人推荐的在未来数年内有潜力成长为客户关系主管合伙人的合伙人。

对客户关系主管合伙人的培养分为三个步骤。第一个步骤是制定个人职业发展规划，具体说明将如何积累能向市场及客户证明个人实力的专业经验。发展规划既包括短期发展目标，又包括长期发展目标，而且个人发展目标应该与会计师事务所的企业战略保持统一。在职业规划中，学员需明确未来应具体落实哪些职责，尤其是对未来一年工作内容的规划越详尽越好。

第二个步骤是为学员指派一位在职的客户关系主管合伙人或其他元老级的合伙人作为导师，负责协助其落实职业发展规划。导师的目标是培养出“青出于蓝而胜于蓝”的徒弟。为了实现这个目标，导师会引导学员将已经建立起来的客户关系推动至一个超出预期的高度。导师还会激发学员跳出自己的舒适区，观察学员带领团队时的表现，及时给出反馈意见，进而提升学员组建一支优秀的客户服务团队的能力。同时他也会把他手头的棘手问题丢给学员，让学员提供解决方案。另外，导师还会和学员探讨一些触及灵魂深处的话题，帮助学员树立更高境界的价值观。

第三个步骤是学员每年都要进行自我考核，总结自己完成了哪些目标，以及还有哪些目标尚未完成，反思自己在哪些方面做得很到位、哪些方面做得不够到位，然后明确下一步的发展方向，并相应地对个人职业规划进行更新。

我曾在哈佛商学院参加过“专业服务公司管理”的课程。在这门课程中，哈佛商学院的教授使用了一家会计师事务所合伙人麦尔斯·埃佛森的成长经历作为案例。麦尔斯·埃佛森的职业成长道路几经坎坷，他的经历被当作案例写入了哈佛商学院的教材。用一名专业人士的个人成长经历作为哈佛案例，这样的情况并不多见。在这个案例的教学总结中，哈佛大学的教授说道：“会计师事务所作为专业服务公司，其成功秘籍主要有两条：一是实现行业专门化；二是培养客户关系主管合伙人。”

在哈佛课程结束时，班上的两位同学分享了他们对“客户关系主管合伙人”角色的理解。詹姆斯·亨利（James Henry）说：“最好的全球客户关系主管合伙人是把客户关系当作一份事业来经营，而他服务的客户也把他看作是内部智囊团的一名成员。作为协助客户解决所有商业问题的统筹者，客户关系主管合伙人要深入了解客户的各项需求、业务发展战略及所面临的挑战，然后组建并带领团队全身心地为客户创造价值。”

约翰·康特罗（John Gontero）分享说：“客户关系管理工作的很多方面都已经发生了变化。20 世纪 70 ~ 80 年代，客户关系主管合伙人只需要懂得如何优雅地使用刀叉，知道什么样的酒应该搭配什么样的食物，能在网球场上露两手就可以了。但是在今天，他们要懂得艰深的行业问题，要有能力与客户的首席执行官、首席财务官、合规总监等融洽地开展沟通，而只靠优雅的‘王子形象’已经不能胜任这个角色了。”

埃佛森曾担任花旗银行的客户关系主管合伙人，有一年夏天，他带着家人到香港旅行。在香港旅行期间，他专程到花旗银行旺角分行前拍照留念，因为他知道花旗银行旺角分行是花旗银行在全世界零售银行业务最繁忙的网点。客户关系主管合伙人就是这样在梦里也想着客户、想着为客户做好服务的专业人士。“关系”这个在中文字面上有多种解释的词，在现在的职场和商业环境中可能带有点负面含义，但在会计师事务所中，客户关系主管合伙人是份凭真本事的工作，他是联结会计师事务所和客户的纽带。

合伙人协作的重要性

寻找提升会计师事务所实力的路径并不是一件复杂的事情。我总结出 4 个管理象限和 1 个中心，作为讨论的框架。这 4 个管理象限（见图 18.1）呈现的也是会计师事务所最重要的 4 项资产，要提升会计师事务所的实力，必须经营好这 4 项资产。但最重要和最困难的是提升合伙人之间的协作能力。

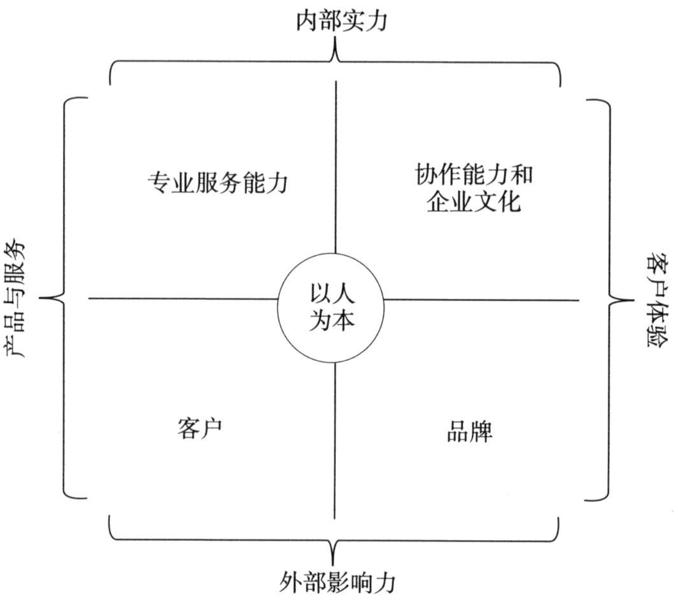

图 18.1　会计师事务所管理的 4 个象限

1.　专业服务能力

强大的专业服务能力是会计师事务所的根基。每个客户的问题都是独一无二的，会计师事务所必须准确把握客户的具体需求，并根据客户的需求提供相应的服务。但专业服务的基本功是一样的，打铁还需自身硬，因此，会计师事务所首先要提升自身实力，要洞悉自身服务能力中的不足，创建接受客户反馈的认知循环，不断提升自己的专业服务实力，提升服务质量。

数据分析和大数据技术的应用已经在很多行业中兴起，审计和咨询行业也不例外，未来它将持续影响专业人员的工作及他们创造的价值。很多简单的工作已经基本实现自动化，专业服务公司需要思考：未来如何利用科技的力量来持续提升服务实力和服务效率。这包括增加会计师事务所的“资产”服务能力，例如会计师事务所创造的“财务机器人”。

专业服务产品之间的内容界限将逐渐模糊，这会带来全新的商业机遇。专业服务产品之间将相互融合（例如法务与管理咨询），那些抢先提供跨领域解决方案的机构未来将分得最大份额的蛋糕。未来的发展态势依然是各个专业细分领域的专业人员协同并进，相辅相成，这不仅仅是后面会提到的“竖筒”之间的协作问题，它也包括内容的融合和创新。

2. 协作能力和企业文化

如今，专业服务公司面临挑战。在全球化过程中，各类企业都在技术、合规、经济和经营环境领域不断遭遇复杂问题。起初，为适应客户不断变化的需求，大多数顶尖专业服务公司创建或细分业务部门，鼓励合伙人在业务方面更加专门化。结果，专业服务公司在业务团队分工越来越细的同时，这些公司掌握的专业知识和技能也逐渐被分散，单个团队难以应对客户的综合化需求。因此，为满足客户的复杂需求，专业服务公司必须加强内部跨专业协作。协作是会计师事务所的一项综合服务能力，协作能力也是公司文化的具体体现。

现在大多数的会计师事务所已调整战略，力图找到可以更完备、更高效解决客户复杂难题的方案，以此增强自身的市场竞争力。只有依靠跨领域团队协作，才能满足客户的复杂需求。创造价值能力最强的公司往往更专注于整合已有业务，而非扩展业务范围。我们强调内部协作是要让合伙人明白，他们对跨专业协作的投入是公司整体战略的一部分，会得到公司管理层的全力支持。在各业务团队领导者参与制定客户服务整体战略时，要相应地为各自团队的合伙人明确必须合作的专业服务目标。客户服务主管合伙人负责推动各个项目合伙人的合作在客户层面顺利实施。

一旦跨专业协作明确成为公司战略，用于提升合作水平的时间花费与精力投入将不再被视为一种成本，而是为保持或增强竞争力而进行的必要投资。这些公司知道，如果能更好地满足客户最复杂的需求，它们将得到含金量最高的委托，长久地赢得客户的忠诚，把对手留在附加值低、竞争残酷的市场。

会计师事务所领导者要建立一系列机制，促使合伙人了解彼此的专长，从而发现和互相推荐跨领域合作机会，并借此评判合伙人的综合业务能力和协作能力。例如，业务团队每月可举办工作坊，邀请相关专家来介绍市场机会较多的业务领域。有些公司建立了内部沟通平台，用于交流客户情报、寻找内容专家，以及答疑解惑。即便只是在内部简报上报道成功合作案例这样低技术含量的方式，也能让员工了解本公司同事如何进行跨专业项目合作。事实胜于雄辩，成功案例是培养互信的有力方式。还可在全公司范围内开展人才培养项目，明确将团队协作能力设为晋升的必要条件，这将提升员工对彼此能力的信任。

3. 客户

客户是专业服务公司最重要的资产，他们不仅仅是服务的对象，也定义着专业服务公司的品牌。企业聘用会计师事务所为它们的审计师，这是一种互相背书的信任关系——客户期待审计师能够提供有价值的专业服务，把一年的经营和交易记录、年底的财务报表打开，由会计师进行检查；会计师事务所接受客户，也是处处在向市场说明，它们对企业的会计报表发表了无保留意见的审计报告。

另外，会计师事务所是专业会计师成长的学习场所，但其真实的学习现场是客户。良好的客户组合，也是会计师个人成长简历的落脚点。高质量的客户组合是会计师事务所吸引大学毕业生加入自己的一张名片。

会计师事务所对客户是要做出战略性的选择的。专业服务公司必须重视它们选择的每一个客户，这不仅仅有益于积累应对不同状况客户的经验，更重要的是它建立并传承会计师事务所的良好口碑和声誉。

4. 品牌

专业服务公司的企业品牌是“以企业名称为载体，对内外部做出的关于企业与众不同的文化、愿景和用户体验等差异化价值的承诺”，是企业最重要的战略资产之一。从品牌的完整定义上来说，任何品牌必须具有其相应的内涵（如核心价值、品牌承诺、品牌个性等），因此仅有形式而没有明确内涵的商号不能算真正意义上的品牌。专业服务公司在市场上的宣传需要明确其品牌内涵。

会计师事务所品牌的建立不是一朝一夕的事情，需要全体合伙人和员工共同维护和经营。品牌是个长期形成的资产。只有品牌的内涵能够令其在客户心目中和其他竞争对手有所区别，会计师事务所的优势才能在市场竞争中得以体现，获得更高的经济回报。

总结来说，专业服务能力和协作能力及企业文化共同构成了一家会计师事务所的内部实力，是会计师事务所赖以生存发展的硬实力；客户组合和品牌则是会计师事务所对外宣传和展示外部竞争力的载体，是会计师事务所维持行业地位的软实力。将专业服务提供给客户就是向外输出产品和服务，这是专业服务机构如会计师事务所提供的业务；但将协作能力和企业文化体现在客户服务中，形成自身的品牌的内涵，让客户满意，这是给客户提供一种体验。前者如同你在咖啡店购买了“一杯黑咖啡”，后者如同你购买了“一杯星巴克的黑咖啡”。

在这 4 项资产中，建设会计师事务所合伙人之间的“协作能力”最为困难，它是合伙企业的管理层级和权力架构得以发挥功能的润滑剂。可以说，会计师事务所合伙人之间没有协作，就没有会计师事务所集体的成功，客户体验也将是不一致的、支离破碎的。

如图 18.1 所示，专业服务公司的成功核心还是从人出发、以人为本。会计师事务所为客户提供服务，最终还是人与人之间的交流，我们要时时明确这一点。所以，专业服务机构要成功，必须在“人才”和“客户”两个市场都做到领先的地位。从这个角度看，会计师事务所通过提升自己的专业服务能力、合伙人之间的协作能力和品牌影响力，全心全意服务客户，才能同时为“人才”和“客户”创造价值。如同本章开篇中所述，如果没有合伙人之间的协作，合伙人就降格到了“个体户”。

第十九章　会计师事务所国际网络的发展历程：回顾与展望

当今会计师事务所国际化发展的路径并不是由一家会计师事务所从母国走出去，然后去控制其他国家的会计师事务所，而是选择企业文化和执业水平相当的会计师事务所互为代理，逐步建立国际网络，进而服务跨国公司。如果在一个国家或地区，没有资质相当的会计师事务所作为成员所被吸收到国际网络中，那么会计师事务所国际网络会选择投资当地的事务所，以培育其专业服务能力，使其成为当地的一家强大的会计师事务所。由于服务业属地发展的本土特性，因而由国际网络投资的会计师事务所会在被投资国扎根成长。

会计师事务所国际网络发展的驱动因素

推动会计师事务所全球化发展的主要动因是资本的跨境流动。资本跨越地理的界限在全球范围内配置，反映了其逐利扩张的本性。会计师事务所围绕资本提供专业服务，必然会跟随资本在世界各地的经济中心设置网点。会计师事务所的国际化历程足以证明，企业客户“走出去”是会计师事务所国际化发展的重要助推器。

19 世纪末叶，经历了工业革命的英国积累了大量资本，期盼着新的投资机会。英国经济学家查尔斯·K. 霍布森（Charles K. Hobson）在《资本的输出》一书中描述，19 世纪后期，英国可供投资的资本总额持续上升：1881 —1885 年平均每年约 3 000 万英镑，1886 —1889 年达到了平均每年约 5 000 万英镑，而 1890 年则创纪录地达到了 8 200 万英镑。然而，当时英国国内投资市场趋于停滞，没有机会消化这些富余的资本，英国的企业家们为了给资本寻找到新的出路，于是将目光投向了世界市场。1889 年，繁荣的美国成为企业投资的目的地。在英国企业开始大规模投资美国，跨境并购美国企业时，美国的注册会计师行业与英国相比是相对落后的，注册会计师作为一个职业还没有成长起来。来自英国的这些企业，在交易达成前，通常委派自己在英国的专业会计师到投资目的地美国进行财务尽职调查。这些来自英国的会计师后来留在了美国，开拓英国会计师事务所在美国的业务。会计师事务所的国际化进程自此展开。

20 世纪 50 ~ 80 年代，以自由贸易为原则的《关贸总协定》（General Agreement on Tariffs and Trade，简写为 GATT）和以美元为中心的国际货币体系构筑了第二次世界大战后的国际经济金融新秩序，使国际投资更加便利，于是跨国公司便成为在资本向全球输出的过程中形成和发展起来的最重要的商业力量。跨国公司的发展为会计师事务所的国际化提供了机遇，推动了会计师事务所在全球范围内开展合作的进程。

为服务于跨国公司，一些会计师事务所开始通过招募经营理念相同、品牌地位也相匹配的世界各地的会计师事务所的加盟，来陆续整合其服务客户的全球网络，并达到了在世界各地的经济中心设置网点的目的。

普华（普华永道的前身）是最早设立国际网络管理机构的会计公司。1945 年 9 月，由普华英国所和美国所牵头，普华在美国纽约召开了普华全球原本比较松散的代理机构的高级合伙人会议，会议决定成立普华国际公司。设立该公司的直接目的是，确保从英国和美国走出去的跨国企业客户能够在全世界都得到质量可靠和技术方法一致的专业服务。

随后，很多大型会计师事务所都相继成立国际网络管理机构，对世界各地的分支机构开始进行统一的网络管理，以提升各成员所提供的审计服务质量。这些会计师事务所国际网络在不同国家和地区的成员所都设有统一的工作程序和质量要求，能够在不同国家和地区为跨国公司提供比较一致的专业服务，满足跨国企业客户对一家会计师事务所国际网络品牌的期望。

会计师事务所国际网络之所以能够成功建立起来并得到巩固和发展，还有一个原因是国际会计标准的建立和进一步完善。资本的跨境流动带动了资本市场的国际化，而这一发展对各国存在差异的会计准则提出了重大挑战。投资人在国际市场上寻找投资机会，而一些跨国公司也在全球范围内寻求更廉价的资本，但各国会计标准可比性差，不同国家的上市公司遵循不同会计准则编制出来的财务信息缺乏可比性，这给投资者决策分析带来了困难。如果不能对各国会计准则之间的差异进行调节，那么国际资本市场的交易成本将大大增加。因此，国际资本市场对于统一的会计准则的需求被提上了议事日程。

1973 年 6 月，英国与来自澳、加、法、德、日、墨、荷、美等国的职业会计师团体，在伦敦共同发起成立了国际会计准则理事会，开始着手推动建立一套对各国资本市场规则都能“兼容并包”并为各大主要经济体普遍认可和通用的国际会计标准。

服务资本市场前沿的会计师事务所用实际行动积极推动了国际会计准则的建立及广泛应用。例如，一些会计师事务所设立了由其在世界各地的成员所专家组成的专门团队与国际会计准则理事会协调反映实践中遇到的会计问题，提交准则修订反馈意见，并推出了保障客户会计工作均能按照国际会计准则做出一致性阐述的“国际会计准则服务”。这些专业服务在促进国际会计准则发展与落实的同时，也通过各个国家和地区的成员所之间进行沟通而巩固了成员所之间的合作，让注册会计师职业的国际化操作有标准可依。这一点与律师事务所和医生私人诊所未能形成大型国际网络对比鲜明。

律师事务所从事工作的依据是法律，而每个国家的法律各不相同，所以其执业有了国界的阻碍，国际流动性比较差。医生的专业技能实际上也存在流动性，但因为其关乎国民健康安全，因此各国政府非常严格地管制行医资质。历史上，医生和护士的职业只在世界大战期间有过比较大规模的全球范围的流动。

除了会计准则国际化的发展外，注册会计师执业准则的国际化发展，也使注册会计师服务具有了很强的全球范围的职业流动性。注册会计师的执业准则通常由会计师专业团体制定。国际会计师专业团体的国际化发展就证明了这一点。例如，第一个国际会计师专业团体ACCA从1908年起就坚持开放办学，面向国际社会招收学员，提供培训服务，这壮大了国际注册会计师专业人才的队伍。ACCA的会员走出国门，在世界范围内开展业务，为注册会计师行业的国际化奠定了人才基础。同样的道理，中国的注册会计师因为拥有与国际接轨的执业准则的培训，因此到其他国家也可以比较方便地找到工作。会计师行业的国际化，使不同的经济体都可以有效地使用注册会计师的专业技能。

会计师事务所国际网络本土化发展：中国路径

20世纪80～90年代，中国还处在从计划经济向市场经济方向转轨的初始阶段，注册会计师行业中具备专业能力的本土会计师事务所尚未成长起来，甚至根本没有。为了吸引外资来华以及支持中国企业去境外发行股票融资，中国政府决定引入具有公信力的国际会计师事务所为中国企业做审计。为此，财政部出资设立了中方会计师事务所，并与会计师事务所国际网络所进行联营与合作，设立了一种全世界从来没有过的会计师事务所组织形式——政府主导的中外合作会计师事务所（简称“四大”国际会计师事务所）。

1992 年，“四大”在中国的中外合作会计师事务所经财政部、对外经贸部（现商务部）以及工商行政管理总局审批后正式成立。有的专家形象地说，这些会计师事务所是来为中国经济发展“抬轿子”的，因为中国需要具有国际公信力的会计师事务所来检查企业的会计报表，以增强这些企业会计报表的可信度，并以此为基础向投资者募集资金。

中外合作制会计师事务所从 1992 年起开始运行，直到 2012 年终止。在 20 多年的时间里，“四大”在中国的本土化发展进程十分顺利，成就巨大，可以说，中外合作制为其提供了有力的制度支持。中外合作制最为重要的意义在于，为中国的注册会计师行业培育出了能够符合加盟“四大”国际网络全部条件的本土会计师事务所，这些事务所的中国合伙人有能力带领他们的事务所在中国开展业务，并加盟国际网络。

不过鉴于“中外合作制”这一组织形式不符合国际上所采用的会计师事务所的主流组织形式特征，也与“四大”在其他国家和地区采用的组织模式存在较大差别，因此，2012 年，财政部推动了“四大”中外合作事务所转制成为特殊普通合伙制会计师事务所，转制后的“四大”以特殊普通合伙为组织形式。“四大”在中国转制的成功，标志着“四大”本土化发展进入了一个全新的阶段。

会计师事务所本土化进程最重要或者说是唯一的路径是人才的本土化。1992 年，在中外合作所成立之初，当时“四大”的领导职务大多由我国香港和境外的合伙人担任。这些境外合伙人在来到中国时就清醒地认识到，由于语言和文化的因素，在未来，中国市场的业务必须依靠中国本土合伙人才行。因此，他们开始直接从大学招聘学徒工，着手筹划并推动“四大”在中国的人才本土化发展，为长远发展做好打算。

在招聘大学生时，“四大”国际会计师事务所合伙人引进了非常先进的人才招聘和培养理念，主要看重的是学生的认知能力和对行业的热爱程度。在从“大学生毕业包分配工作”到“自由择业”的转轨时期，“四大”国际会计师事务所给大学生带来了全新的职业发展机会和他们可以自主做出的职业发展选择。毕业生加入会计师事务所后，将得到不同职业发展阶段的培训，还有许多机会到国际市场进行交流锻炼。这些会计师事务所用了 10 ~ 15 年的时间，为中国培养了第一代本土合伙人，他们现在是中国注册会计师行业专业服务的中坚力量。

在“四大”的人才本土化进程中，来自境外的合伙人，包括来自中国香港的合伙人，在为中国引入专业主义精神方面做出了重要贡献。他们的工作不仅是将先进的会计专业知识和公司治理经验输入中国，为中国市场所用，更重要的是，他们认真敬业、按原则办事、按准则报账，这是中国本土员工在成长中需要学习的。他们在中国坚持工作了 20 多年，可以说，如果没有他们，中国的会计行业发展不会获得这么快的提升。

随着这批最初到中国工作的境外合伙人逐渐进入退休年龄，中国的一批本土合伙人开始在事务所中担任更高层级的管理职位。在“四大”，各个级别的境外人员已经大幅减少，中国本土培养的专业人才已能负起专业责任和出任管理岗位。根据《中外合作会计师事务所本土化转制方案》的要求，到 2017 年 12 月 31 日，四大会计师事务所中具备中国注册会计师资格的合伙人必须达到合伙人总数的 80%。首席合伙人必须具有中国国籍和中国注册会计师资格，也就是说，在设立中外合作会计师事务所 25 年之后，四大会计师事务所必须全部实现上述要求。

目前，在“四大”国际会计师事务所，合伙人团队成员虽然还保有一定比例的非中国注册会计师的合伙人以及外籍人士，但在高级经理及以下级别，外籍员工的人数已经不到员工总体人数的1%。国际化是世界发展大趋势，会计师事务所的发展需要国际人才交流。现在看来，到中国的会计师事务所工作的境外人士不是太多，而是太少了。

会计师事务所的国际网络的一个重要特性是这个国际网络具有“多集结点”（multi-nodal）。“多集结点”意味着在国际网络中，全球专业资源能够顺畅、有效地进行整合和配置。哪里有需要，全球的专业资源就向哪里集结汇聚。由于世界各大经济体的市场发展水平不同，其内在业务需求和本地专业资源的储备状况亦有较大差异，会计师事务所要在全球市场上领先，必须具备用最快的速度在最需要它的市场投入优质资源的实力。因此，会计师事务所应采用“多集结点”式的组织架构模式，进一步调配和统筹专业资源服务全球市场，提高专业资源在网络范围内配置的速度和效率，为建设和巩固专业服务的全球领导地位提供强劲的组织架构支持。

由于“四大”国际会计师事务所在中国的历史比较短，再加上一开始采用中外合作所的机制，因此很多不了解情况的人往往会觉得它们是外资公司的分支机构，是从属于“四大”国际会计师事务所美国总公司或英国总公司的分公司。但实际上，在中国的“四大”国际会计师事务所如在国外的“四大”国际会计师事务所一样，是独立的法律实体，它们在全球网络机构中的地位是相同的，它们选派自己的代表参与国际网络机构的管理。当然，虽然法律地位等同，但是在国际网络管理方面的话语权和影响力目前还不能相提并论。

“四大”国际会计师事务所的“多集结点”全球服务网络还强调了“点点都要强”的理念。实际上，“四大”国际会计师事务所追求的是各个在不同市场区域中的事务所的强强联合。随着中国经济的发展，中国的业务地位在“四大”国际会计师事务所国际网络中越来越重要，它已经是“四大”国际会计师事务所国际网络中一个非常重要的集结点。“四大”国际会计师事务所的中国合伙人通过不断学习和磨炼，正在迅速成长。终有一天，他们会担任“四大”国际会计师事务所国际网络的主席。虽然这一天的到来还需要时间的积淀，但对此我们充满信心和期盼。到那个时候，人们或许会以为在全球运行的“四大”国际会计师事务所是一家中国公司。

对中国会计师事务所“走出去”的政策建议

“四大”会计师事务所对其国际网络和成员所的说明各有不同，但内涵是一致的。首先，各个成员所是相互独立的，在国际网络中的地位平等。

普华永道在其年度回顾报告中的表述是：“普华永道系指普华永道国际网络及/或普华永道国际网络中各自独立的成员机构。”①

毕马威在其年报中的表述为：“每一家毕马威的成员所都是分立的、法律结构上相互独立的主体。”②

安永的全球官网则给出如下说明：“安永是指安永国际有限公司的全球组织，也可指其一家或以上的成员机构，各成员机构都是独立的法人实体。安永国际的任何成员所均不对其他成员所的行为或者疏漏承担法律责任。”③

德勤的年报则写道：“德勤及其任何成员所均不对另一方的行为或遗漏承担任何法律责任。每一家成员所均作为具有独立法律地位的

---

① 摘自 PwC Global 2016 年 10 月发布的年度报告 Making a Difference–Global Annual Review 2016。

② 摘自 KPMG International 2016 年 10 月发布的年度报告 2016 International Annual Review。

③ 摘自 Ernst & Young Global 官网：www.ey.com/home 。

法律实体以‘德勤’或其他关联名称开展业务。”①

国际网络不是一个统一承担责任的法律实体概念，它仅指一个社会经济组织的概念。有的专业人员将国际网络与编制合并会计报表的“集团”概念拿来比较，但事实上，会计师事务所国际网络比一般意义上的集团概念更为松散，因为在会计师事务所国际网络中不存在母公司和子公司的关系。这种集团概念只有在一个具有主权管理的国家或地区内才能形成，或者按照经营权分配的地区归属而形成。例如在英国，因为全部业务均由在特定市场经营事务所国际网络品牌的英国合伙人所拥有，所以可以被称为这家事务所在英国的集团公司，但这仅仅适用于英国合伙人共同控制的经济利益体。

会计师事务所的国际公司是其国际网络中的成员所共同出资设立的，这一公司的使命是维护国际网络的品牌，监督并保障服务质量的一致性，对业务开发和创新等方面的投资进行协调，但它并不向客户提供专业服务。对此，普华永道、毕马威、安永和德勤在各自官网上均明确指出：

- 普华永道国际有限公司不开展会计业务，不向客户提供任何服务。
- 毕马威国际（A Swiss Cooperative，一家在瑞士设立的旨在限制各成员机构责任的联合机构）不提供客户服务，所有服务均通过其各地区的成员所提供。
- 安永国际有限公司是英国一家担保有限公司，并不向客户提供服务。
- 德勤国际有限公司并不向客户提供服务。

① 摘自 Deloitte Global 2016 年 9 月发布的年度报告 2016 Global Impact Report。

所以，在阅读“四大”国际网络关于其国际公司的解释文字时，可以看到对国际网络的第二层意思的表述，即“四大”国际网络的国际公司并不向客户提供服务。如果一家事务所向客户承诺选派国际公司的专业人员来服务，那它是指选派国际网络中其他成员所的专业人员。所以，在客户服务上，国际会计公司这个概念并不存在。另外，会计师事务所的国际公司是一个成本中心，由国际网络各成员所分摊其发生的费用。

一般情况下，会计师事务所国际网络在进入新市场时，会选择吸收当地的会计师事务所作为其成员机构，代表其开展业务。或者当地的会计师事务所走出去寻找国际网络，安排在国外市场的代理关系，帮助其处理客户服务的国际化要求。例如，德勤在中国香港选择了最为知名的本土会计师行——关黄陈方会计师事务所作为其成员所；在中国台湾地区，德勤选择了勤业众信会计师事务所作为其成员所。

在会计师事务所国际网络的合作协议或章程中，均列有一个前提条款，即当国际网络合作协议的有关条款与本地法律有冲突时，会计师事务所必须以遵从本地法律为先。“四大”会计师事务所的国际网络之所以强大，是因为它们遵循了在不同市场进行本土化发展的规律，从而使其网络能够覆盖大多数市场经济体，通过“强强联合”支撑起强大的国际网络。在会计师事务所国际网络建设中，可以说先有本土所，再有国际网络；只有各地的本土所强大，才有国际网络的强大。

会计师事务所国际网络在中国的发展道路是先进的发达经济体的会计师事务所已经组成的国际网络到历史上最大的“新兴市场”进行投资，在服务于跨国企业和本土企业的同时，帮助当地会计师事务所提高专业能力，实现本土化，从而引领其更好地服务于当地的社会经济发展。在制定中国会计师事务所“走出去”的政策时，我们必须要认清楚经济制度、法律规则和语言文化环境等因素对会计师事务所发展的影响。

从法律上讲，每个国家的会计服务业都受到国家主权管辖范围内开展业务的行业监管。在会计师事务所国际网络的管理中，这涉及两个层面的安排：第一个层面，会计师事务所及注册会计师行业必须接受所在国有关部门的监管，它们对会计报表出具的审计意见在其所在国是法定报告；第二个层面，每个国家的会计师事务所在国际网络当中分配和保护着自己的市场范围。举例来说，任何一家境外会计师事务所在中国执业都要获得中国监管机构财政部会计司的批准。同时这些会计师事务所要服务中国内地市场，即无论哪个国家或地区的会计师事务所国际网络内的成员所要踏上中国的土地开展服务，必须要经由该事务所的中国成员所的批准，这是在国际网络合约中约定的。

会计师事务所通常要以语言和文化为纽带服务客户，缩短与客户的距离。但由于中国经济和文化的国际化程度尚处于初级阶段，中国会计师事务所要“走出去”，要建立以中文为工作语言的国际网络目前还不成熟；而要服务文化相近的企业，特别是从中国走出去的跨国企业，在各大会计师事务所国际网络中通常以设立“中国企业服务组”作为解决方案。这与“四大”国际会计师事务所在中国设立“韩国企业服务组”、“日本企业服务组”、“美国企业服务组”、“英国企业服务组”以及“欧洲企业服务组”来服务不同国家和地区的跨国企业的做法是一样的。这样做能够满足企业“走出去”开展跨国经营的需要。

因此，中国会计师事务所要“走出去”建立中国会计师事务所主导的会计师事务所国际网络，在实践过程中会有不小的难度。

（1）中国会计师事务所“走出去”建立由中国会计师事务所控制的会计师事务所国际网络，是从发展中经济体出发去控制或者拓展在发达经济体中的现代服务业市场，这在全世界的注册会计师行业都没有先例可循。中国会计师事务所“走出去”到国际市场进行投资，要走的是与国际“四大”在中国发展相反的投资路径，目前尚缺乏必要的网络实力、品牌价值及专业能力。

另外，一个国家的会计师事务所去控制同用一个品牌的会计师事务所的国际网络，如同一个国家要去控制联合国一样，违背了设立国际网络的初衷，是不可行的。

（2）对于中国“走出去”的企业，会计师事务所主要提供两种类型的专业服务：一是中国企业“走出去”收购兼并或者创办企业，会计师事务所可以提供尽职调查或市场进入的服务；二是中国企业在国外设立企业后，需要当地的会计师事务所提供法定审计、税务或咨询服务。针对这两种类型的服务，中国的会计师事务所可以协调被投资国的会计师事务所，即在一定程度上可以联手被投资国的会计师事务所服务于中国的跨国企业，不过归根结底要由被投资国的会计师事务所为走出去的中国企业提供专业服务。

比如，在中国投资的大牌跨国公司，从大众汽车到松下电器，为其提供服务的还是中国的会计师事务所。当然，为了更好地服务像大众汽车和松下电器这样的客户，会计师事务所需要引入来自德国和日本的合伙人或专业人员，这种开放式的做法也促进了国际投资带来的人才流动。中国需要培养一批能够“走出去”服务于中国企业的会计专业人才。这是正确的做法，是非常重要的强国之策。不过，鼓励这些会计专业人才流动的做法不等同于要制定到国际金融中心设立一个由中国专业人士控制的会计师事务所的行业政策。

当然，上述这些见解并不是要中国的会计师事务所在国际舞台上不作为；相反，我是主张和建议中国的会计师事务所在国际市场上争取更大话语权的，从准则的制定到监管规则的制定等各个方面，中国的会计师事务所都要积极参与。

中国的注册会计师行业和会计师事务所的发展需要时间，国际化发展也要防止拔苗助长。要在会计师事务所国际网络中争取更多的话语权，主要依靠的是强大的本土所的建设，包括国际“四大”在中国的成员所。

◎ 案例：会计师事务所国际网络发展的本土化路径

1890 年，普华（普华永道前身）英国在美国纽约设立分公司，以此为标志，普华正式进入了美国。1945 年，为了组建国际网络，普华美国成员所联合普华英国成员所发起建立了普华国际会计公司。1984 年，普华美国成为普华国际网络中业务规模最大的成员所。1988 年，时任普华国际网络主席的英国人科迪斯卸任，美国人康纳尔接替。自康纳尔开始，普华国际网络开启了由美国人担任全球主席的时代。

但是，从其出身的历史看，普华可以说是一家英国公司。1849 年，普华会计师事务所在英国伦敦成立。40 年后，即 1890 年，普华英国在纽约开设了第一家海外分所。当时，在普华纽约工作的主管合伙人以及业务骨干都是由普华英国派遣的，美国还没有拥有足够经验和能力的专业人才。

1901 年，英国人阿瑟·洛斯·迪金森（Arthur Lowes Dickinson）来到纽约领导普华在美国的合伙事务。他很快发现，美国与英国的商业环境非常不同，美国的市场充满机遇，但亦缺乏规则，太多的变化和不确定因素让他倍感压力。他曾在一封寄往英国的信中这样写道：

> 在美国，客户对于审计服务的需求充满了“投机性”。美国的审计项目数量本来就少，其中很大的一部分还受到客户的偏见与偏好的影响。我们不能想当然地认为，在这里做业务会和在英国一样轻松，只要做好了第一单，接下来的业务也会委托给我们。

迪金森去信的目的当然不只是向普华英国所汇报其所面临的困境，他还希望能够帮助普华美国更多地得到来自普华英国的技术支援，抓住在美国的市场发展机遇。1901—1910 年是普华美国高速发展的时期。在这一期间，普华美国分别在美国、加拿大和墨西哥 3 地设立了 11 家分所，从业人员从最早的 20 人增加至 200 人。到 1910 年年底，普华美国的规模已经超越了普华英国。其合伙人人数从 1901 年的 2 人，增加到 1907 年的 7 人，再到 1914 年的 14 人，其中，拥有美国本土执业资格的合伙人达到 6 人，接近总人数的一半。可以说，普华美国至此基本上实现了本土化。当时普华美国的一位合伙人说：

> 普华美国已不再是依赖英国生存的“孩子”了，它已经长大并拥有了自己的个性主张。

这一进程自 1890 年普华英国进入美国市场开始，到 1914 年为止，先后大约花了 25 年的时间，而且是在语言相通、文化相近、商业法律框架和经济制度基本相同的大背景下实现的。

普华美国在这一期间还被普华英国视作被投资的公司，普华英国每年都要从普华美国创造的利润中抽成。随着普华美国规模的扩大和自主经营能力的提升，普华美国的合伙人开始积极争取自治。迪金森多次对利润分配的方式向普华英国提出质疑，他在其中的一封信里这样写道：

> 我们（普华美国）每多挣 5 000 美元的利润，你们（普华英国）就要和我们分享。你们什么都不干却要拿走其中的 2 500 美元，而创造这些财富所需的额外工作和压力却要由我们来承担，这并不公平。

在普华美国的强烈要求下，普华英国不得不妥协。普华英国开始逐步放弃对普华美国利润分配的控制，其在普华美国所中所拥有的利润分配份额也逐年下降，从1901年的40%下降至1919年的7.5%。至此，普华美国基本脱离了普华英国的控制，成为与其对等的自主机构。

1909年，英国人迪金森退休，美国人乔治·奥利维尔·梅（George Oliver May）继任，成为历史上第一位掌管普华美国的美籍首席合伙人。从美国退休后，迪金森回到英国，负责协调普华英国对美国所的相关事务。1914年1月，梅写信向迪金森提出一项建议，希望让普华美国那些有前景的员工能有机会到英国学习，因为他发现，美国从业人员身上最大的缺陷就是带有过多的本土痕迹，缺乏国际化视野和知识经验的储备。

迪金森积极回应了普华美国的提议，并要求在美国和英国之间开展员工双向交换。一方面，他觉得这是一个互惠的项目，因为普华英国也可以选拔一批人才前往美国学习普华美国的经验。另一方面，他一直担忧普华英国和普华美国的关系会渐行渐远，而这一方案让他看到了其背后对于加强两所联系的重要意义。因此，他郑重地向梅表示：

> 我们也一直在考虑这个问题。我们希望通过这个项目能为你们的办公室充实更多能干的人才。也期待这些人能有机会成为合伙人，成为联结普华英国和普华美国的纽带。我希望这样的机制在未来能够一直延续下去。

在进入美国市场的初期，普华一直被当作一家英国公司。为了改变人们的这一印象，1895年，普华在美国圣路易斯发展了一家在本地成立的会计师事务所作为其成员所，并试图规避使用“普华”这一来自英国的名称，而转用“琼斯—恺撒会计公司”（Jones，Caesar & Co.）这个本土会计师事务所的名称，以贴近美国的本土市场。但经过了一段时间的发展，美国人几乎都认为“琼斯—恺撒会计公司”就是在美国的普华，因而美国的客户仍然愿意称它为普华。

1902年2月，美国钢铁公司（United States Steel Corporation，简称"美钢"）决定聘请普华美国担任其审计师。为了更好地完成审计工作，普华美国在美钢总部所在地匹兹堡市开设了分所。

20世纪初期，美国正迎来其经济发展史上的第一次企业并购浪潮。美钢在吸收了784家独立公司后，资产总量达到10亿美元量级，成为当时全美规模最大的钢铁集团，垄断了美国3/4的钢铁市场。美钢庞大的业务体量和错综复杂的分支机构，给审计师带来了不小的技术挑战。普华坚持创新，不仅对美钢在会计、业务和管理上给予专业支持，还第一次要求并协助美钢将下属所有子公司的报表合并起来，编制一份向母公司股东提供的集团合并会计报表。普华认为，只有这样，才能将集团企业真实的财务状况向股东交代清楚。

这成为会计历史上具有里程碑意义的事件。普华美国为美国钢铁公司签发了世界上第一份合并会计报表的年度审计报告，开创了对集团公司进行合并会计报表审计的先河。1903年4月发布的第16期《科学美国人》对此评价称："这是有史以来美国公司出具的最详尽、最全面的公司报告，为普华赢得了巨大的商业知名度。"

同时值得一提的是，英国人迪金森对普华在美国的本土化发展功不可没。1901年，迪金森在履新美国后很快就意识到"普华"这一品牌在美国市场上进行本土化的重要性。为此，他向全美各大金融机构、律师事务所、企业以及财经报刊的编辑部发出了36 000多份"小广告"，公开声明自己离开普华英国所，正式加入普华美国所。他用实际行动表示普华是一家美国的会计公司，他是美国普华的合伙人，而不是英国普华的合伙人。

通过不断地宣传，"普华"的品牌凭借英国人带来的良好的业务基础和服务质量，在美国市场得到的认可越来越多。后来，许多企业在选择审计师时，都会像美钢一样直接选择普华，而不提"琼斯—恺撒会计公司"这一名称。

会计和审计在促进和维护社会经济的稳健发展及保护投资者利益方面发挥着不可或缺的作用。一个国家的经济发展必须有与之相匹配的注册会计师行业作为辅助。普华美国的业务随着美国国力的强盛、经济和市场的发展逐步兴起和壮大。第二次世界大战后，美国资本流向欧洲，在世界上的经济地位越来越强大，普华美国所在国际上的影响也与日俱增。最近 30 多年来，由于普华永道美国所的规模和影响，普华永道国际网络的全球主席都由美国人担任。

普华美国的本土化进程及普华英国对普华美国在所有权和控制权上的分离，证明了会计师事务所国际网络的建设依赖于发展强大的本土所，而不是走出国门去设立自己控制的会计师事务所这一规律。这是由会计师事务所服务和人才的本土性所决定的。

结语　假如注册会计师收回审计报告

在一次股东周年大会现场，有一位股东申请发言。在发言中，他“义正辞严”地质问公司的董事会主席：“我们每年向审计师支付那么多审计费，但我却丝毫看不出审计师的价值在哪里。我们完全可以省去这笔开支。”

面对这个尖锐、有热度的问题，董事会主席若有所思地点点头，用轻柔的语气说道：“这位股东讲得有道理，那么我们现在就通过决议，请审计师退还审计费，收回他出具的审计意见。然后，我们等着看看明天开盘时公司的股票值多少钱。”

这个故事是在德国真实发生过的，它在注册会计师行业中代代相传。

参考文献

[1] 陈波. 注册会计师行业管制制度及其变迁研究［M］. 北京：中国社会科学出版社，2009.

[2] 大卫·H. 梅斯特. 专业服务公司的管理［M］. 大龙，吴卫军，郭蓉，译. 北京：机械工业出版社，2018.

[3] 任明川. 美国会计职业道德［M］. 北京：中国人民大学出版社，2010.

[4] 中华人民共和国财政部. 中国会计年鉴（2009）［M］. 北京：中国财政杂志社，2009.

[5] 吴卫军. 走在会计发展和银行改革的前沿［M］. 北京：中国金融出版社，2009.

[6] 文硕. 世界审计史［M］. 北京：中国审计出版社，1990.

[7] 财政部会计司，普华永道中天会计师事务所（特殊普通合伙）. 中国会计服务市场开放与监管［M］. 北京：中国财政经济出版社，2015.

[8] 赵锡锋. 对企业声誉评价研究的综述［J］. 价值工程，2007.

[9] 费洛迪. 合伙人：如何发掘高潜力人才［M］. 高玉芳，译.

北京：中信出版社，2015.
［10］ 陈毓圭. 诚信之路［M］. 上海：立信会计出版社，2013.
［11］ 帕乔利. 簿记论［M］. 林志军，李若山，李松玉，译. 上海：立信会计出版社，2009.
［12］ David Flint. Philosophy and Principles of Auditing［M］. Basingstoke: Macmillan Press Ltd.， 1988.
［13］ Charles D Ellis. What It Takes ［M］. Hoboken: John Wiley & Sons， Inc.， 2013.
［14］ R K Mautz， H A Sharaf. The Philosophy of Auditing ［M］. Sarasota: American Accounting Association， 1961.
［15］ E F Fama. Efficient Capital Markets， A Review of Theory and Empirical Work ［J］. Journal of Finance， 1970.
［16］ R H Coase. The Nature of the Firm: Origin ［J］. Journal of Law Economics & Organization， 1988.
［17］ E Jones. True and Fair: A History of Price Waterhouse ［M］. London: Hamish Hamilton Ltd.， 1995.
［18］ L E DeAngelo. Auditor Size and Audit Quality ［J］. Journal of Accounting & Economics， 1981.
［19］ J A Pittman， S Fortin. Auditor Choice and The Cost of Debt Capital for Newly Public Firms ［J］. Journal of Accounting & Economics， 2004.
［20］ W A Wallace. The Economics of the Audit in Free and Regulated Markets: A Review ［J］. Research in Accounting Regulation， 1987.
［21］ P Nelson. Information and Consumer Behavior ［J］. Journal of Political Economy， 1970.
［22］ M R Darby， E Karni. Free Competition and the Optimal Amount

of Fraud [J]. Journal of Law & Economics, 1973.

[23] M L DeFond. The Impact of Improved Auditor Independence on Audit Market Concentration in China [J]. Journal of Accounting & Economics, 2000.

[24] M A Geiger, K Raghunandan. Auditor Tenure and Audit Reporting Failures [J]. Auditing: A Journal of Practice & Theory, 2002.

[25] Harry T Magill, Gary John Previts, Thomas R Robinson. The CPA Profession [M]. Englewood Cliffs: Prentice Hall Inc., 1998.

[26] Advisory Committee on the Auditing Profession. Final Report of the Advisory Committee on the Auditing Profession to the U.S. Department of the Treasury [R]. 2008.

[27] Daniel Goleman. What Makes a Leader? [J]. HBR'S 10 Must Reads, 2015.

后记　关于符号“ooo0ooo”的意义

读者看见我的文章常常用“ooo0ooo”这一符号分段，问有什么意思？

这个问题把我带回了1993年的上海。那时，我刚刚考过ACCA，调到上海协助成立普华大华会计师事务所。普华大华在上海有1名长驻合伙人、2名长驻经理，外加1名访问合伙人和3名访问经理，以及第一批十来个从上海招的新入职的大学毕业生和实习生。夹层高级职员只有我一个。这给了我一个很好的机会：要带团队，向经理和合伙人汇报，又要与客户打交道。带我工作的经理是位在英国接受培训的中国香港人。在写报告的时候，他教我用“ooo0ooo”（6个小写字母o，中间是阿拉伯数字0）分隔上下文，引入总结段，简洁明了。20世纪90年代，电脑文字处理软件还没有现在这样先进的排版功能。

在我们团队做工作底稿的时候，这位经理看见我们忙，笑着说：“我等你们做好审计程序再检查工作底稿，现在你们忙，我空闲，我去给你们买晚饭。”他总是带着微笑地边说边挽起袖子。在做完项目离开上海的时候，他送了两条领带给我，那是他戴过的领带，还有他的下巴和喉结摩擦过的印痕。他说，在香港他还有领带，留着这几条领带给我，不需要带回去。我知道他是在体谅我，我的收入不高，要照顾家庭和长辈，还买不起好品牌高质量的领带。

1993 年，上海的改革开放正在阔步向前，审计师的工作充满挑战和希望：

- 烈日炎炎下，我们在高耸的吊塔上盘点集装箱。
- 我们在刚建成的简易流水线上看着美国公司从俄罗斯符拉迪沃斯托克附近的海域捕捉的深海鱼，由上海的工人去头掐尾，装入容器发往日本。
- 我们穿着厚厚的、发黄的军大衣，进入冷库盘点开膛的肉猪。
- 我们带着外商投资者走访宝山灯泡厂，看着工人们用铁管黏起燃烧的玻璃，吹出一个又一个灯泡。
- 我们与施贵宝药厂的工人一起搭班车，从波特曼酒店站出发去闵行区做现场审计，路上和工人们一起背背英文单词。

因为我们的团队有关心和教导我们的经理，大家工作得都很开心。1993 年，我还向自己的团队说出了“在 2000 年，我们要开着自己的车（理想是桑塔纳），拿着自己的手提电话（理想是 3 斤重的大哥大），从上海去苏州服务客户”的豪言壮语。

我的经理（后来升任了合伙人，曾是全公司最年轻的合伙人）喜欢开车，也喜欢喝酒。因为喜欢喝酒，他就把自己的车卖了，在客观上防止自己酒后开车。有一次，他和朋友一起喝酒，他的朋友说喝酒了就不开车了。我的经理说他来开，结果在跑马地拐弯时撞上了路边竖立的水泥电线杆……我焦急地等待他在医院的消息，之后去询问年长的同事，同事说，你朋友这么年轻，昏迷两天了还没有醒过来，你要做最坏的打算啊！就这样，他走了，一个年轻的生命，一个充满希望的前程被拦腰截断。在追悼会上，看着两位合伙人和他的兄弟们扶着他的棺木缓缓走出灵堂时，我的眼泪流个不停。两个星期后的一天，我在长江中心的办公室里不自觉地站起来去问秘书，经理有没有给我来过电话。这时我才真知道，人死了是再也活不过来了。

我很多时候还埋怨这位朋友，不是埋怨他对自己不负责任，而是埋怨他对我们不负责任。当我们需要他出谋划策的时候，他在哪里呢？当我们需要他领导和担当的时候，他在哪里呢？直到读者问到我一贯使用的“ooo0ooo”符号的意义时，我才意识到，“ooo0ooo”是经理留给我的符号，这个符号已伴随我度过了20多个春秋。

感谢中信出版社的编辑在本书中温柔地保留了“ooo0ooo”这个分段符号，感谢她们在本书编辑过程中给我的鼓励和指导。

在本书的创作过程中，有两位跨界友人对我的启发饱含爱意，一位是中国著名报告文学作家杨黎光先生，一位是我的老乡——华夏出版社的资深编辑李雪飞女士。他们与会计、审计和金融毫无专业关联。

2015年9月，我把这本书的第一稿寄给杨黎光先生，寻求他在写作方面对我的指导。杨先生给我的回复是：吴先生自己对这本书的要求是“原创，留下行业经典”，就目前来看，这本书可能是一座富矿，但问题不少，关键是朝着哪个方向开掘。说一句形象的话，这个矿的地质状况有点复杂，即作者想论述的太多，好的感觉没有用到最好的地方，文字和结构都比较纠缠，从技术层面来看，确实存在比较多的问题。它还达不到出版的程度，而且这样出版也可惜了。

2016年12月，我把即将交给出版社进行总审的第4轮修改稿寄给李雪飞，请她最后从文字上为我把把关。雪飞给我的回复是：稿件中有不少硬伤，不要着急出一本书，做好为原则，你出的书要与自己作为一名行业中资深专业人士的身份相匹配。

在杨黎光和李雪飞的提醒及鞭策下，我坚定地朝着“原创，留下行业经典”的方向努力，历经内容剥离、思考并论述新增观点共8次重大修订后方才创作完成了本书。

在此，我要记录我对杨黎光和李雪飞的深深谢意。我还要记录下列专家、导师和同人在本书创作过程中给予我的帮助，他们阅读了本书的初稿并提出了许多宝贵的改进意见。著名作家屠格涅夫曾经说过，“感谢——这是一项债务”，对他们的感谢是我无法偿还的债务。

- 唐建华（中国注册会计师协会专业标准部主任）。
- 陈波（中南财经政法大学副教授）。
- 周忠惠（中国证监会前首席会计师）。
- 蔡锦洲（新加坡国立大学商学院教授）。
- 蔡晓峰（中国银行前办公室主任）。
- 张鉴钧（前普华永道中国经济学家）。

本书的研究团队和项目管理支持小组的关键成员包括：吴凌志、朱晓英、郭蓉和张磊。他们对我交代的任务认真负责，加班加点地完成工作，帮我减轻了不少负担。感谢他们。

感谢清华大学国家金融研究院朱民院长、金融与发展研究中心马骏主任，他们在2018年帮助和指导我度过了一段非常有意义的学术研究时光。

最后，我要感谢我的家人，过去几年，写作的时间几乎挤占了我与家人在一起的全部时间，而且我还有一个在睡觉时把写作稿放在棉被上的坏习惯。

ooo0ooo

当然，书中的错误都归属于我，与我的工作单位和上述支持我的专家、导师及同人无关。